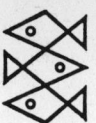

Über dieses Buch   Mehr als vierzig Jahre lang hat Paul Zech sich mit Werk und Leben Arthur Rimbauds (1854–1891) beschäftigt – nachschöpferisch, dramatisch, essayistisch. Seine wichtigsten Arbeiten sind in diesem Band versammelt.

Rimbauds berühmtes Gedicht »Das trunkene Schiff« ist ein Wendepunkt in der Literaturgeschichte, im Bild eines steuerlos dahintreibenden Schiffes kündigt sich die moderne Lyrik des Expressionismus und des Surrealismus an. Paul Zech hat darum nicht zufällig aus dem anarchischen Chaos des »Bateau ivre« die Grundspannung des Expressionismus herausgelesen und in seiner szenischen Ballade »Das trunkene Schiff« Rimbauds Dichtung und sein kompromißloses Leben zum Symbol einer kämpfenden Jugend gemacht. Das Stück, 1926 unter der Regie Erwin Piscators an der Berliner Volksbühne uraufgeführt, wurde Paul Zechs größter Theatererfolg.

In lockerer Szenenfolge zeichnet er hier den Lebensweg des genialen »poète maudit« nach, der – mit neunzehn alle Literatur angeekelt über Bord werfend – sich als Sprachlehrer, Abenteurer, Waffenschmuggler und Sympathisant äthiopischer Freiheitskämpfer durch die Welt schlug und, krank nach Frankreich heimgekehrt, 37jährig starb. Im Mittelpunkt des ersten Teils steht Rimbauds skandalumwitterte Freundschaft mit Paul Verlaine, die katastrophal endete: mit Pistolenschüssen auf den Dichter der »Zeit in der Hölle«.

Dem Stück ist Zechs großer biographischer Essay »Jean-Arthur Rimbaud. Ein Querschnitt durch sein Leben und Werk« vorangestellt. Außerdem enthält der Band Zechs freie Nachdichtung von Rimbauds »Le bateau ivre«, Aufzeichnungen Zechs und Piscators über ihre künstlerischen Intentionen sowie ein ausführlich informierendes Nachwort der Herausgeber.

Der Autor   Paul Zech, 1881 in Briesen / Westpreußen geboren, arbeitete nach dem Studium als Berg- und Metallarbeiter, später in Berlin als Kommunalbeamter, Dramaturg, Lektor und Bibliothekar. Von 1913 bis 1920 Mitherausgeber der expressionistischen Zeitschrift »Das neue Pathos«. 1918 wurde ihm für seinen Gedichtband »Das schwarze Revier« der Kleistpreis zuerkannt; Zech übertrug neben Rimbaud Villon und Balzac ins Deutsche, schrieb sozialrevolutionäre Dramen und verfaßte Biographien von Rilke und Rimbaud. Er emigrierte 1934 nach Südamerika und starb 1946 in Buenos Aires.

Im Fischer Taschenbuch Verlag liegen folgende Titel von Paul Zech vor: »Deutschland, dein Tänzer ist der Tod« (Bd. 5189), »Kinder vom Paraná« (Bd. 5049), Stefan Zweig/Paul Zech, Briefe 1910–1942 (Bd. 5911), »Von der Maas bis an die Marne«. Ein Kriegstagebuch (Bd. 9138), »Vom schwarzen Revier zur neuen Welt«. Gesammelte Gedichte (Bd. 9226).

In Vorbereitung: »Sämtliche Dichtungen des Jean Arthur Rimbaud. Deutsche Nachdichtung von Paul Zech« (Bd. 9448 – September 1990).

Paul Zech

Rimbaud

Ein biographischer Essay
und die szenische Ballade
»Das trunkene Schiff«

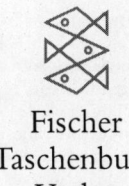

Fischer
Taschenbuch
Verlag

Herausgegeben von Hermann Haarmann,
Klaus Siebenhaar und Horst Wandrey

Veröffentlicht im Fischer Taschenbuch Verlag GmbH,
Frankfurt am Main, Februar 1990

Lizenzausgabe mit freundlicher Genehmigung des
Argon Verlags GmbH, Berlin
© Greifenverlag zu Rudolstadt 1986
Umschlaggestaltung: Buchholz / Hinsch / Hensinger
Umschlagabbildung: ›Jean Arthur Rimbaud‹
Zeichnung von Coussins (Archiv für Kunst und Geschichte, Berlin)
Gesamtherstellung: Clausen & Bosse, Leck
Printed in Germany
ISBN 3-596-29548-3

Inhalt

PAUL ZECH

Jean Arthur Rimbaud

Ein Querschnitt durch sein Leben und Werk

I.

»J'ai de mes ancêtres gaulois [...] l'idolâtrie et l'amour du sacrilège; – oh! tous les vices, colère, luxure, – magnifique, la luxure; – surtout mensonge et paresse.«

Nein... nichts im alltäglichen Leben band ihn an Ketten. Er war gegen den Betrieb des bürgerlichen Europa aus Erkenntnis; nicht von Entgleisungen, Verärgerungen, Gekränktheit oder Überschätzung seiner selbst her. Er hatte von Geburt an schon dicke Zornadern auf der Stirn. Und war doch fügsam den Liebkosungen des Windes, dem Gesang der Fernen, dem Angstaug' aufgestörter Tiere und den Wundern des Sternhimmels. Er war unbezähmbarer Sohn einer im Familienleben verkrochenen Mutter und sehnte sich doch nach dem Streicheln ihrer Hände. Nichts in der Welt erschien ihm von solcher Enge als Schulstube und »gesitteter Spaziergang«. Er haßte die Bank, das Buch, den Lehrer. Aber seine Mitschüler überflügelte er alle vielhundertmal und zeigte mit seinen zehn Jahren Umgangsgewandtheit eines Erwachsenen. Charleville, das rauchige, klatschverpestete und am Rande wirklicher Welt hinkümmernde Fabriknest am scharfen Bogen der Maas, hat ihn ein ganzes Jahrhundert zu früh in die Welt hinaus geboren. Ihm war der Atem des zwanzigsten Jahrhunderts eingegeben, und seine Nerven mußten sich durch den Schutt einer abgewirtschafteten Zeit wühlen. Sein Gesicht war gezeichnet wie das eines Irren oder eines Urwaldviehs, das aus energiedurchdonnerten Tummelplätzen des Urwalds plötzlich in den engen Käfig der Zivilisation gestoßen wird. Die bärtigen Nachbaronkels prügelten ihn, und die Tanten träumten nachts schreiend von den tollen Späßen seiner Spiele. Das Lager im dunklen Strauch bei Regen oder auf der Wiese im Abend war ihm Heim und Heimat, und der Mond umhügelte ihn wärmer als alle Lampenabende bei sanfter Musik im Staatszimmer der Familie. Auf dem Heuboden oder unterm Kerzenstumpf im Abtritt fieberte er durch Bücher von Entdeckungsreisen und gigantischen Schlachten. Manchmal auch stand er steilsteif im Rohr und wartete, bis die Mägde zum Baden kamen und das feiste weiße Fleisch der Schenkel zeigten. Bei dem verschrumpelten Altknecht in der Remise hockte er am liebsten und ließ sich die Geheimnisse des Ackers erklären und zog mit ihm am Strick, wenn die Kuh kalbte. Sehr spät erst öffnete er sich einem Lehrer. Izambard war ein Außenseiter unter den Paukern. Er hatte eine Seele, wenn auch eine vom Staub der Fron etwas verkümmerte. Beim Izambard durfte Rimbaud sich in den Schulheften auf eigene Weise austoben. Zwischen den Zahlenreihen spielend gelöster Aufgaben witzelten seine Karikaturen; zum Umfallen schön und frech. Izambard war den verfemten Dichtern verfallen. In seiner Bibliothek standen Rabelais, Voltaire, Villon, Baudelaire und Marceline Desbordes-Valmore. In den fingierten Nachhilfestunden fraß Rimbaud diese abseitige Kost mit ingrimmiger Lust. Er erkannte von dieser Station aus das Ungewöhnliche in sich und trug seinen wirrumflockten Schädel bewußter in den grauen Alltag. Der Ring des furchtbaren Zuhause wetzte sich an seiner gespannten Brust glühweiß. Die Exzesse mit der Mutter nahmen von Jahr zu Jahr üblere Formen an. Sie sah eine »Spottgeburt aus Feuer und Dreck« in ihres Hauses vier Wänden sich breitmachen. Sie verdoppelte die Gänge zur Kirche und ließ die Kinder mit der Klapper des Paternoster stundenlang unter dem Marienbild knien. Dabei hatte sie keinen romantischen Begriff vom Leben. Sie sah Elend und Reichtum der Nachbarschaften mit wachen Augen und hielt Besitz für die erstrebenswerteste Spannung des Menschen auf Erden. In einsamer Lampenstunde klapperte sie mit den Goldmünzen und behorchte die Wachträume der Kinder. Sie liebte sie mit Tierwildheit. Sie wollte sie aber als willenloses Echo ihres Schattens in sich hineinpressen. Jean-Arthur hatte jedoch mit zehn Jahren den gleichen Fundus an Energien wie diese Vierundvierzigjährige. Im Geistigen war er ihr überlegen. Er stieß sich wund an den niedrigen Steinwölbungen ihrer Horizonte. Er löste mit Gewalt ein Ventil und schrieb unter den Segnungen Izambards die ersten Dichtungen. Der äußeren Form nach waren es Aufsätze im Schulheft. Sie sprengten aber das Pensum und verwirrten die Mitschüler. Als Izambard dieses Stück hier in der Klasse laut vorlas, standen die Augen der Knaben gedunsen im Kopf –:

»Nicht zu ausgelassenem Gelächter allein ist der dolle Villon da. Solche Kerle haben alle Hände voll zu tun. Pfarramtskandidaten, die lieber zurück zur Universität als hinauf in die braunen Einöden der Gemeinde wollen, Maulaffen, Schlangenbeschwörer, Musikanten, die ihre Suffschulden mit Liedern bezahlen, Pferdejungens, Stromer, Soldaten, die ihre Nase lieber in Weinkrüge als in Sturmhelme stecken, all diese verdammten Burschen, diese Luder der Not, trocken und schwarz wie Schornsteinfegerbesen, die das Brot nur im Schaufenster der Bäcker sehen, denen der Frost gehörig einheizt und die Gliedmaßen blaufärbt –: dieses himmlische Pack hat sich François Villon zum Schutzpatron gewählt. Solche Kerle, die die Welt zwischen den Zähnen haben, werden nie eine bessere Nährmutter als den Villon finden... Er und seine Genossen, die von hundert Gendarmen umspukten Teufel, werden als frischer Rosenkranz von Gehängten an den Armen des Waldes pendeln, verlacht vom Mond, umheult von den Wölfen und angespien von dem nichtsnutzigen Regen des Oktobers... Wir alle weinen Tränen über diese von hinterlistigen Gesetzen verdammten Engel. Wenn Ihr dem Villon seine lustigen Balladen lest und daran denkt, weshalb man diesem lustigen Schreiber den Kopf nach hinten gedreht hat – Ihr werdet Euer Leben lang die Erschütterung nicht mehr aus dem Blut bannen können... Überlegt Euch doch einmal dies: wie traurig ist der Henkerstrick im Mai, wenn alles trillert, wenn alles ausschlägt, wenn den Kommunikantinnen die kleinen Äpfel unter der Bluse wachsen und unter den Achseln der junge Flaum mit dem Flieder um die Wette duftet, wenn die Sonne auch auf die verschimmelten Mauern strahlt, ein Spatz dem Großvater die Watte aus den Ohren zupft und der Schnee in den Mulden schwarze Erde trinkt... Und dann gehängt werden für einen Freitisch! Teufel –: diese Welt ist um ein Jahrtausend in den Gesetzbüchern und in den Pfaffenkutten stehengeblieben und fault!«

Rimbaud sah lange in das Gesicht des erschrockenen Izambard. Und sah einen Tropfen Tau auf der Wimper. Und wußte, daß das Tor jetzt endlich geöffnet wurde. Er biß sich vor Lust in ein zwölfjähriges Dorfmädchen. Er sang ihr alte Liebesballaden unter dem Weidenbusch. Er ruderte mit ihr weit den Strom hinab. Er blieb nächtelang draußen mit ihr in der Mailuft. Sie ringelte sich mit taufrischer Röte um seine Seele. Sie kniete vor dem »Prinzen« oder ritt auf seinen Schultern mit blankem Popo durch die Felder hinter den jungen Pferden. Die Stadt klatschte sich in eine empörte Erregung. Bürgermeister und Kapläne belagerten die Staatsstube der Mutter, soffen ihre guten Weine weg und konstruierten Züchtigungsmittel. Rimbaud lief ahnungslos in die Fallen. Er zappelte mit wilden Geschreien. Galle umdampfte sein Gesicht. Zur Mutter strömte langsam Haß und blieb dann eine Ewigkeit vor seinen Augen. Der Krieg mit Preußen bewahrte ihn vor Korrektionshäusern. Ein ungewöhnliches Tempo beschlug Verkehr und Wandel in der Stadt und auf den Landstraßen. In dieser Unruhe, die die Spießer peinigte und ihr hohles Spiegel-Herrentum duckte, gewann Rimbaud endlich Ellenbogenfreiheit. Hinter seinen Spaziergängen suchte niemand mehr Verbrüderungen mit dem Teufel. Er konnte in der Sonne liegen und das Körperliche von seinem Ich befreien. Hier unter den Strömungen jungen Laubes und umsprüht vom Schaum des Gewässers empfing er sein erstes Gedicht und trug es wenige Wochen später schon aus. Sicher war es nicht »Ophelia«, das im gleichen Jahr zu den Gestirnen emporstieß. Eher schon »Sonne und Fleisch«. Ja, dieses war's. Dieser Barrikadenkampf gegen eine überaltete Welt, diese Inbrunst nach Ermannung zum cäsarischen Ich, dieser Hymnus auf das Urwunder Weib. Es war niemand, dem er diese Versblöcke an den Schädel schmettern konnte. Er schleuderte sie in den Wind hinaus. Manchmal, an nebligen Abenden, wenn der Druck der Soldateska durch die Häuser spukte und Menschen und Vieh, in dunklen Kammern zusammengeduckt, vor Tschako und Lanzen der Ulanen zitterten, schlich er sich in die abgedunkelten Fuhrmannsschenken, nörgelte mit dem knickrigen Wirt und feuerte die bärtigen Knechte zu Späßen an. Im tollsten Wirbel solcher Unbändigkeiten konnte er plötzlich auf den runden Schenktisch springen und die »Ballade von den Bettelkindern« oder »Die Stubenhocker« dem Pack um die Ohren knallen. Er berauschte sich an dem ohnmächtigen Keuchen dieser engen

Gehirne, fühlte, daß etwas von dem Taumel seines Ichs in das Bewußtsein der armen Teufel hinübersprang und unten im Blut weiterglimmte, und wurde herrisch und tyrannisierte dieses Schneckentempo des Lebens. Er wurde vergöttert von solchen Bauerungetümen. Sie erhoben ihn zum König ihrer Traumreiche und halfen ihm gern über die vielen Fährlichkeiten des täglichen Lebens. Die umzäunte Welt der Mutterstadt war ihm aber schon so unerträglich geworden, daß ihm auch schließlich dieser Umgang mit den Unbürgerlichen nicht mehr genügte. Am heftigsten zog es ihn noch zu Izambard. Hier konnte er mit schrankenlosem Ungestüm seine geistigen Horizonte ausdehnen, hatte auch jemand, der sein außerbürgerliches Tun nicht als Verbrechen wertete und die künstlerischen Exzesse anfeuerte. Irgendwie aber lockte ihn doch mächtig der große Feuerbogen Paris. Die Strahlungen peinigten seinen Schlaf. Das Aufwärtsdrängen des vom Blut überschwemmten Ichs war nicht mehr zu halten. Von der Mutter nicht, von den Freunden nicht und noch viel weniger von der mit Gefahren geladenen Ferne. Er verschaffte sich eines Tages Geld und brannte durch. Eingepfercht in den überfüllten Wagen des sparsam fahrenden Pariser Zuges, beargwöhnt von Polizeiagenten und belächelt von fetten Marktweibern, durchlitt er die schrecklichste Nacht seines Lebens und lief fünfzehn Kilometer vor dem Ziel doch den Gendarmen in die Arme. Das Resultat war Abschub in die Heimat, nachdem er vorher noch Verhöre und Gefängnisse zum Erbrechen über sich ergehen lassen mußte. Der Himmel füllte sich mit noch tieferer Schwärze. Er lastete grenzenlos auf den Spannungen seiner heftigen Nachtgesichte. Er tobte sich bei den Mägden aus, soff in den Ställen mit den Knechten herum und fieberte in der Dachstube bei der trüben Beleuchtung des Mondes die aufreizenden Gedichte »Sensation«, »Cäsarenzorn«, »Reise in den Winter«. Im Gedicht erlöste sich sein Ich zur menschlichen Figur. Er wog mit beispielloser Selbsterkenntnis den Wert seiner Persönlichkeit und stieß sich mit Gewalt den Zielen solcher Erhebung auf die vorwärtsbrausende Bahn. Er litt ewig Hunger, physisch und in den trunkenen Windungen des Gehirns. Am Tisch und in der Atmosphäre der Mutter war alles karg, trocken und dem einseitigen Zweck des Bürgertums zugemessen. Die Tretmühle des abgezirkelten Tagewerkes machte ihn nicht müde, aber wund bis auf die bloßgelegten Nerven. Ihn schmerzte der Atem der Nachbarschaft heftiger als die mit Scheltworten polternden Demütigungen der Mutter. Ihr gegenüber setzte er Trotz und einen Hochmut ohnegleichen. Für die körperliche und seelische Nichtigkeit der Fremden langten diese Waffen aber nicht. Ein langer Winter, angefüllt mit den tollsten Peinigungen seiner fast ins Irre abgekippten Ekstasen, krallte sich noch in seine krausen Haare. Solche Heftigkeit des Erlebens über die Grenzen des normalen Lebens hinaus ertrug zuletzt nicht einmal der gutmütige und ihm sonst sehr zugetane Izambard mehr. Es gab tolle Szenen, die Rimbaud als Sieger sahen, es kam zum Bruch. Wohl niemand hat diesen höllischen Kampf am Kreuzweg mehr bedauert als Izambard. Rimbaud aber fühlte sich wieder um einen Strick freier und bäumte die Brust dem bocksbeinigen Märzwind. Das Brausen brachte den Geruch von Paris mit, und abermals stürzte sich der Knabe hinein und fliegt dem Feuerofen entgegen, der ihn mit hämischem Gelächter zum zweiten Male in die Provinz zurückspie. Er hatte geglaubt, bei den von der Mode getragenen Künstlern in offene Arme zu laufen. Er pochte mit erhobener Stirn auf sein Werk. Und konnte natürlich nicht wissen, daß sie in diese sauber gepflegte Welt eines honorigen Kunstbeamtentums erst recht nicht hineinpaßten. Er sah ein Lächeln, das gemeiner war als der Verlach der heimatlichen Spießer, und ekelte sich vor dem parfümierten Schleim ästhetischer Geschäftlichkeit. Der Vagabund schien ihm ehrlicher. Er schlug sich zu seinen ausgekochtesten Brüdern und frequentierte hungernd und bettelnd die Landstraßen. Bis ihn endlich der brandheiße Atem der Kommune anwehte, bis er die Erschütterungen dieser elektrisch geladenen Erlebniswelle erfaßte und Paris zum dritten Male, verlaust, zerlumpt und verwildert, besprang. Jetzt duckte sich dieses brünstige Tier und reihte ihn in die Tirailleurs de la Révolution ein. Er wird ein feuriges Glied der schauerlichen Phantasmagorie des Bürgerkrieges, seine Geladenheiten lodern hell auf in dem Karneval von Mord und Brand. Hier wird nicht nach Alter, Wissen und Herkunft gefragt. Hier entscheidet das Tempo der Raserei und der körperlichen Gelöstheit von den Bedürfnissen des Alltags. Hier stößt er auf ähnliche Wildlinge, be-

freundet sich mit dem tollen Zigeuner Forain und kann sich vor
Weibern nicht retten. Sein Ich lockert sich aus allen Fugen, das
Blut ist nicht zu halten und schäumt mit seinen besten Säften in
die wenigstens nach außen hin gebändigte Form des Gedichts.
Wo anders als in dem wüsten Taumel der Kommune hätten sol-
che Verse gedeihen können –:

> *Unzüchtig und barbarenhaft grölt die Musik;*
> *die Witze machen mich zum Schwein.*
> *In dieser freien Wasserrepublik:*
> *mein armes Herz kann nur ›Herr Jesus!‹ schrei'n.*
> *Unzüchtig und barbarenhaft grölt die Musik,*
> *und unten starrt das Meer wie schwarzer Stein,*
> *der schwarze Stein von Mosambik*
> *und wäscht mich Schwein nicht rein.*

Mit einer beispiellosen Deutlichkeit zeigen sie die mit scharfen
Krallen gespickte Pranke des Genies. Sie waren eruptiv aus dem
vulkanischen Ich emporgeschossen. Sie sind so ungeheuerlich
Form geworden, ohne Bestrahlungen des tüftelnden und glät-
tenden Gehirns, wie ein Berg sich plötzlich aus gärender Erde
hebt und mit seinem Feuer die nächtigen Gestirne auslöscht. Das
Triebhafte ründete sich zum konsequenten Wuchs. Die Unruhe
des von Gesichten durchschauerten inneren Menschen legte sich
als ein magischer Kraftgürtel um den weit über sein Alter hin-
ausgespannten Knaben und krönte ihn zur Persönlichkeit. Der
Abenteurer nach den fernsten Erlebnissen fand hier zum ersten
Male eine Station, um Atem zu holen. Er pumpte sich gründlich
voll. Dabei war er nicht mehr zügellos. Er organisierte die Erlebnisse und lernte unterscheiden. Sein Blick durchdrang alle
Finsternisse. Alles Hohle war ihm zuwider. Er legte höchste
Maßstäbe an alle Geschehnisse und wäre auf diesem Schauplatz
vielleicht zu einem neuen Napoleon avanciert, hätte die Versail-
ler Armee nicht Oberwasser bekommen und dem tollen Paris
eine radikale Vernichtung geschworen. Hals über Kopf mußte
er vor der weißen Soldateska fliehen und landete (das Schicksal
spielte nun einmal nur diesen einen Trumpf aus) in dem kotzlangweiligen Charleville. Hier, im Abstand und geglättet von

der ruhigen Spiegelung idyllischer Landschaft, siebte er die Erlebnisse unter strenger Kontrolle der Vernunft und ekelte sich vor dem nutzlos verpulverten Aufwand für ein Narrenspiel. Er kam den Ursachen des Zusammenbruchs der Revolution auf den Grund und verlor wiederum ein Vermögen Achtung vor den Möglichkeiten des Menschen. Da sich kaum noch einer um ihn kümmerte, öffnete er sich dem tropischen Zauber der anstürmenden inneren Gesichte und formte daraus »Das trunkene Schiff«.

Dieses Gedicht mit den ungeheuersten Horizonten aller Lyrik aller Zeiten und Völker! Dieser Feuerherd von außermenschlichen Einfällen und Eingebungen. Dieser Wirbel von Musik, Tanz und Dramatik. Dieser entzündete Urwald von hellhörigen Nerven, dem man nicht anders nahen kann als mit dem Kainsmal eines ungewöhnlichen Menschen, um seine höchsten Gipfel und tiefsten Untergründe zu begreifen. Die Lyrik rechnet von hier ab einen neuen Weltanfang. Sie war mit einem Schlage um das Ergebnis von mehreren Jahrhunderten bereichert und lebte den alltäglichen Geschehnissen der Zeit weit voraus. Rimbaud hatte in diesem Dreh seines Ichs die steilste Kurve durchfahren. Noch wußte er nichts von den eigentlichen Untergründen der Kunst. Sein Erlebnis stieß unerschüttert vorwärts. Er hatte dieses Ewigkeitsgedicht so hingeschleudert, wie er sich in ein Kornfeld warf und den Flügelschlag eines Falters belauschte oder mit den Krebsreusen durch die Wiesen zum Fluß watete. Es bedeutete ihm nichts. Oder höchstens den sichtbaren Ausdruck eines unzähmbaren Willens. Einen Schwarm quälerischer Gesichte hatte er damit beiseite geschoben und Platz für ein neues Reservoir geschaffen. Vielleicht hatte die Formung ihn doch stärker ermattet, als er sich zugeben mochte. Bücher seiner Lieblingsautoren kamen ihm wieder näher. Er las die Nächte durch. Er wertete die Inhalte rein gefühlsmäßig. Er zehrte nicht nur von den stofflichen Elementen. Er ging dem Bau der Formen nach. Worte von eigentümlicher Prägung erschütterten ihn. Er suchte überall das Ungewöhnliche und ärgerte sich über die ausgefahrenen Gleise der Mittelmäßigkeit. Zum ersten Male in seinem Leben stieß er in diesem Winter auf ein Versbuch von Verlaine. Hier sah er Neuland aufdämmern. Eine Musik von unerhörten

Klangfarben betäubte seine Sinne. Das Buch ließ ihn nicht mehr los. Er überprüfte seine Inhalte draußen im frühlingsträchtigen Wind. Sie hielten den Geschehnissen des Waldes und sternheller Nächte stand und bewiesen, daß sie einem schöpferischen Menschen entsprungen waren. Ein leises Weh strich über sein Herz. Die Dichtung Verlaines umflüsterte seinen Schlaf so zart, wie es mütterliche Güte nicht gekonnt hatte. Das Medium der Kunst, erfahren an einem fremden Werk, ging ihm in seinem ganzen Umfang auf und beschäftigte ernsthaft seine Denkungen. Dabei erfuhren seine inneren Aufschwünge auch nicht einen Grad von Abkühlung. Sie zuckten vielmehr unter ständigem Druck und sammelten neue Energien. Ein schwächerer Geist wäre unter dem Rausch der Verlaineschen Dichtkunst zur Literatur abgerutscht. Rimbaud, der unbändige Künstler aus Instinkt und Bestimmung, schleppte sich einen halben Winter lang mit Fieber herum, das Phänomen Kunst bei den Wurzeln zu erfassen. Er war sich bald klar darüber, daß man auf eine noch so ergiebige Schwingung von guten Versen kein wesentliches Leben stellen konnte. Die Auswirkungen bezogen nur winzige Kreise in ihre magische Gewalt. Die Fernen hinter den sichtbaren Horizonten ließen sich damit nicht erobern. Sie trugen auch nur einen gewissen Teilprozeß zur Selbststeigerung bei. Aber ein Ventil waren sie auf alle Fälle. Sie nahmen der Seelenkraft den gärenden Schaum. Sie machten die Nerven empfindsamer und die inneren Gesichte um viele Wertpunkte hellhöriger. Der strahlende Mensch über der konturlosen Grauheit der Alltagsmenschen organisierte die Substanz der Begeisterung zur wesentlichen Welt. Er griff sie mit bedeutungsvolleren Mitteln an. Er sprang als Persönlichkeit in den Wirbel der Tänzer um ein glückhaft Schiff. Durch die atmosphärischen Schleier der Kunst erkannte er die Wirklichkeit in ihren feinsten Verästelungen. Dennoch schlug immer ein Ton von Skepsis durch das Blut herauf in den eisklaren Verstand und grübelte: Was ist Kunst?

Was ist Kunst...

II.

Kunst ist kein Spiel. Kunst ist Umsetzung des inneren Gesichtes in ein sichtbares Geschehnis. Ton-, Bild- und Wortwerke umschließen das Geschehnis und vermitteln seine Deutung der Welt. Die Welt, ohne inneres Gesicht, akzeptiert das Geschehnis in der jeweiligen Gestalt von Ton-, Bild- oder Wortwerk mit der gleichen Spannung wie Nahrung, Kleidung, Bewegung und Ruhe. Die Gradunterschiede in der Intensität der Empfängnis sind an und für sich nebensächlich. Aber es gibt auf der Welt keinen Menschen, der vom Blut her gegen Kunst ist. Seine Gegnerschaft wendet sich nur gegen die jeweilige Vermittelung, die dem Empfangsorgan des einen zuträglich, dem des anderen widerwärtig ist. So wie Wasser sich zu Wasser mischt und Feuer zu Feuer überspringt, wird Kunst nur von dem Empfänger als Erlebnis erfaßt, der in der gleichen Atmosphäre das Weltbild des Kunstwerkes lebt. Der Künstler jedoch kann gegen Kunst sein; zumal gegen die von ihm geformte, wenn äußere Gesichte von solcher Mächtigkeit sind, daß die inneren darunter verkümmern. Dann gestaltet er das Erlebnis nicht zu einem Ton-, Bild- oder Wortwerk um, sondern sammelt und steigert die äußeren Gesichte. Er lebt sie so ungewöhnlich, daß er auch auf dieser Kurve ein Einspänner bleibt und sich von der Menge absondert. Im Bösen oder Guten; gleichviel. Das Genie kann überall siedeln. Auf dem Thron, im Urwald, vor den Retorten oder auf der Barrikade unter Rebellen. Vielleicht auch in der Atmosphäre der Künste. Ein Künstler bleibt Künstler, solange er den Aufruhr der inneren Gesichte fühlt und sich von dem Druck nur dadurch befreien kann, daß er ihn bändigt, zur Form zwingt und nach außen stößt, ohne Rücksicht darauf, ob die Form in die Welt hineinpaßt oder sie zersprengt. Der Unkünstler formt nie unter Druck. Er läßt sich von den Wünschen der Welt anspannen und fertigt Kunstwaren für den Bedarf der Welt. Er hat Instinkt für das Geglättete, für die Aufnahme-Tendenz und Weite des

Marktes. Er ist ein Händler. Er läßt sich aus Eitelkeit zwar nicht immer einen Vollbart wachsen, ist aber abhängig vom Feuerwerk des Ruhmes und preist die Unabhängigkeit von Alltagslast durch Geld. Er hat keine inneren Gesichte, weil sein Gesicht im Spiegel auf Würde hält. Er kann nicht gestalten, weil seine Nerven vom Basteln verborgen sind. Vielleicht war er *vor diesem Dreh* in einem gewissen Betracht ein Künstler. Er übersah nur die Wegmarke. Taumelt jetzt im Ungewissen, grübelt durch eine eisige Leere und füllt sie mit seinen Ängsten aus. Anstatt den Gesichten nachzugehen, die ihn in ein ungewöhnliches Leben jenseits der Kunst – oder zum Heerhaufen rufen. Er sieht Amerika und hat doch nicht den Mut, die Überfahrt als Kohlentrimmer zu wagen. Er fiebert voll Gier im Panzergewölbe der Staatsbank und sprengt nicht die Wände Stahl und Beton. Er sieht Heizer vor den Kesselfeuern der Stahlwerke zu Mumien rösten... reckt die Arme nach solcher Luft eines grauenhaft umeisten Daseins – und endet unter dem Frühlingsgedicht des Lokalanzeigers. So grau wie sein Gesicht in der Menge hinstaubt, schrumpft sein Blut ein und nährt bis zum Ablauf den Kadaver Mitbürger...

Der Künstler hingegen, dem Umsetzung innerer Gesichte in ein Ton-, Bild- oder Wortwerk nicht mehr genügt... dem es zum Erlebnis und zur Organisation des Ungewöhnlichen treibt –: der schreckt auch vor der Unterjochung der Sterne nicht zurück, so sie als Ziel seine kurvenreiche Bahn überhügeln. Er hat ein Gedicht geschrieben – und läßt es irgendwo zurück als eine längst durchfahrene Station. Seine Augen brennen vorwärts. Ihn durchschauert das Glück eines neuen Gesichts. An den vorwärtsstoßenden Gesichten formt sich sein Erlebnis immer wieder neu in Größe und Ungewöhnlichkeit. Er kann Afrika entdecken oder eine Brücke zum Mond schlagen. Er führt Millionen Proleten aus der Zwingburg des Götzen Gold oder geistert, verdammt von den brüchigen Gesetzen der gegnerischen Gesellschaft, sein Leben lang durch die Zuchthäuser und verbrennt in sich selber.

Kunst ist Auflösung bürgerlicher Gesetze und Manifestation des unverrückbaren Ichs.

In keinem Gedicht des abgelaufenen Jahrhunderts ist dieser

Drehpunkt aller Kunst so offensichtlich zur polaren Erscheinung gestaltet wie in den Versen des siebzehnjährigen Rimbaud. Und kein Künstler vor ihm gestaltete so energisch aus der Substanz seines Ichs herauf. Ob er dieses Tempo ein Leben lang durchgestanden hätte, muß verneint werden. So ungewöhnlich folgerichtig wie der Beginn des Dichters war, so absolut richtig fügte sich der Schlußstrich seinem Wesen ein. Er verbrauchte alle Dinge vielhundertmal schneller als seine Umwelt. Er nährte sich von Sensationen und wuchs sensationell. Sein persönlicher Weg zu Paul Verlaine war der erste Schritt in die Welt jenseits normalen Bürgertums. Verlaine war nicht in dem Sinn Künstler, wie Rimbaud in seinen rapiden Formungen als Künstler sich äußerte. Verlaine, bei aller Transparenz, Melodik und Leuchtkraft seiner lyrischen Schöpfungen, geriet aus Schwäche zur Welt in Konflikte mit seinem Ich. Seine Gesichte wurzelten in leidvollen Erfahrungen und trieben im gedämpften Licht der Nachbetrachtung zu Formgebilden empor. Die lyrische Magie ließ sich nicht vom Blut, vielmehr von der krankhaften Spannung des Blutes zu einem unorganischen Geschehnis die Kraftkammern speisen. Immer ist die persönliche Substanz des Menschen Verlaine schwächer gewesen als das Erleben, das er durch seine Schwäche anzog und das den Kampf mit seinen geistigen Energien sofort aufnahm. Die unausbleibliche Niederlage bewirkte bei dem Unterlegenen die Flucht zur romantischen Atmosphäre. Er nahm das Leiden als ein sakrales Geschehnis, unterwarf sich ihm und steigerte den Kult über die Grenzen des Ichs hinaus zur Weltanschauung. Fast alle Gedichte des jüngeren Verlaine sind psalmistische Hymnen auf ein schmerzliches Wunder. Die in dunklen Farben schwelgenden Töne herrschen vor. Die zum Wortwerk, zur Form lyrischer Ausdruckskonzentration gestalteten Ich-Erlebnisse schwingen gleichzeitig auf den Spannungsbögen Farbe und Musik. Beide Elemente mischen sich so miteinander, daß eine völlig neue Einheit entsteht. Aus dieser Einheit resultiert das Besondere der Kunst Verlaines, die selbst heute im wesentlichen noch keinen Staub angesetzt hat. In jenem tollen Winter von 1870/71, als Rimbaud zum ersten Male auf Verlaine mit Heftigkeit stieß, war er vielleicht auch der erste, der in Verlaine mehr als den mit besonderen Mitteln gestaltenden Künstler sah. Ihn umschauerte der Mythos dieses Menschen. Er erfuhr die Spiegelungen einer Seele, die, wenn auch von einer seinem Erleben ganz entgegengesetzten Seite, aus der bürgerlich hinströmenden Welt zur Wesenheit der Überwelt strebte. Nie hat Rimbaud, und das läßt sich aus unzähligen Äußerungen und Handlungen dokumentieren, einen Dichter ästhetisch betrachtet. Ihm ging es immer um die Spannweite des Erlebnisses im Werk. Deshalb ließ ihn der große Wortmenger und lyrische Posaunist Victor Hugo kalt. Und stärker noch der volkstümliche Béranger. Zu François Villon war er bislang am weitesten vorgedrungen. Wenn man bei solch einem einmaligen Künstler wie Rimbaud überhaupt von einer künstlerischen Beeinflussung sprechen kann, so ist François Villon der einzige Lehrmeister, dem er etwas zu danken hat. Denn auch Villon wurde zum Künstler, als er von den mageren Erlebnissen in der Umwelt zu den schaurigen Nachtgesichten seines Ichs flüchtete und von diesem stärksten Pol seines Blutes aus die Horizonte seines Daseins zu einer neuen Erhebung organisierte und in ein reales Erleben umsetzte. Seine kriminellen Exzesse, die nur aus der Atmosphäre jener Zeit zu betrachten und zu werten sind, fallen höchstens als Tempowechsel ins Gewicht. Jedes Jahrhundert und jeder Zivilisationsabschnitt hat seine Außenseiter gehabt. Vor allem solche, die die Anarchie ihres Blutes in die Geschehnisse der Umwelt hinüberleiteten. Was Rimbaud so inbrünstig an Villon fesselte, waren dieses wilden Dichters Schweifungen in die Welt jenseits der Alltagsbegriffe. Denn hier hatte auch ein Gefesselter mit der Enge der Welt gerungen, kam vom gesellschaftlichen Erlebnis zum künstlerischen Erlebnis, zwang die Spannungen zur Form und ließ sie wieder hinter sich, um energischer in die tieferen Gelände der fremden Ferne vorwärts zu stoßen. Rimbaud erkannte die Wurzeln und Triebkräfte solcher Geladenheit. Es mangelte ihm nur noch an Erfahrungen: die stofflichen Rohelemente mit technischen Mitteln zu zerlegen und gliedern. Er hatte sich nach der einen Seite hin schon überspannt. Er brauchte Ruhe zur Sammlung. Er entlud auch diesen Zustand im Vers:

Das viele Blut des Heils fließt nutzlos aus.
Die Menschen sind noch wie vor tausend Jahren
zerbeult von Lastern. Wenn sie in die Grube fahren
sind sie im Fraß der Würmer erst zuhaus!

Und grübelte noch angestrengter über das Wesen und über den Urzweck der Kunst. Daß das stärkste lyrische Werk von Verlaine gerade jetzt in seine irgendwie zwangsläufige Verhaltenheit hineinplatzte, bewahrte ihn vor der Gefahr der Fingerfertigkeit mit Wortwerken. Nichts Äußerliches zwang ihn zur Produktion. Was er an Erlebnissen aufzeichnete, geschah unter dem Druck des Unterbewußtseins. Zudem lag seine dichterische Sprachform so fest, daß ihm wohl nie Zweifel kamen, sich irgendeiner Richtung anzupassen. Das Verlainesche Gedicht bezwang ihn von einem ganz anderen Wesenskern her. Wohin es ihn führte, ist schon angedeutet worden. Die Urgewalten seines Ichs waren betroffen von der Hemmungslosigkeit der Verlaineschen Sprachbögen. Er fühlte dahinter eine radikale Entfesselung des Blutes. Es reizte ihn maßlos, bei dem Urheber eine Stichprobe zu nehmen. Er packte wahllos ein knappes Dutzend seiner Gedichte zusammen und ließ sie auf Verlaine los. Im Augenblicke der Absendung fühlte er sich entspannt. Die Sach-Welt sah ihn wieder auf sich zustürmen. Die kleine Stadt duckte sich wehrlos unter seinen Fäusten. Das Spießertum schielte nach dem günstigsten Augenblick: dem Störenfried ihres geruhigen Hinplätscherns die Schlinge der Korrektionsanstalt oder des Gefängnisses über den Kopf zu werfen. Es sah ihn wie einen Amokläufer durch die Landschaft stürmen.

Es begriff weder das Tempo noch die Ziele dieser Jugend. In einem Klagebrief an den alten Freund Izambard, der nun nicht mehr sein Lehrer war, aber dennoch Freund und Berater, ist der Haß des jungen Rimbaud über das »Jaucheloch Charleville« mit einer tierwilden Entflammtheit gekennzeichnet. Kein Mensch mag seine Vaterstadt so verdammt haben. Sie umschloß ihn wie ein Käfig aus Stacheln. Er litt unsäglich unter dem Druck ihres engen Horizontes. Sie durchfror seinen Tag mit einer nothaft eisigen Leere. Sie entzündete sein Blut zu immer tolleren Sprüngen. Sie trieb ihn gewaltsam (ohne zu wollen) in die Welt ohne

Grenzen. Sie machte nicht einmal vor dem Toten halt und riß ihn an sich, um ihn auf die bürgerlichste Art der Welt zu begraben. Sie verdient die Verfluchung, die in diesem Brief zu gären begann –:

»Ja, lieber Herr Izambard,

Sie sind glücklich, denn Sie wohnen nicht in Charleville! Vielleicht wissen Sie gar nicht, daß meine Vaterstadt die blödeste unter allen Provinzstädten Frankreichs ist. Sehen Sie, schon deswegen habe ich keine Illusionen mehr. Da liegt dieser graue Steinhaufen träge und feist neben Mézières (einem Städtchen, das kein Teufel findet), hat zwei- oder dreihundert Infanteristen in den Straßen herumlaufen, bläht sich auf und tut, als ob Straßburg oder Metz gar nicht vorhanden wären auf der Welt dieses gräßlichen Krieges. Schrecklich sind diese Raufbolde und Säufer, diese pensionierten Grünkramhändler in Uniform. Sehen Sie sich mal die Garde der Bürger an, diese Notare, Glaser, Steuereinnehmer, Tischler und Nudelbäcker! Wie sie mit ihren Fettbäuchen vor den Toren Mézières den Senf zu den Schlachten geben! Mein Vaterland erhebt sich! Mein Vaterland ist ein Volk von Kriegsgöttern! Teufel, lieber wäre es mir, es bliebe hinterm Ofen hocken bei getrockneten Pflaumen und Katzendreck.

Aber nur nicht aus der Haut fahren um einen Furz! Das ist mein Grundsatz.

Lieber Izambard, ich bin grenzenlos verlassen, heimatlos, elend, wütend, dumm, von allem und überall vor den Kopf gestoßen. Meine Haare stechen mit spitzen Nadeln nach innen, meine Haut brennt nach innen. Wenn ich die Träume nicht mehr hätte! Wissen Sie, meine morgenländisch weiten und bunten Wachträume! Ich träume von Sonnenbädern, von endlosen Spazierfahrten, von Ruhe im tiefen Gras, von Reisen rund um die Welt, von bunten Abenteuern, Zigeunerleben, Erfahrungen, Steigerungen! Bumm!

Und wache in dieser Einöde auf. Und hoffe dann wieder auf Anregung aus Zeitungen, aus Büchern. Aber woher nehmen? Die Buchhändler hier bekommen gar keine vernünftigen Bücher zugeschickt. Paris verachtet uns, mehr noch, es macht sich über uns Pfahlbauern lustig.

Kein neues Buch!? Izambard –: das ist der Tod! Zur Not muß

ich mich an das Wurstblatt, an diesen üblen Courier des Ardennes halten. Da wird der ganze Lokalstunk breitgewalzt! Das ist die ›eigene Note!‹ Nicht wahr? Man ist verbannt in seinem Vaterland.

Glücklicherweise bewohne ich jetzt Ihr Zimmer. Sie erinnern sich doch, daß Sie mir seinerzeit die Erlaubnis dazu gaben. Ich stöbere in Ihren Büchern. Ich lese den Diable à Paris. Sagen Sie mal, aber ganz ehrlich, hat es je einen größeren Mist gegeben als diese Zeichnungen des Herrn Grandville? Ich habe Costal l'indien und Robe de Nessus neulich verschlungen. Das Stoffliche gab mir mancherlei. Jetzt döse ich wieder. Und was soll ich Ihnen auch groß schreiben. Gewiß, ich habe in Ihren Büchern gestöbert. Ich genoß die Epreuves, dann die Glaneuses. Das letzte Buch las ich zweimal. Ihre Bibliothek, Meister, ist zu klein. Da erwischte ich neulich den Don Quichotte. Die fabelhaften Wälder Dorés gaben mir viel. Spuk und zauberische Ferne. Nun ist es wieder dunkel vor Langeweile. Draußen nämlich. Innen brennen Verse lichterloh. In einigen Tagen schicke ich Ihnen Proben. Lesen Sie die Bände abends und morgens. Ich entzünde mich aufs neue daran. Da Sie jetzt nicht mehr mein Lehrer sind, wird wohl auch die rote Tinte nicht mehr zu fließen brauchen.

Haben Sie Verlaines ›Fêtes galantes‹ schon gelesen? Ein tolles Buch. Manchmal zu bizarr für meinen Geschmack, auch ein wenig spielerisch. In der Hauptsache aber stark, großartig. Ich liebe Verlaine. ›La Bonne Chanson‹ sollte man auch besitzen! Kaufen Sie sich bitte das Bändchen. Es soll grandiose Verse haben. Nun aber Schluß. Auf Wiedersehen und schicken Sie mir einen Brief nicht unter 30 Seiten. *Postlagernd!* Und recht bald.«

III.

In Paris aber rannte mit glühenden Nervendrähten der Ministe-
rialbeamte und Dichter Paul Verlaine von Café zu Café und
scheuchte mit der Stichflamme seiner Erregung die jungen und
alten Dichtergreise auf: »Seht da: Gedichte von Rimbaud!«

Und von ringsumher glotzte es ihn an: Wer ist dieser Rimbaud? Wie ist es möglich, daß in dunkelster Provinz solch ein
Krater von schöpferischer Eruptionskraft siedeln kann. (Fragen
solcher Färbung schrien im Ring der Literaturbörse wirr durcheinander.) »Her mit dem Kerl!« jubelte Anatole France, als Verlaine ihm das Gedicht »Die erste Kommunion« um die Ohren
knallte. »Shakespeare enfant«, murmelte Victor Hugo nach der
Lektüre von »Sonne und Fleisch« und »Die Bettelkinder«. Und
gestand sich heimlich ein, daß er ein Jahrhundert lang schon ver-
staubt war und in den Schränken der Museen moderte. Verlaine
aber genoß reichlich diese spontanen Zuschüsse auf sein Konto
Eitelkeit und hielt die Balance in diesem Wirbel von Erregung
nur mit Absynth, Weibern und Tabak aufrecht. Sein bislang
wohltemperiertes Haus geriet in einen fiebrisch gehitzten Früh-
lingstaumel. Er reckte die Arme nach den elektrisch knisternden
Strömungen dieses seltsamen Kraftpoles Rimbaud und lud den
Dichter ein. Zehn Tage lang wartete er wie ein Liebhaber unter
der Laterne auf den Abendzug aus Charleville, und wartete mit
rührender Geduld vergeblich. Als Rimbaud dann aber wie ein
Stromer in sein Haus einbrach, an einem finsteren Regentag,
dreckig, zerlumpt und mit wirren Haaren, großen roten Tatzen
und einem Gesicht, umfunkelt von Dämonie und Erlebnis-
trotz –: da stand Madame Verlaine ratlos hinter dem Eßtisch und
kämpfte mit Tränen und Gelächter. Einen Dreißigjährigen hatte
sie vermutet, eine in der Großstadt hilflose Provinzfigur. Und
hier hieb ein toller Kerl mit einem Tiergebiß in die Mahlzeit.
Welch eine riesenhafte Kluft zwischen dem eleganten Bohemien
und Beamten Verlaine – und diesem barbarisch tappenden Wild-

ling! Ihr Instinkt empfand mit schlafwandlerischer Sicherheit die Gefahr, die ihr Eheleben von diesem Punkt her von jetzt an bedrohte. Wer kannte Verlaine besser wie sie? Nicht nur die krausen Äußerungen seiner menschlichen Bahn, nein, auch die Ursache und den Spannungsablauf seiner Kunst betreute sie mit ihren Tränen und ihrem entzückenden Jungmädchenlächeln. Sie spielte auch organisatorisch die stärkste Rolle in diesem Umformungsprozeß vom Erlebnis zum Gesicht und von hier aus in jäher Kurve zum Kunstwerk. Aus dem Gemisch ihres Blutes mit seinem schoß die Stichflamme hoch, die die Höhenflüge Verlaines speiste. In den Grenzen ihres Daseins formte sich seine Welt. Sie war überall Ursache, Abstoß und Wirkung. Freilich konnte sie nicht wissen, daß sie jenseits aller Körperlichkeit eigentlich nur das spannungserregende Element in den Hemmungen des Dichters Verlaine war. Nie war sie ihm die mit einem letzten Aufschrei der Lust gesättigte Erfüllung, sondern nur die entscheidende Kurve des Ablaufs. Ihre Eitelkeit war feiner organisiert als ihr analytisches Vermögen. Sie fühlte sich mit der Kunst verbunden. Sie repräsentierte die anmutige Dichtersfrau. In ihren letzten Winkeln war sie jedoch die im Gesellschaftskram wurzelnde Bürgerin. Die Vorsteherin eines Hauses, wo alles nach dem geregelten Gang der »Ordnung« gehen mußte, die Musterhausfrau. Der sich der Dichter aber nur dann willig und grenzenlos unterwarf, wenn die brutalen Forderungen des Körpers ihn dazu zwangen. Immer nachher, wenn der schöpferische Akt eines anderen Ichs die Nerven mit brutaler Gewalt in den Feuerofen der Empfängnis warf und die Versgewalten austrug, peinigte ihn der Ekel vor dem Weib, den er mit zigeunerischen Seitensprüngen in das Abenteuerleben obskurer Kaschemmen fortzuspülen versuchte und ein zweites Extrem in sein zerklüftetes Leben damit heraufbeschwor. Er liebte aus Schwäche und berauschte sich mit ordinären Stimulanzien aus Schwäche. Er gab sich dem Außen als ein unersättlicher Wildling und weinte unter dem Druck innerer Gesichte wie ein stiefmütterlich geschlagenes Kind in sich hinein. Madame Verlaine hegte ihn wie ein begabtes, aber sehr ungezogenes Kind. Sie war physisch doch die Stärkere und machte von dieser Vorgabe reichlich Gebrauch. Mit Rimbaud aber tauchte jäh ein unheimlicher Dämon auf. Alles, was seelisch an ihr vibrierte und das ihrem lieben Jungen Verlaine gegenüber unnatürlich bewegte Muttergefühl zum Bersten spannte, duckte sich, diesem wilden Burschen Auge in Auge, zu tierhafter Abwehr. Sie war auch im Lauf der nächsten Wochen keinen Zoll breit aus dieser Defensive gewichen. Sie stemmte sich mit allen Mächtigkeiten ihres Blutes gegen das Schicksal und mußte ihm doch ruhm- und wehrlos unterliegen. –

Rimbaud hatte nicht das geringste Organ für die Herzängste dieser Frau. Sein Verhältnis zu ihr erfuhr keine Wandlungen. Er nahm sie vom ersten Augenblick an, wie einen der tausend anderen Gegenstände des täglichen Lebens, in sein Bewußtsein auf und schenkte ihr weder Haß noch Zuneigung. Mit dem Augenblick aber, wo das äußerste Gegenstück dieser Frau, wo der blutheiße Triebmensch Verlaine sich in die Arme des Jünglings stürzte, da unterlag die stärkste Seite seines Menschentums, da unterlag der Künstler dem Triebwillen des Körpers. Wie von der Faust eines Riesen plötzlich in den vitalsten Vordergrund gerückt, flammte sein Blut auf und stürzte sich mit dem Aufschrei eines endlich in die Freiheit hineingestoßenen Zuchthäuslers ins Leben. Wir wissen nichts von den Empfindungen, die Rimbaud bewegten, als er dem bürgerlich-körperlichen Umriß jenes Dichters gegenüberstand, aus dessen Wort-Werk ihm zum ersten Mal die Frage hochgestiegen war: »*Was ist Kunst?*« Sicher ist, daß die Enttäuschung nicht allzu groß war. Sie wäre zu einer großen Angelegenheit geworden, hätte Verlaine sich als ein Kerl gezeigt, der aus Prinzip jedem Vorstoß jüngerer Menschen Widerstand leistete. So aber fand Rimbaud in ihm einen zu allen Streichen willigen Spielgenossen, einen Vorreiter und Quartiermacher. Der Feuerkessel Paris fütterte verschwenderisch den Erlebnishunger des Knaben. Kein Laster blieb ihm unverhüllt, keinem Wunsch stellten sich Hemmungen in den Weg. Er, der von der Provinz zum Abschaum Geworfene, ewig Beaufsichtigte, Bemutterte und Kritisierte, galt mit einem Male etwas. Er wurde herumgezeigt wie ein indischer Diamantenfürst, wie ein Urwaldreptil und zauberischer Abenteurer. Er durfte sich so bewegen, wie es ihm paßte. Man nahm ihm weder die wilden Exzesse mit den Weibern noch die Läuse und den Alkoholgestank übel. In den Gazetten prunkte sein Name mit drei Sternen. In den Zigeunerhöhlen der Literaten krönte man ihn zum Fürsten aller Künste. Das Jagdfieber seines Herzens konnte sich nach allen Richtungen hin austoben. Er legte der Kunst jetzt einigen Wert bei und opferte auf ihren Altären eine üppige Ernte. Vor allem schuf er hier die »Erleuchtungen«, den Teil der Gedichte und den der Prosa. Er warf dieses Werk hin, wie man einen Spaziergang absolviert. Es rann ihm fast unbewußt aus den Händen. Es war irgendwie schon da und bedurfte nur dieses Anstoßes der Freiheit im Taumel der großen Stadt. Da niemand kritische Einwürfe machte, dachte er über die Leistung kaum nach. Er nahm sein schönstes Gedicht überhaupt wie etwas hin, das so selbstverständlich von ihm ausgehen mußte wie Atem und Rede. Der Ruhm hat ihn nach keiner Seite hin eitel gemacht. Er blieb in erster Linie der Mensch, dem ein heftiger Erlebniswille die Glieder straffte und das Blut hitzte. Sieben Monate dauerte die Kurve Paris. Als die letzte Bahn abflachte und in eine graue Gewöhnlichkeit auslief, gab er das Signal zum Aufbruch in eine fruchtbarere Gegend. Verlaine, wie ein rasselnder Schatten an diesen Kometen geschmiedet, ihm untertänig wie er noch nie von einem Menschen abhängig war, ließ die Familie sitzen und zog mit. Vagabundierend durchstrich dieses seltsame Paar Nordfrankreich und Belgien. Sie duldeten nur den Himmel über sich und alle Wunder der Landschaft. Ur-Atem der Erde nährte ihr Blut. Grenzenlosigkeit der Fahrbahn machte ihre Empfangsorgane hellhörig für jegliches Geschehnis. Sie wurden unempfindlich gegen die körperlichen Härten solcher Wanderschaft. Über ihren Häuptern flatterte die fernenblaue Fahne jeglicher Unabhängigkeit. Sie dünkten sich Fürsten auf einem ungemeinen Stern. Manchmal erfuhr das freundschaftliche, nein, brüderliche Verhältnis leichte Trübungen. Es hatte Ähnlichkeiten mit einem Liebesverhältnis, worin Verlaine die feminine Rolle spielte mit aller Hysterie und Schwäche. Hier war ein gewisser Komplex seiner Schwäche in die natürliche Bahn gelenkt. Hier diente eine dem Sich-Verschenken wahrhaft zugeneigte Seele mit sakraler Inbrunst dem Stärkeren. Rimbaud hingegen, endlich froh, den Prellbock seiner Launen gefunden zu haben, tat sich keinen Zwang an. Seine Natur entlud sich hemmungslos.

Er tyrannisierte den fast zwanzig Jahre älteren Meister, wie ein Schüler der höheren Klassen den unter der Nase noch feuchten Anfänger beherrscht. Es gibt in der ganzen Weltliteratur kein ähnliches Beispiel für die seltsame Verbindung dieser zwei größten Dichter Frankreichs im neunzehnten Jahrhundert. In ihrer Bindung lag nichts Unreines. Körperlich vielleicht ekelten sie sich voreinander. Den Abenteuern aber strebten sie Arm in Arm zu und genossen sie in Verdopplung der Spannungen. Das Tempo nahm zu, je näher sie dem Meer kamen. Als sie im flachen Küstenland Belgiens den Salzgeruch schon auf der Zunge schmeckten, lag die Welt bezwungen zu ihren Füßen. Rimbaud mußte die fiebernden Schläfen mit beiden Händen zerpressen, um nicht schon in der Vorfreude sich völig auszugeben. An den Realitäten der ungemeinen Erlebnisse zerschellten Traum und Nachtgesicht. Das Fieber der Wünsche war einem klaren und kühlen Wachsein gewichen. Das Leben wurde von außen nach innen gelebt. Bemühen um Kunst welkte in den dunklen Kammern des Herzens. Das gekonnteste Wort-Werk von ehedem blaßte im Rausch des tätigen Blutes. Es steht fest, daß Rimbaud sich auf keine literarischen Diskussionen mit Verlaine auf dieser Reise einließ. Wiewohl die Eitelkeit Verlaines danach gierte, drängte Rimbaud ihn von den Besuchen bei belgischen Dichtern fort. Der »pauvre Lélian« (ein Anagramm des Namens Verlaine) mußte sich fügen. Sein Schicksal wurde völlig der Schatten des genialischen Knaben. Erst in London, das sie mit der Gewalt eines überirdischen Gewitters empfing, ihre Sinne weit öffnete und der phantastischen Buntheit dieser Stadt zutrieb, lockerte sich die Gewalt des Bannes, der Verlaine fast zur sklavischen Hörigkeit gezwungen hat. Freilich geschah das Nachlassen der unheimlichen Kräfte von dem Pol Rimbaud her. Er hatte im rasenden Ansturm der Erlebnisse kaum noch Zeit für den Freund. Von den Theatern, Museen und dem Leben auf den Geschäftsstraßen hetzte ihn der Erlebnishunger in ununterbrochenem Zuge bis in die schwärzesten Winkel der Stadt. In Whitechapel und Eastend war er bald so heimisch wie die eingeborenen Stammgäste. Er paßte sich keineswegs an, noch schlüpfte er, neugiergeladen, in billige Maskeraden. Aber sein Tempo jagte über ähnlich angelegte Kurven, wie dieses Hafenleben sie durchfuhr, den rabiatesten Abenteuern zu. Er durfte sich restlos ausschenken. Weder ein körperliches noch physisches Manko behinderte ihn. Er lebte glühend und überragte auch hier alle Akteure des Lasters und der anti-bürgerlichen Vitalität um Haupteslänge durch die absolute Ehrlichkeit und Konsequenz seiner Handlungen. Dabei entwickelte sich gerade in diesem Höllenkessel des unromantischsten Zigeunertums sein praktischer Sinn für all jene Erfordernisse, die das Fundament eines rapiden Fortkommens im Leben bedeuten. Er sah, daß die kommerziellen Eigenschaften dieses Inselvolkes das einzige Mittel waren, die Welt auf die bequemste Art bis auf den Grund dem Reichtum zu erobern. Welthandel, mit solchen organisatorischen Drehs aufgezogen, mußte fast im Schlaf allerorten Sieg um Sieg buchen. Er war ein zu guter Franzose, um die angelsächsische Rasse nicht bis zum körperlichen Ekel zu hassen. Er bewunderte aber restlos ihre eisige Kühle, die überall dort den höchsten Grad der Möglichkeit erklomm, wo Geld zu scheffeln war. Der Wert des Geldes ging ihm eigentlich hier erst und auch gleich an krassesten Beispielen auf. Und während er in den Hallen der Banken und Börsen oder am Hafen sich an dem wahnwitzigen Tempo der Geldvermehrung erregte und den ewigen Hunger seiner Nerven nach Sensationen damit überlud, pendelte der Herr Verlaine gemächlich durch die Cafés und Künstlerkneipen, befreundete sich mit Literaten und Malern und schrieb wahrhaftig wieder Verse. Alle Versuche Rimbauds, den von seiner Eitelkeit wieder einmal stark benommenen Verlaine stärkeren Spannungen zuzuführen, scheiterten. Zudem wurde Verlaine von dem Scheidungskrieg, den seine Frau entfacht hatte, seelisch und körperlich unterminiert. Er war auch hier zu schwach, sich in ein Leben jenseits aller Sentiments zu retten. Er lebte am Leben Rimbauds geistig und körperlich vorbei. Er genoß im Gegensatz zu ihm die Stadt aus der Distanz eines mechanisch bewegten Guckkastens. Er machte sich eine Art Romantik dafür zurecht und überließ Rimbaud den Kampf mit den Realitäten. Rimbaud stürzte sich nebenbei auch noch auf die englische Sprache und lernte sie in fünf Wochen fließend sprechen und schreiben. Er trug sich mit dem Plan, mit dem ersten besten Schiff in die Welt zu segeln. Er beneidete jeden Matrosen, der, gebräunt von den fremden Fernen, durch das Hafenviertel schaukelte und vor Gott und den Huren mit Gold und Erlebnissen klimperte. Da warf ihn der Zwist um ein von Verlaine verbummeltes Manuskript (das ihm Geld für die Ausreise schaffen sollte) wieder nach Charleville zurück. Er ließ Verlaine im Dämmer der blutarmen Romantik in London zurück. Es zog ihn wahrhaftig nicht zur Mutter, als er die verräucherte Heimatstadt betrat. Er hatte in Verlaine irgendwie sich selber verloren und wollte sich in der jähen Kurve dieses häßlichen Ausgangs wieder zurückerobern. Man nahm ihn zu Hause nicht ohne eine gewisse Scheu auf. Sein Verhältnis zu Verlaine, von den Spießern mit Gift und Jauche begossen, war über Paris her der Großklatsch in den Bürgerhäusern geworden. Alle energischen Dementis der Mutter halfen nichts. Die Stadt sühlte sich in den angeblichen Verworfenheiten dieses Zigeunerknaben und brannte darauf, daß sich hier Exzesse gleicher oder noch wilderer Art wiederholen möchten. Diesen Gefallen tat Rimbaud der Meute aber nicht. Er lebte zurückgezogen in der dunkelsten Kammer des Hauses seiner Mutter und ordnete die Fülle der Erlebnisse. Dazwischen arbeitete er heftig an dem »Sommer in der Hölle«. Oder er machte sich auf dem Klavier in tollen, zusammenhanglosen Klanggewittern Luft. Im Grunde ist dieses fanatische Anklammern an Kunst nichts anderes als eine Abwehr gegen die stürmischen Lockungen der Welt, die seinen Tag bedrängten. London lag ihm wie ein dicker Splitter im Fleisch und eiterte schmerzlich. Er wurde körperlich krank daran. Und nur dieser Zustand macht es verständlich, daß ein Brief, den der jammervoll kranke Verlaine aus London schrieb, ihn wieder hinzog. Er fand den Freund tatsächlich in einem bejammernswerten Zustand und pflegte ihn, selber ein geschundener Körper, bis Verlaines Mutter eintraf. Da fühlte er sich wieder überflüssig, jagte nach Hause und setzte das kaum unterbrochene Einsamleben wieder fort. Ein Einsamleben aber nur nach außen hin. Denn es ekelte ihn vor den verwaschenen Gesichtern der Mit-Menschen und den engen schmutzigen Straßen. Frauen, die sich durch die Sperre ihm näherten, nahm er ohne Lust hin. Er fühlte, daß durch ihr überaltertes Blut nur die bloße Sensation der Paarung fror. Nichts gaben sie her, nichts nahmen sie fort. Nicht einmal den

Spuk eines Traumgesichtes entfachten sie. Sie lebten mit ihren Seelen so träge dahin wie die Männer, die später ihre offiziellen Betreuer wurden, den Alkohol aus Langeweile sich einpumpten oder bei den Karten saßen und finstere Politik machten. Wieder war es Verlaine, der Rimbaud wachrüttelte, diesen Sumpf kleinstädtischen Geistes Hals über Kopf zu verlassen. In den belgischen Ardennen trafen sie zusammen und feierten ein wildes Wiedersehen. Im Dämmer obskurer Kneipen tauschten sie ihre Erlebnisse und Verse aus. Verlaine geriet vor den Fortschritten Rimbauds in Raserei. Die Eitelkeit, als Entdecker dieses infernalischen Genies in der ganzen Welt gewertet zu werden, erhitzte sein zu seltsamen Sprüngen aufgelegtes Blut. Die alte Abenteurerlust erwachte nach allen Seiten. England war abermals das Ziel der hellen Ausfahrt. An den alten Zielstationen wurden die neuen Erlebnisbahnen angekoppelt. Rimbaud, jetzt viel sicherer im Erfassen der Geschehnisse, drängte mit aller Macht auf das entscheidende Erlebnis zu. Er spürte schmerzhaft die entsetzliche Enge Europas für seine schweifenden Horizonte. Er sah das Schiff unter Dampf am Steg liegen und konnte sich doch nicht entschließen, weil ihm noch irgendein Entscheidendes, dem er aber noch nicht auf den Grund gekommen war, fehlte. Irgendwie war ihm auch Verlaine im Wege. Noch wußte er dieses Mal nicht wo und weshalb. Wäre er ihm so gleichgültig gewesen wie Mutter und Vaterstadt – dann hätte es mit der Lösung keine Not gehabt. Aber Verlaine, in buntem Wechsel ein heiteres Kind und bocksbeiniger Vagabund, zog an und stieß ab. Viel kann aus der noch nicht abgeschlossenen Gärung der Pubertät zu diesem eigentümlichen Zustand Rimbauds an Ausdeutung gezogen werden. Denn erst als Rimbaud in London auf das wirkliche Erlebnis Weib stieß und es ganz auf seine Art zu einem schmerzlichen Wunder steigerte – da wurde ihm die endgültige Trennung von Verlaine nächstes Ziel gesammelten Entschlusses. Was ihn noch vor brutalen Mitteln bewahrte, waren menschliche Regungen, war Mitleid mit dieser armen, von der Natur schrecklich mißhandelten Kreatur. Kein Mensch konnte Verlaine aus dieser Hölle seelischen Mißgeschicks erlösen. Erst recht keine Frau. Verlaine war femininer organisiert als die Mehrzahl der Frauen. Da ihn die äußere Andersgeschlechtlichkeit daran hinderte, die seelischen Spannungen in körperliche umzusetzen, mußte er im Gedicht das Gleichgewicht suchen. Die Kunst war bei Verlaine nichts anderes als Selbstbefleckung der von einem Irrtum mißhandelten Natur. Daß solch ein körperlich und schöpferisch ins Umgekehrte organisierter Zustand den vor Robustheit aller Organe platzenden Rimbaud in dem Augenblick, da er sexuell ein wilder Kerl geworden war, mit Ekel erfüllen mußte, ist nicht verwunderlich. Vielleicht ließ er die Folgen dieser Erkenntnis Verlaine zu brutal fühlen. Er trieb eben alles auf die endgültige Trennung zu. Er mußte sich, jetzt oder nie, von einem Schatten befreien, der schwerer war als der Luftzug, den seine Brust im unentwegten Vorwärts zerschnitt. Er mußte mit diesem abgeebbten Geschehnis zu dem Kreuzweg kommen, wo der eine Weiser unverrückbar nach Westen, der andere nach Osten zeigt. Es ermangelte ihm aber an Lebenserfahrung (nicht an Psychologie!), die Lösung so geräuschlos wie möglich zu vollziehen. Er hatte im Untergrund seines Herzens Furcht vor dem ernsten Wort um Verlaines Sensibilität willen. Er versuchte es mit Spott und Ironie. Er drückte den moralischen Wert des Freundes um etliche Stufen herab. Er verwundete Verlaine an der schmerzhaftesten Stelle –: er verwarf seine Kunst, trat sie in den Schmutz. Und erreichte damit, daß Verlaine wirklich vor ihm floh. Der äußere Anstoß ist bestimmt das geplante Zusammentreffen mit seiner Frau in Brüssel gewesen. Die Entscheidung fiel aber aus der abwegigen und nicht mehr ertragbaren Haltung Rimbauds. Das wird klar, sobald man Verlaines körperlichen und geistigen Zustand, sein Leben und Treiben in Brüssel prüft. Allein mit seinem Doppel-Ich in dieser Stadt, ist er haltlos nach allen Seiten. Irrt wie ein Knabe plan- und ziellos von einem Tag zum anderen und wartet auf seine Frau. Er redete sich dieses Warten aber nur ein. In Wahrheit schrie sein Herz Seufzer um Seufzer nach London. Trost brachte ihm auch die Mutter nicht, die statt der Frau kam. Sie verwirrte ihn noch mehr, weil sie die Lösung von Rimbaud forderte und erst nach Vollziehung dieser Tat Versöhnung mit der Frau in Aussicht stellte. Dazu natürlich die Wiederaufnahme im Amt, anständige Häuslichkeit und den obligaten Bürgerhimmel auf Erden. Verlaine aber bedachte sich nicht lange und rief Rimbaud nach Brüssel. Er sollte die Entscheidung treffen. Das heißt, er sollte ihn wieder für die zigeunerische Welt aus dem Ansturm der Bekehrungsversuche erlösen. Als aber auch Rimbaud ganz ernsthaft die Wiederversöhnung mit der Frau ihm rät – und seine eigene Freiheit brutal von ihm fordert, da rast Verlaine zwei Tage und zwei Nächte lang durch alle Verworfenheiten, Laster und Trunksuchten der Stadt, speit Galle und Wut, heult wie eine Konfirmandin und greift zum Revolver. *Verlaine schießt auf den Bruder Rimbaud!* Niemand hätte Verlaine diese Tat zugetraut, wäre sie nicht unsäglich nüchtern geschehen. Es war die steilste Handlung in dem handlungsarmen Leben dieses Schwächlings. Sie war, sieht man von der äußeren Form ab, als reine Leistung der seelischen Spannung gewaltiger als alles, was Verlaine nachher an Kunst produzierte. Aus dem Lyriker hatte sich in einem schrecklichen Salto mortale der Erlebnisverwirrung der Dramatiker das Ventil nach außen gesucht. Und verbrannte daran und bezog den Menschen und Künstler Verlaine damit ein. Zum ersten Male hatte hier das Schicksal mit offenen Karten gespielt. Es hatte einen riesenhaften Einsatz gewagt und gewann. Es gewann den Dichter Verlaine in die bürgerliche Welt zurück. Aber nicht, um ihn konsequent zu einem sinnfälligen Glied dieser Menschenschichtung zu machen, sondern um dem Vergeltungsprinzip den wortgemäßen Ausdruck zu geben. Der Übertreter höchster Gesellschaftsordnungen konnte endlich gelyncht werden. Rimbaud, auf diesen Ausgang nicht gefaßt, auch nicht froh über sein Ausmaß, konnte mit keinem Mittel verhindern, daß Verlaine am 8. August 1873 auf zwei Jahre nach Mons ins Gefängnis geschickt wurde. Es war für das zur Verhandlung gestellte Verbrechen die höchstzulässige Strafe. Sie kam nicht ohne Mithilfe der Pariser Polizei zustande, die in höllischer Schadenfreude das ominöse Aktenstück Verlaine–Rimbaud dem Brüsseler Tribunal zur Verfügung gestellt hatte. Was stand in diesem Polizeibericht? Jener homosexuelle Schmutz, dessen Lüge selbst heute noch durch fast alle Literaturgeschichten geistert. Es ist aus vielfachen Dokumenten als erwiesen anzusehen, daß das körperliche Verhältnis dieser beiden Dichter zueinander keine »Verfehlungen gegen das Strafgesetz« aufzuweisen hat. Wenn der spätere Verlaine im Absynthrausch Andeutungen gemacht

34

hat, die der Lüge Nahrung geben, so geschah diese Selbstbe-schmutzung aus dem entschuldbaren Motiv einer gräßlich ver-rannten Eitelkeit. Diese Eitelkeit schlug selbst aus den Geschehnissen im Gefängnis Kapital und verwüstete zuletzt noch das morose Greisentum des für die Kunst längst entwerteten Kunsthandwerkers.

Rimbaud floh noch vor der Verhandlung nach Charleville. Es ist schon Tragödie, daß den Enttäuschten jene Ruhebank immer wieder aufnehmen muß, wo er als Knabe saß und sich kleine Schiffchen aus Borkenrinde schnitzte, um sie in den Wirbel des Stromes zu setzen, beladen mit der Fracht purpurdunkler Sehnsüchte nach den endlosen Meeren. Es ist, als ob das Dämonische sich hier mit neuer Ladung vollsaugen mußte, um der künftigen Fahrt Schwung und Richtung zu geben. Was die großen Städte in der größeren Welt nicht vermochten, hier, im dämmerigen Rauch der Kleinbürgerlichkeit, umgrinst von Klatsch und aufgeblasener Wohlanständigkeit, bindet sich an die tiefe Leidenschaft des ungenügsamsten aller Menschen die unauslöschliche Witterung für den Weg zu erlösender Tat. Anfangs schien es so, als hätte der gewaltsame Abschluß der Episode Verlaine einen tiefen Riß durch die seelische Struktur Rimbauds gezogen. Eine Nervenkrise lähmte monatelang seinen Körper. Mit Tränen versuchte er die Erinnerung fortzuwaschen. Mit schöpferischen Ekstasen hoffte er sich wieder in das Gleichgewicht zu bringen. Es geraten ihm auch einige Gedichte von beispielloser Leuchtkraft in den farbigen und musikalischen Schwingungen. Das Erlebnis aber, das hinter diesen artistischen Gekonntheiten in einer dunklen Mollstimmung schwälte, war nicht von dem reinsten Blut des Herzens genährt. Es lag nicht das Tempo einer elementaren Brandung darin. Eher wehklagte eine leise Resignation. Sie spiegelte am eindringlichsten die Stimmung, in die Rimbaud dieser tragische Zusammenprall mit Verlaine geschleudert hatte. Er wollte mit Gewalt davon loskommen. Der Schatten war ja ausgelöscht. Aber ein Schatten vom Schatten spukte durch seine grauenhaften Wachträume und lähmte die letzte, sich allem Bisher befreiende Konzentration. Erst nach fast sechsmonatigem Aufenthalt in der Heimat gelang es ihm, eine Lücke in das Dickicht der Beklemmungen zu hauen. Mit dem druckfertigen Manuskript von »Ein Sommer in der Hölle« reiste er nach Brüssel, wohin er Empfehlungen an einen Verleger hatte, wurde mit dem Verlagshaus handelseinig und wartete auf die Korrekturen. In einem kleinen Mansardenkäfig der oberen Stadt trieb er in mönchischer Einsamkeit deutsche und holländische Sprachstudien. Er war ja ein ungewöhnliches Sprachtalent und nutzte diese Begabung weidlich aus. In den großen überseeischen Handelshäusern hätte man sich schon jetzt um ihn als Korrespondent gerissen. Noch war er sich aber nicht klar, mit welchen Waffen die Welt am ehesten zu erobern war. Technik und Handel zogen ihn in gleicher Weise an. Zu einem Vormarsch mit dem Rüstzeug eines Ingenieurs fehlte es ihm natürlich an dem systematischen Fachwissen – und Können. Als Kaufmann ersetzte ihm der Instinkt die angesessene und angeschwitzte Vorbildung. Dennoch bequemte er sich zu einem Kursus in Buchführung, Fracht- und Wechsellehre. Er spielte auch mit diesem trockenen Schulkram Fangball. Er konnte ihn beim besten Willen nicht ernst nehmen. Einigen Mitschülern schloß er sich näher an und durchbummelte in ihrer Gesellschaft Theater, Kneipen und Rummelplätze. Sie wußten von seiner Existenz als Dichter nichts. Er hütete das Geheimnis und war nichts weiter als ein ausgelassener Jüngling unter Jünglingen. Bestimmt war er der Tollste bei den übermütigen Streichen. Sein Blut gesundete, und die fremde Ferne drang mit ihren Lockungen endlich wieder durch. Er trieb den Verleger jetzt mit Ungestüm. Packte fast die gesamte Auflage noch druckfeucht zusammen und zog damit ab. Die Familie weilte auf dem Landgut in Roche bei Attigny. Die Luft war hier rauh, aber von beizender Gesundheit. Die Bauern quälten sich auf den Feldern. Ihr Tag ging hin in Arbeit und Kampf ums Dasein. Welch ein Aufwand von Muskel und Hirn für solch ein kümmerliches Dasein! Rimbaud bekam einen Ekel vor diesem, jedem Fortschritt abholden Ackerbürgertum. Er begriff die gottergebene Stumpfheit nicht. Er begriff Blut und Muskel dieser Menschen nicht. Ihre langsam sich hinschleppenden Hantierungen, ihre eckig-hölzerne Sprechweise reizten ihn maßlos. Sie schliefen noch bei den Überlieferungen der Großväter. Sie ahnten nicht einmal das aufgehellte Heute und das strahlende Morgen. Sie gingen um ihn herum, als rauchte das leibhaftige Böse aus seinen wirren, braunroten Haaren. Da bekam er jäh Hunger und Durst nach Paris und fuhr, von der Mutter allzu sparsam mit Geld ausgestattet, hin. Wochenlang stürzte er sich in den dicksten Strudel und trainierte sein aus der Übung gekommenes Vermögen: alle Dinge bis auf den Grund zu erleben. Was ihm an Sicherheit abging, ersetzte er durch Tempo. Seine Vitalität war wieder in die alten Fundamente zurückgespannt. Die Dämonie seiner Nerven übertrumpfte die lebenstollen Ausbrüche aller Kameraden. Noch waren keine Literaten oder Künstler aus früheren Bekanntschaften in dem Haufen seiner Mitläufer. Er hatte mit zusammengebissenen Zähnen die Anonymität bewahrt. Er wollte erst mit funkelnden Augen und mit körperlicher Überlegenheit wieder oben sein, Eindruck machen und alles unter sich zwingen. Nie hat er sich gründlicher geirrt als in der Zweckmäßigkeit und Auswirkung dieser Vorbereitung. Er hatte das Erlebnis Verlaine vergessen, rechnete nicht mit dem Anhang, den der so organisch in diesem glitzernden Sumpf verwurzelte »arme Lélian« immer noch hatte. Und stieß schon bei der ersten Begegnung mit einem Freund des alten Literatenkreises auf eine peinvolle Kälte. Je tiefer er auf dieser Bahn vordrang, um so wuchtender fielen die Keulenschläge. Ganz Paris schrie ihn als den Mörder Verlaines aus. Man knallte es ihm bei jeder Gelegenheit um die Ohren. Der graue Einsiedler aus der engen Strafzelle von Mons wurde mit der Märtyrergloriole beschenkt. Ein Bändchen »Marien-lieder« aus dem Gefängnis hatte dieses beispiellose Wunder bewirkt. Was waren die brutalen Verse des hergelaufenen Bur-schen aus Charleville gegen diese großartigen Hymnen der In-brunst Verlaines? Selbst Victor Hugo und der gute Herr de Ban-ville hielten Distanz. Das kochte die Wut aller Teufel in Rimbaud über. Mit geballten Fäusten stürmte er zum Bahnhof und schüt-tete gräßliche Flüche über dieses infernalische Paris. Oben in sei-ner Bauernstube schloß er sich acht Tage ein. Hielt fürchterliche Musterung mit seinem Bisher und verbrannte nach beendeter Schlacht gelassen alle erreichbaren Manuskripte: »Wahrhaftig, ein Dreckhaufen, nichts weiter ist die Kunst! Absurd! Ridicule! Dégoûtant! Es lebe die Welt jenseits dieser Erniedrigungen! Es lebe das tätige, das urmenschliche Leben!«

An diesem Abend lockte der tolle Bursche aus Charleville die schläfrigen Hühner von der Stange, lärmte mit den Bauern bis in die dämmrige Frühe an den eichenen Tischen des Wirtshauses. Alle Belastungen soff und tobte er sich von der Seele. Der Wind des wirklichen Lebens umbrauste sein Gesicht. Er sah einen Gipfel getürmt aus Macht und Besitz vor seinen Traumhellungen. Er reckte die Arme. Er sauste – neunzehnjährig – mit dem Tumult eines losgelassenen Urwaldtieres in die Welt. Wie die Steppe unter den Hufen eines Hengstes, also unermeßlich liebenswert erdonnerten die neuen Fernen.

IV.

Wiewohl er in London mit zäher Energie von Kontor zu Kontor jagte –: der kühl abwägende Engländer glaubte nicht so recht an Rimbauds Fähigkeiten für den Überseedienst. Mit Sprachkenntnissen allein konnte man keine Handelsexpeditionen organisieren und leiten. Erfahrung... braungebeizte Tropentüchtigkeit und ausgekochteste Verschlagenheit verlangte man von den Überseekaufleuten. Rimbaud aber konnte nicht einen Tag Aufenthalt in Ländern außerhalb Europas aufzeigen. Er biß die Zähne zusammen, daß sie krachten, um dieser stoischen Gewalt zu trotzen. Er führte alle möglichen Begabungen als Beweismittel für sein wirkliches Vermögen, das mit Alter und Erfahrung doch nichts zu tun hatte, an. Er bluffte mit einem lächerlich umfassenden Wissen an Geographie und Wirtschaftskunde. Er kannte Lage und Namen jeder Oase in den Wüsten Afrikas. Alle Land- und Wasserstraßen Ostindiens, jede Pelzart auf Alaska und die verschwiegensten Goldfelder Südamerikas waren ihm geläufiger wie die Straßen in dieser Stadt. Es war, als hätte er vor einem Jahrhundert schon diese Stationen alle durchlaufen und jeden Fortschritt in der Zwischenzeit nachregistriert. Vor der inneren Glut dieses verwegenen Burschen von zwanzig erschraken die Handelsherren fast. Sie gaben verhalten zu, daß hier jemand vor ihnen stand, der nicht mit alltäglichen Prüfungen zu messen war. Sie sagten ihm in der Bedrängnis der Entscheidung schmeichelhafte Worte... und wurden doch nicht handelseinig mit ihm. Sie ließen ihn wieder los auf die wilden Tumulte in den schwarzen Vorstadtstraßen. Das kalte Feuer seiner Augen blieb ihnen noch lange im Blut als ein ganz absonderliches Erlebnis. Rimbaud aber wußte nun, daß er den üblichen Weg zu einer Mission, wie er sie suchte, nicht einschlagen konnte. Er mußte erst das hemmungslose Abenteuer durchlaufen, sich von den Tropen Haut und Jahre braun gerben lassen, um dann als ein Kerl vom Bau auf den Tisch trumpfen zu können. Seine Hoffnung setzte das große Los auf Deutschland. Von Hamburg oder Bremen glaubte er mit dem ihm gemäßen Schiff in See stechen zu können. Er schätzte die hanseatischen Pfeffersäcke keineswegs höher ein als den britischen Kaffee- oder Woll-Importeur. In den deutschen Kontoren war aber das Tempo jugendlicher und noch nicht so mit Tradition beschwert. Man wählte dort nicht so sehr nach dem Gewicht an Zeugnissen, als vielmehr auf Grund persönlicher Eindrücke. Und um hier seinen Mann stehen zu können, mußte er sich noch sehr in der Sprache vervollkommnen, mußte die täglichen Gewohnheiten dieser Menschen studieren, ihre Schwächen erfahren und in ihre Stärken eindringen. Diese planmäßige Methodik ging eigentlich gegen sein Naturell. Er mußte Energien an ein ihm im Grunde Nebensächliches verschwenden. Wären sie nicht in einer solchen Fülle in seinen Nerven aufgespeichert gewesen, daß der Verbrauch kaum die Außenwände abbröckelte – ein Normalbürger hätte die Vorbereitungen nicht so ungestraft überwunden. In ihm aber malmte das Fieber der Vitalität und schuf Überflüsse. Gehirn, Muskel und Nerven vibrierten in ständiger Stauung und Spannung. Die Explosionen konnten nicht einmal nach innen mehr Auswege bahnen. Waren bislang die Verse das große Sammelbecken der Entladungen gewesen, so staute er jetzt in einem wilden Fanatismus gequaderte Dämme gegen diese »Kinderei«. Er war als schöpferischer Mensch im Kunstgefild beileibe nicht steril. Er hatte den Schnitt im Stadium übersprudelnder Fülle gemacht. Er war, im Gegensatz zu den meisten der von der Dämonie Kunst getroffenen Naturen, die sich nie so herrisch gegen den Druck der inneren Gesichte und ihren Trieb zur Erdverwirklichung äußerten, stärker geballt in der Dämonie des Willens. Er konnte im verlockendsten Moment »Nein!« sagen. Er hatte endgültig Nein gesagt. Und kam selbst unter den starken landschaftlichen Eindrücken süddeutscher Mondnacht, auch nicht im Wirbel mit neuen feuerbunten Erlebnissen in die Versuchung, seine Weigerung zu korrigieren. Er war monatelang in aller Sachlichkeit Hauslehrer in einem gutbürgerlichen Hause Stuttgarts. Sein Tag war mit uhrenhafter Präzision dem Zweck zugunsten aufgeteilt. Seine Zusammenballung auf diesen Punkt war so enorm, daß er sich nicht um Haaresbreite von der Menge abhob. Er flanierte durch die Straßen im gleichen Tempo wie Herr X oder Herr Z, hatte seinen Stammsitz im Kaffeehaus, seine bestimmte Tabaksorte, die ewig gleiche Ausgehstunde und die üblichen Liebschaften von abends bis Mitternacht. Er spielte schon mit einer raffinierten Virtuosität auf der Partitur bürgerlicher Lebensmaximen. Er spielte sie mit der linken Hand sozusagen. Während seine rechte sich mit knisternder Geladenheit auf den großen Tag der Thronerhebung seines wahren Lebens vorbereitete, um mit einem festen Griff endlich das Schicksal zu bannen. Er preßte gar nicht einmal die Lippen zusammen, um die Lauheit dieses in so geregelten Bahnen sich bewegenden Lebens zu ertragen. Es waren die ersten »vierzig Tage der Wüste«, die er hier asketisch absolvierte. Daß die milde Landschaft des Neckar diesen Rahmen spannte, war ein gleichgültiger Zufall. Ein Landstädtchen im Elsaß oder ein Dorf in der Eifel oder im fetten Flandern hätten sich ebenso wirkungslos für entscheidende Erlebnisse um sein Herz hügeln können. Selbst die tiefergehende Erregung mit einem blonden Schwabenmädchen, dieses wirklich reine Aufgehen eines hinterhaltlosen Menschen in dem unterirdischen Glutofen seines Blutes, bewirkte nur, daß das Herz einige Schläge aussetzte, tief Atem holte und die Störung brutal abdrosselte. Er schritt von diesem Zwischenspiel genauso unlädiert in das wesentliche Umdrehungsgewicht seines Erlebens zurück, wie er das verfettete Bürgertum Charlevilles schon als Knabe von sich abgeschüttelt hatte. Die moralischen Prätensionen, die er an sich stellte, waren von keinem handelsüblichen Gesetz, von keinem Blick nach rechts oder links abhängig. Die Anarchie seiner Denkungen gegen jegliche Weltanschauung aus den ausgelaugten europäischen Gehirnen war kaum noch zu überbieten. Er war wahrhaftig reif für die große weltpolitische Expedition in den unentdeckten Erdteil. Er brauchte für seine umstürzlerischen Geladenheiten, für seinen Fernenhunger und sein unermeßlich vitales Ich eine jungfräuliche Welt von kaum faßbarem Ausmaß. Er hatte eine klare und logisch organisierte Vorstellung von dem Künftigen. Er brauchte eigentlich nur noch das entscheidende Signal zu geben. Die Ventile zitterten im Überdruck der Dampfgewalten. Aber das Hirn wachte an der Steuerung und sah, daß an dem tollen

Manometer seiner Blutspannungen noch viele Striche zu durchlaufen waren...

Da platzte wie ein raubtierhaft geducktes Sommergewitter jene armselige Kreatur in seinen geregelten Tag, auf die er am allerwenigsten gefaßt war. Das Strafhaus von Mons hatte sich hinter Verlaine endlich geschlossen. Der zum tiefsten Katholizismus bekehrte Dichter, der brünstige Marienverehrer und betrunkene Barfüßler war miteins so seelenheiter da, als wären diese zwei bösen Jahre nur eine beklemmende Rauschnacht gewesen. Mit einem Gequirl von Lachen, Weinen, Zynismen und Frommreden stürzte er sich auf Rimbaud. Er wollte fortsetzen, was nach seiner Meinung abgeschlafft, aber nicht zerrissen war. Wollte den wilden Knaben zu den mystisch-romantischen Wundern seiner neuen Weltanschauung bekehren. War bis zum Bersten aufgespannt, ihn mit einem unerhört starken Gedichtband zu überraschen. Er glaubte in diesen der grauen Einsamkeit abgetrotzten Versen sich bis zur letzten Möglichkeit künstlerischen Vermögens gesteigert zu haben. »Sagesse«, »Jadis et Naguère« und die »Parallèlements« waren in diesem Manuskript zu einer infernalisch-gott- und lustinbrünstigen Dreiheit verbunden. In der Tat: in diesem dreifältigen Buch sind Gedichte, die der französischen Lyrik auf Jahrhunderte hinaus eine bewunderungswürdige Höhe fortschrittlicher Form einbrachten. Der Künstler Verlaine hatte die Substanz des Schöpferischen verdreifachen können. Er hatte ein daneben gelebtes Leben mit der restlosen Ballung seines mystisch verkapselten Ichs rehabilitiert. Er war weit über seinen von Rimbaud abhängigen Schatten hinausgewachsen. Seine künstlerische Persönlichkeit hielt endlich den Rekord der mehrfachen Meisterschaft. In seinem Unterbewußtsein stand indes nicht blasphemische Eitelkeit auf dem Sprunge. Wenigstens Rimbaud gegenüber nicht. In Paris hingegen wäre man ihm mit offenen Armen entgegengekommen, und sein Leben hätte bestimmt eine entschiedene Wendung zum besseren Privatmenschentum genommen. Der laute Ruhm reizte ihn aber nicht. Die Straßen der großen Stadt gingen zu manierlich und geordnet an seinen Bocksprüngen vorüber. Das Leben in den Cafés kam ihm entsetzlich schal und aufgedunsen vor. Die graue Nüchternheit der Gefängnismauern, zwei Jahre lang, hatte seine Augen geschärft. Er unterschied jetzt deutlich das Hohle vom Gewachsenen, das Aufgepulverte vom ewig Stürmenden und den Literaten vom Künstler. Paris hatte im Bann der Bürgerlichkeit überall Falltüren und Schlingen. Es zog ihn mit allen Fasern zu dem ungebunden tollen Leben auf den Landstraßen von Niemandsort zu Niemandsort. Das Tempo zu den gewagtesten Streichen war laut in ihm. Genau so laut, wie das bei diesem Kopf ewig lächerlich wirkende Aufgehn in den Verzückungen der katholischen Heilswunderwelt. Er wollte beides auf eine Formel bringen: den in jedem Betracht freien und erlebnisbrünstigen Landstreicher – und das »liebste Kind Gottes«. Es gebrach ihm nur an der Spannung des entscheidenden Anstoßes. Der feminine Charakter bewies sich auch hier. Und gierte nach den herrischen Stärken des Mannes. Das Da-Sein Rimbauds stand als glutrote Sonne schwärend in seinem Bewußtsein. Die Anziehungskraft des ungemeinen Sterns ließ ihn nicht dazu kommen, eine Bahn jenseits dieses Einflusses einzuschlagen. Er ging mit verbissener Entschlossenheit auf die zentrale Glut zu und gab sich unaufgefordert bis in den letzten Winkel seines Vermögens preis. Nur hatte er nicht bedacht, wie radikal Rimbaud sich von aller Vergangenheit gelöst hatte, wie in diesem Feuerkopf nur der Pol der Zukunft existierte, nichts von Kunst mehr, nichts von Freundschaften und sentimentalen Menschlichkeiten. In seinem Gehirn lag der Zivilisationsplan eines neuen Jahrhunderts organisatorisch bis ins letzte bedacht. Es existierte darin keine Lücke für solche Zwischenfälle, wie dieses Auftauchen eines Menschen, dem an dem schweifenden Leben nur die Romantik behagte, nicht aber das dynamische Brio der Fahrt und ihr herrliches Endziel an sich. Keine Dichtung wird solche heroische Spannweite tragen können wie diese Tragikomödie, die vom nichternsten Leben, von der Zweckmäßigkeit des Kräfteausgleichs an den steilsteinigen Ufern des Neckar inszeniert wurde und seine Äußerungsform zur Geschichte einer Ewigkeit bringen konnte. Auseinandersetzungen zwischen zwei Künstlern kennt die Literaturgeschichte in jeglicher Form. Man braucht nicht gleich an den Streit Luther–Emser zu denken oder Nietzsche–Wagner, Holz–Schlaf. Immer bewegten sie sich in Grenzen, die im Bürgerlichen als variable Form zugelassen waren. Ganz gleich, ob Tintenfinger oder Schießeisen die vorwärtstreibenden Elemente des Zweikampfes auslösten. In jener deutschen Vollmondnacht jedoch, als Rimbaud nach mehrstündigen Bekehrungsversuchen Verlaines (diesen jetzt erst in seiner wahren Gestalt erkannten »folle vierge«) mit den Fäusten und knotigem Wurzelstock auf das armselige Häuflein Mensch einschlug und ihn halbtot liegen ließ – da rebellierte eine von hellster Zukunft feuertrunkene Jugend gegen das schwammig-verfettete Greisentum der Vergangenheit. Die haarscharfe Waffe Ungerechtigkeit liegt als bezeichnendes Kampfmittel in dieser Linie. Jede in ein neues Jahrhundert, nach erbitterndem Kampf, vorstoßende Jugend kennt dem Gegner gegenüber weder Gnade noch Einsicht. Sie achtet nur die Fahnen, die sie selbst über dem Sturmschritt des Eroberungswillens entrollt. Sie wirft den Ballast der Tradition von den Schultern und hebt die Stirn trotzig über die Eiswirbel des Himalaya zu den neugeborenen Sternen. Was Rimbaud am Neckar mit dem Gewicht seiner ungeschlachten Körperlichkeit begann und zum Symbol steigerte, lebt sich in der Zeitwende, die wir vom Weltkrieg überschwemmten Torsen zwischen zwei Generationen tragisch erfahren, schon in der geläuterten Form der geistigen Auseinandersetzung aus. Die Rasse Verlaines liegt in den letzten Zügen. Söhne des Rimbaud führen helläugig das Steuer durch den frischen Wind. Die Stöße der Widerstände lassen noch nicht erkennen, ob das Vorwärtsrasen von Zielbewußtsein oder von Verzweiflung geregt wird. Auf die Übertreibungen von Gut und Böse wollen wir gar nicht eingehen. Jeder neue geistige oder politische Vorstoß fundamentiert auf Maßlosigkeit in der Bewertung des eigenen Ichs und in der Verdammung des Gegners. Gerechtigkeit als rein ethische Eigenschaft existierte noch nie bei Revolutionären. Sie darf vielleicht in dieser heftigen Spannung zur Entscheidung auch nicht Gewicht erlangen. Gerechtigkeit setzt als Urheber einen Menschen voraus, der Erfahrung gesammelt hat ein ganzes Leben lang. Jugendliche Ungerechtigkeit kann auch für die bekämpfte ältere Generation erträglich sein, wenn sie lediglich aus der Atmosphäre des Kampfes geboren wird und nicht aus den finsteren Winkeln scheelen Neides. Ziehen wir aus den Geschehnissen am Neckar die Parallele zu den Generationskämp fen dieser Tage, so haben nur die Scheinrevolutionäre die Gewalt der Fäuste beibehalten, die sich wider Verlaine erhob und ihn »für die Zeit zu Boden brachte«. Im Kampf Rimbaud–Verlaine spielte aber das Persönliche noch eine gewichtige Rolle mit. Hier tobte mit nicht minderer Gewalt die Entscheidungsschlacht um ein degenerierendes Landstraßenleben und um den Aufschwung zur Unabhängigkeit von allem, was Abendland hieß. Rimbaud, in langsamem Anfluge zur Fahrt in die morgenhelle Welt, hatte sich gegen jene dunklen Mächte zu wehren, die ihn in das abgelebte Gestern zurückziehen wollten. Mit allen Requisiten komödiantischer Lächerlichkeit. Dazu kam noch das Proselytengeschacher eines aus verbogener Romantik zum Katholizismus hin bekehrten Sünders. Rimbaud war zu einem antiklerikalen Gewissensmenschen emporgestiegen. Seine Gegnerschaft zur Kirche datiert bis zum Fünfzehnjährigen zurück, der schon damals die grandios kirchengegnerischen Gedichte »Armleute in der Kirche« und »Die erste Kommunion« geschrieben hatte. Verlaines Frömmigkeit widerte ihn an, wie man sich vor einem Lustgreis ekelt, der mit wässerigen Augen nach den kaum angedeuteten Reizen zwölfjähriger Mädchen schielt. Gewiß erkannte Rimbaud die schöpferische Höhe der neuen Gedichte Verlaines aus diesem gewaltsamen Erlebnis mit Gott und seinen gesamten Heiligen an. Sie hatten bei aller Unreinheit der Quelle wenigstens das Tempo eines radikalen Fortschritts, ihre Gefühlshöhe aber war (für die Empfindlichkeit des damaligen Rimbaud wenigstens!) unsauber. Rimbaud focht für das unbedingte und unverhüllte Geradeheraus. Er legte Verlaine erst in aller Ruhe die Unmöglichkeit einer neuen Landstraßen-Odyssee auseinander. Er versuchte ihn dem bürgerlichen Element, da seinem Erlebnisquell doch am zuträglichsten wäre, mit allen Mitteln freundschaftlicher Überredung zuzuführen. Erst als Verlaine wie ein trotziges und schlecht erzogenes Kind auf seine romantischen Verirrungen bestand, da platzte ihm die Geduld, und der Jähzorn rann uferlos aus. Es wäre ungerecht, dem einen oder anderen Kontrahenten dieser unerfreulichen Episode das Meistgewicht an Schuld zuzumessen. Beide waren in ihrem eingeborenen Recht, und lediglich das Schicksal vollzog den bösen Ausgang. Verlaine blieb auf der steilen Uferböschung liegen: ein geschundener blutüberkrusteter Haufen Fleisch. Ein Grenzstein schied ihre Wege für immer. Sie sprachen, wenn äußere Umstände sie dazu zwangen, nicht ohne Groll voneinander. Der literarische Schmock brannte auf pikante Enthüllungen. Nur Verlaine hob manchmal den Vorhang und übertrieb. Bei seinen Zeitgenossen ohne Ausnahme galt er als der Märtyrer der gemeinsam durchrasten Kurve, einer, der in diesen Jahren mehr einem Menschen hingegeben hatte als je in seinem ganzen Leben. Rimbaud jedoch verlor nach dem Ausgang der Neckarschlacht die letzten Sympathien bei den Pariser Literaten. Seinen Dichtgeist konnten sie zwar nicht mehr auslöschen aus der Geschichte der Bewegung, denn er fraß ihr eigenes Werk mit Haut und Haaren auf. An sein Menschentum aber knüpften sich Haß und Verachtung einer ganzen Rotte. Er blieb für dieses Pack selbst dann noch der verbrecherische und barbarische Wildling, als er Afrika schon längst seinem Willen und für die Welt unterjocht hatte. Er hatte sich nie um Meinungen der Umwelt gekümmert. Die Literatur zumal lag jetzt so weit fort von ihm wie jene durchwachten Nächte im Heuschober mit den schrecklichen Gesichten von Indianern und Seeräubern. Er schüttelte sich das peinvolle Intermezzo auch dieser Vollmondnacht von den Kleidern und aus dem Gehirn und entlief, nach kaum viermonatigem Aufenthalt, süddeutscher Idylle. Seine Spur war bald verwischt. Keine Tafel ziert das Haus, das einem Genie Obdach und den Frieden zur Sammlung gegeben hatte. Eine Enkelin manchmal in den Fieberschauern der Fliedernächte spricht zum Gesang der Wasser die tragischen Verse der »Ophelia«. –

V.

Die vier Jahre (1875/79), die jetzt mit einem rasenden Tempo
von Erlebnissen die Spannungen und Geladenheiten dieses
unruhigsten aller neueuropäischen Menschen bestürmen und
abzudrosseln versuchen, machen den »Bürger Jean-Arthur
Rimbaud« nur noch gieriger nach den Unberührtheiten jung-
fräulicher Erdfernen und ihren zauberischen Geschehnissen.
Viermal in den vier Jahren stand er vor dem weißen horizont-
losen Tor Afrikas, breitete die Arme und preßte den Atem und
wurde von unsichtbaren Fäusten jäh in dem Augenblick zurück-
gerissen, da die Atmosphäre der tausendfachen Traumheimat in
sein Blut hinüberzuschlagen begann. Jedesmal war der Rücksturz
von schweren Nervenkrisen begleitet, die ihn erst dann wieder
freigaben, wenn die Muttererde die Schauer des Blutes beruhigte.
In diesem mörderischen Kampf des Gehirns mit den geheimnisvollen Kräftekreisen der körperlichen Schwere, in der tragischen Gewalt dieser Mahlsteine, die ihn immer wieder hinzog in
den Wirbel der Exzesse zwischen der Welt von gestern und dem
Gestirn von übermorgen, liegt bestimmt die Wurzel für den
schier unlösbaren Charakter dieses Menschen. In den Lebens-
kurven aller ungewöhnlichen Menschenschicksale gibt es wenig
Geschehnisse, die von solcher irrsinnigen Durcheinanderkreu-
zung zerhackt sind, wie die Erlebnisse dieses zwanzig- und
zweiundzwanzigjährigen Menschen, der in einem Frühjahr den
Gotthard überwindet, in Marseille Hafenarbeiter wird, von spa-
nischen Werbern sich für die Kolonialarmee ankaufen läßt und
mit dem Handgeld nach Paris entflieht, um die nicht geringe
Summe in einer Nacht mit Huren und Zigeunern zu verjuxen.
Zu Fuß schleppt er sich nach Charleville, frißt mit Ingrimm in
sich hinein, daß die ewige Wiederkehr des Zerlumpten von der
Stadt schon nicht mehr als Groteske empfunden wird, daß sie
vielmehr ihn für einen bemitleidenswerten Kranken ansieht und
das Irrenhaus bereithält. Er selber konnte sich die Anziehungs-

kräfte dieses Erdflecks nicht erklären. Seit dem fünften Lebensjahre bäumte er sich mit allen Mächten seines Ichs gegen den Stromkreis, sauste an allem, was ihn irgendwie gefügig für die Erdspannung machen könnte, vorüber, wurde bewußt ungerecht gegen Mutter und Geschwister und kam doch nicht eine Spanne sich selber näher dabei, das heißt: zur Bezwingung der Hemmungen, die nicht in den Bewegungen des äußeren Ablaufs lagen. Die vielmehr irgendwo in der inneren Zusammensetzung seines Ichs begründet scheinen. Aber deren Existenz er nachzuweisen nicht imstande war, wenigstens nicht so, daß man sie bei der Wurzel packen und radikal vernichten konnte. In diesem Sinne hat er allerdings nie Talent als Psychologe erwiesen. Er konnte wohl die Großartigkeit seiner Traumgesichte bis in ihre frühesten Verästelungen zerlegen und in das Reale umdeuten, auch zum Selbsthenkerdienst würde er sich durchaus aufgeschwungen haben, wenn die Lockung, die ihm das östlichste Tor der Welt aufschloß, in die verschatteten Reiche jenseits des Erdlebens ernstlich berufen hätte. Er hing nicht am Leben, aber an der letztmöglichsten Ausnutzung der Lebensspannung. Er kam dem nomadischen Menschen nicht nur nahe, er übertraf Tiefe, Weite und Expansion seiner Horizonte. Er schwebte mit durchdringendem Raubvogelblick darüber. Er ermattete sich an den Erschauerungen der großartigen Weite und wertete alles Nahe spielzeughaft. Ein hirnlicher Defekt hätte solche Steigerungen ins Maßlose (das in jedem Betracht erdhaft fundamentiert war und darum erreichbar!) nicht zur Verwirklichung geführt. Deshalb muß man bei Rimbaud auf das Vorhandensein einer Überfülle von schöpferischer Substanz raten. Sein Dichtwerk gibt nur nach einer Seite hin Aufschluß; die Höhenkurve seines Lebens aber beweist, daß er der Welt um zwei, drei Generationen vorausgelaufen war. Weil er ein schöpferischer Kopf war, fehlte es ihm am Handgelenk des genialischen Organisators, wie ihn Napoleon in Höchstform verkörperte. Die äußere Aufwärtsbahn beider hat viel Punkte, die auf der gleichen Höhe des Übermaßes liegen. Was sie erheblich voneinander scheidet, ist lediglich der Aufwand an Organisationsmitteln. Unter gleichen Bedingungen an die gleiche Stelle gerückt – wer weiß, ob Rimbaud sich nicht als der Stärkere erwiesen hätte. Alle seine

Handlungen sind weit über ein Normalmaß gelagert. Schon die ewige Umschaltung der inneren Kontakte verbrauchte Nerven, die den Verbrauch einer gesammelten Energiemenge im Ablauf des Menschenlebens übersteigen. Es ist bereits aufgezeigt worden, mit welcher Jäheit die Stationen im Auslauf eines Jahres bei diesem Menschen wechseln. Immer weiter stoßen die erreichten Ziele über das graue Schlafhaus Charleville hinaus. Immer eisiger verebben die Heimfahrten, immer grotesker gestaltet sich das Format seiner Hantierungen. Wir sehen ihn auf den Pariser Boulevards Schlüsselringe und Zeitungen verkaufen, entdecken ihn als Lastträger in den Markthallen von London. Holland durchstreicht er, zeigt sich als Spaßmacher in der Manege eines dänischen Wanderzirkus, Wien läßt ihn beim Heurigen arretieren und nach Italien abschieben, mit viel List und Tücke kann er nach Hamburg entwischen, fällt holländischen Werbern in die Krallen und landet als holländischer Untertan und Kolonialsoldat auf Java. Jetzt fühlt er sich dem »Bestimmungsort« um viele Meilen schon näher; aber zum Leutetotschießen gebricht es ihm an ethischer Unterbilanz. Was bleibt ihm anderes übrig als zu desertieren? Als ein dem Henker unbarmherzig Verfallener durch den Urwald zu geistern und unter Orang-Utans, Tigern und Schlangen ein Leben zu führen, das jedem anderen Europäer schon nach acht Tagen den Kopf nach hinten gedreht hätte, ihn aber so unerhört steigerte, daß er die Wildnis wie ein heiteres Intermezzo bezwang. Es konnte natürlich sein Endziel nicht sein, hier unter den Augen seiner Henker die Insel seinem Willen zu erobern. Er ließ nur die Spuren seiner Flucht verregnen, um mit dem geretteten Handgeld von 1200 Gulden ein englisches Schiff zu besteigen und Kriegsberichterstatter zu werden. Schon am Kap der Guten Hoffnung versuchte er schwimmend die Küste zu erreichen, aber erst vor Sankt Helena warf er sich ins Meer und wäre elend ersoffen, hätten ihn Matrosen nicht wieder aufs Schiff zurückgezogen. Der Einsatz, seinem großen Widersacher Napoleon eine Ehrung zu erweisen, war unterschätzt worden. Er lag auch gar nicht einmal als Bewegungsstoß in seinem Tempo.

Genausowenig wie das grausame Maskenspiel, daß er sich anschminkte, um nach jener verunglückten Gastrolle als tragischer

Clown nunmehr Propagandachef in einem Wanderzirkus zu werden. Frank Wedekind, ein viel schwächerer Vulkan, geriet zwanzig Jahre später in eine ähnlich gehügelte Bahn. Und fuhr seelenheiter damit durch die Welt. Rimbaud aber riß das abermalige Erlebnis mit einem grünen Artistenkarren mit einer bitterernsten Inbrunst in sein Blut hinein und erlitt Höllenqualen in dem kühlen Gefild der Nordländer. Weder Kopenhagen noch Stockholm konnten ihn irgendwie fesseln. Er stumpfte ab gegen diesen phantasielosen Jahrmarktsrummel und ließ sich vom französischen Konsul (welcher löbliche Beamtenstand immerhin weiß, was er der Literatur seines Landes schuldig ist im Gegensatz zu der schoflen Meinung, die der preußische auswärtige Herr von seinen dichtenden Landsleuten hat!) nach Charleville abschieben. Diesmal bleibt er nur drei Nächte dort, quetscht der alten Dame einige Goldstücke ab und vollzieht die Fußreise über den winterlichen St. Gotthard zum zweiten Male. In Genua schlägt ihm endlich der süße Geruch der afrikanischen Küsten entgegen. Er ballt alle Nerven so intensiv auf einen Punkt, daß er Ägypten wirklich erreicht. Welch ein Taumel der Glücksüberschwänge! Man sieht ihn wie einen Amokläufer durch die bizarre Szenerie dieses Landstrichs sausen. Er fühlt Boden unter den Füßen, Traumelemente verwandeln sich zu Blut. Die Kurve seines Lebens bekommt zum ersten Male das Gleichgewicht eines Erlebens von außen nach innen. Der praktische Mensch kann sich endlich bewähren. Auf Cypern betraut ihn das Exporthaus Thial & Co. mit der Aufsicht über die Steinbrüche. Welch eine Landschaft, kein Baum, kein Haus. Nur wirres Felsgeklüft. Das Meer und 80 Grad Hitze im Sommer. Zweimal im Lauf eines Jahres hat er dieses höllische Cypern durchleben müssen. Das Fieber trieb ihn über Marseille wieder nach Charleville zurück. In dumpfer Benommenheit durchstöhnt er Wochen und Monate. Niemand, außer der Mutter, kümmert sich um ihn. Im abgedunkelten Zimmer fühlt er die Zeit wie Sand durch sein Blut rinnen. Nichts von außen her lockt ihn. Landschaft und Menschen dämmern hinter einem dichten Nebel. Die Geräusche werden ihm lästig wie ein kalter Regen. Er bohrt sich tief nach innen und behorcht die defekten Energiekreise seiner Körpermaschinerie. Er wendet alle Mittel der Suggestion an, um wieder Ordnung in das Räderwerk zu bringen. Ärztlichen Beistand lehnt er ab. Manchmal läßt er sich zu einer Kur mit Hausmitteln überreden. Er weiß, daß dieser laue europäische Saft einen Dreck gegen die Bißspuren der tropischen Sonne hilft. Aber weil die ewige Besorgtheit der Mutter seine Galle entzündet hat, duldet er die Umschläge und säuft die verdammten Tees. Zur Literatur findet er selbst in dieser qualvollen Öde nicht mehr zurück. Nicht einmal die Bücher anderer geben ihm etwas. Wenige Minuten Entspannung bringt höchstens Baudelaire. Im Grunde haßt er diesen »vom Opium in den Orient verschlagenen Ästheten«. Er liebt das unverhüllte Wilde, Sonnenbraune und vom Blut Zermalmte. Er glaubt an kein tragisches Geschick. Er fordert den Körper vielhundertmal heraus. Durch sein Gehirn geistert der Mythos von der abgelebten Erde. Mit neuen Pflanzungen sie wieder wohnbar zu machen für das kommende »Jahrhundert der Jugend« ist die ungeheure Spannungsaktion seiner Nerven. Zur Produktivität und keinem feierabendlichen Dazwischen fühlt er sich berufen. Der ansteigende Sommer läßt ihn wieder tiefer atmen. Hautnackt setzt er sich stundenlang der grellen Sonne aus. Die Haut fetzt ab und legt das rohe Fleisch frei. Jetzt glaubt er seinen Körper transparent und findet unter den glühenden Bissen des Gestirns das Gleichgewicht. Er ist wieder Wissender geworden, und die geöffnete Ferne schafft ihm die Magie der Fröhlichkeit, die ihn reisefähig macht. Sein Blut funkelt unter Inspirationen. Das Bukolische der näheren und weiteren Umgebung peinigt ihn entsetzlich. Er zerrt an den Ketten und rebelliert sich gesund. Sein Gesicht stößt die gelblich-grüne Farbe nicht ab. In den Muskeln hockt noch ein dunkler Schatten des Fiebers. Dennoch schwingt er sich auf und landet in Ägypten. Die Luft macht ihn mit einem Schlage gesund. Elastisch federn die Glieder, und schnelleren Takt schlägt das Herz. Die Wolke der Verbissenheit dampft aus dem Gehirn, frei rotiert der Wille. In tollen Hyperbeln der Leidenschaft umarmt er den aufsteigenden Wandertag. Cypern hat ihn zum dritten Male. Aber dieses Mal ist das Schicksal freundlicher gestimmt. Der Kelch des Fieberlochs ist an ihm vorübergegangen. Als Aufseher bei einem Palastbau in freundlicher Gartenlandschaft darf er die letzten Spuren der Erschütterung ausheilen lassen und sich auf den neuen Absprung in das Land der Erfüllung vorbereiten. Sein Plan war, mindestens sechs Monate auf diesem Posten auszuharren, obwohl er ihm nur 200 Franken monatlich einbrachte. Er glaubte Beziehungen anknüpfen zu können, die ihn schneller aufrücken ließen. Er lebte wie ein Asket, schlief höchstens sechs Stunden und studierte mit einer Hysterie von Fleiß die wirtschaftlichen Vorgänge in den großen Handelsplätzen. Vielleicht trieb ihn gerade dieses intensive Studium schneller von der Insel, als es in seinem Plan aufgezeichnet war. Über Nacht reist er ab, passiert den Suezkanal, atmet die Luft der biblischen Länder und macht erst in Aden Station. Hier kommt er auf Empfehlung eines Bekannten bei der Firma Mazeran, Bardey & Co. unter. Wird Einkäufer von Kaffee und Parfüms und lernt auf abenteuerlichen Fahrten fast ganz Arabien kennen. Die Landschaft, in ständigem Wechsel von endlosen glutdurchtobten Sandmeeren und paradiesischen Fruchtgärten, macht ihn trunken vor Erlebnisfülle. Alle Ventile seines Körpers öffnen sich. Alle Energien werden angekurbelt. Seine horizontblauen Augen möchten sich am liebsten auch des Nachts nicht schließen. Vielleicht geben ihm diese pittoresken Nächte das stärkste Erlebnis. Diese Nächte, angefüllt mit märchenhaften Gestirnbildern, unerhörten Geräuschen und Gerüchen. An den Lagerfeuern und in den Zelten der Beduinen wird er heimisch. Er gewinnt ihr Vertrauen wie kaum ein zweiter Europäer. Sie teilen ihre Abenteuer und Märchen mit ihm. Beschenken ihn mit seltenen Steinen, kostbaren Waffen und Fellen und weisen ihm einen Ehrenritt bei den Löwenjagden an. Seine Seele verbrüdert sich innig mit diesen edlen Söhnen der Wüste. Hier findet sie endlich den Auslauf in das ersehnte Gefild und wächst an seinen Wundern und Geschehnissen ins Riesenhafte. Unter solchen Beglückungen wäre jeder andere Mensch verstummt und hätte sein Leben für ewig um diesen Pol gegründet, eingewiegt von sphärischen Beglückungen der Weltmelodie. Denn bei den Urbewohnern dieses seltsamen Landstrichs war selbst der abenteuerlichste Ritt durch Kriegsgetümmel und Raubzüge ein beruhigendes Erfülltsein vom Leben. Nur die unersättliche Gier Rimbauds konnte diese Fülle in wenigen Monaten bis zur Neige ausschöpfen und verirrt nach neuen Gestirnen ausblicken. Das

Tempo seines inneren Erlebens übertrug sich auch auf sein Vermögen: Geschäfte zu machen. Wie schwer diese Arbeit ihm im Anfang auch fiel, er holte enorm auf und erschütterte mit beispiellosen Resultaten seine Kollegenschaft und die sonst nicht so leicht zufriedengestellten Brotherren. Gerade, als man sein Einkommen verdoppeln wollte, begehrte er aus der Anstellung zu scheiden. Es war kein schlechter Blick, den der Chef der Firma damit bewies, daß er die Kündigung des Vertragsverhältnisses nicht annahm und Rimbaud auf einen leitenden Posten nach Harrar schickte. Ende 1880 verläßt Rimbaud Arabien und nimmt auf dem Seewege Zejla. Erst nach einem Ritt von drei Wochen durch die Wüste Somali erreicht er die englische Kolonie Harrar. Er findet einen verwahrlosten Stall vor und räumt auf. Heftige Energien durchtoben seinen Körper. Er atmet endlich die Luft, die der tropischen Atmosphäre seines Blutes entspricht. Motorisch geladen spannt er sich in den Arbeitstag und organisiert von unten auf. Mit welcher Gründlichkeit und beispiellosen Umsicht er dabei vorging, beweist eine Liste von Büchern, die er nach Hause geschickt hatte und um schnellste Erledigung ersuchte. Wir finden da Werke über Metallurgie, Hydraulik, Schiffahrtskunde, Handbücher für Maurer, Schlosser, Tischler, Brunnenbauer, Kerzenzieher, Glaser und Büchsenmacher. Sein Wissen um solche dem Normalkaufmann weit abgelegenen Dinge ist erstaunlich. Die Kolonie bewundert ihn mit offenem Munde und stellt sich mit Begeisterung in seine Dienste. Zusehends wachsen die Fortschritte seiner Arbeit. Die Berichte erregen im Stammhaus ratloses Aufsehen. Noch läßt man ihn gewähren. Denn so billig hat die Filiale noch nie eingekauft. Im wesentlichen ist es ja ein Tauschverkehr: Kaffee, Elfenbein, Gold und Parfüms gegen Webwaren und Industrieschund. Als er aber nach dem Hinterland Umschau hält und mit allen Finessen des modernen Forschers Expeditionen rüstet, die Sprachen der verschiedenen Stämme erlernt und ihre Sitten und Gebräuche auf das gründlichste studiert, da regen sich die Eifersuchtsgefühle bei den Chefs. Da bangt man um das Geschäft, denn man ahnt, daß dieser Feuerkopf nicht mehr lange Vorspanndienste für anderer Leute Gewinne leisten wird, und nörgelt an seinen »unproduktiven Schweifungen« herum. Nichts bremst seine Energien mehr als dieser Kleingeist der Krämer. Er weiß, daß sie dieses Land auspowern. Nicht mit der brutalen Gewalt Vasco da Gamas. Aber Spanne um Spanne wie ein Heuschrekkenschwarm. Nichts liegt ihm an den dicken Prozenten dieses systematischen Kleinschachers. Er will nicht Händler in diesem Erdfleck sein, er will Äthiopien mit allen technischen Mitteln Europas der Kultur und Weltwirtschaft erobern. Er will bessere Kolonialpolitik treiben als seine Landsleute oder gar die Engländer. Er entwirft den Kriegsplan zu der Ausrufung der »Vereinigten Staaten von Nordafrika«. Er bahnt die ersten Wege, er setzt zuerst den Spaten in ein Land, wo später Ilg und Moedon, die Berater Meneliks II., die Früchte seiner Aussaat ernten. Und scheitert an der Engstirnigkeit dieser phantasielosen Kapitalisten. Noch ein paar Monate, geladen mit Erfolgen, Entbehrungen und Befehdungen, sieht er sich an und schmeißt der Bande den Dreck vor die Füße. Seine Stimmung spiegelt, wenn auch sehr gezügelt und abgeschwächt, jener Brief vom 25. Mai 1881 an die Mutter wider –:

»Teufel, nichts halte ich vom Leben! Ich bin gewöhnt, mich für einen Dreck abzurackern. Aber wenn man mich zwingt, noch eine Ewigkeit lang Ärger und Enttäuschung zu schlucken, noch dazu in diesem Klima, das ebenso kränkend ist wie gemein und öde, dann, fürchte ich, werde ich die Qualen eines Tages mit Gewalt abkürzen müssen. Du mußt wissen, daß meine äußeren Vertragsbedingungen sich nicht geändert haben. Nur mein Geiz hat es mir ermöglicht, daß ich Euch in einem Vierteljahr 5000 Franken werde schicken können. Vielleicht werde ich aber dazu nicht kommen, sondern mit dem Geld auf eigene Faust etwas unternehmen. Ich habe nicht die Ruhe, auch nicht das Rückgrat, ein Leben in Sklaverei des Kapitals zu verbringen. Ich will eine Fahne auf dem höchsten Berg dieses Landes hissen, darin soll mein Name für die Ewigkeit fortleben.«

Über Nacht befreit er sich von dem Joch und reist nach Aden zurück. Man läßt ihn mit sehr gemischten Gefühlen gehen. Er schickt seine Ersparnisse nach Hause und bittet um Spezialinstrumente für geographische Forschungsreisen. Neue Verbindungen öffnen sich ihm. Er plant eine großzügige Elefantenjagd, engagiert Jäger und Treiber und muß am Ende doch auf die

Realisierung verzichten. Er sieht sich gezwungen, einen neuen Anstellungsvertrag mit Bardey abzuschließen, will wieder nach Harrar zurück, um wenigstens das Begonnene nicht untergehen zu lassen in der Schlamperei seines Nachfolgers. In Ägypten sind aber Unruhen ausgebrochen, der Handel stockt, die großen Verkehrsstraßen sind unsicher. Er soll sich gedulden, Innenarbeit leisten. Das paßt ihm am allerwenigsten. Er will auf eigene Faust als Forscher vorstoßen. Jetzt erst wird Bardey weich und bewilligt ihm die Mittel. Er kehrt nach Harrar zurück, und da die Geschäfte schlecht gehen, unternimmt er Entdeckungsreisen und erobert Neuland. Er stößt bis zu den Wabi im Lande Ogaden vor. Er verfaßt die ersten, wissenschaftlich fundierten Berichte über Somal und Galla. Aus einem Exposé, das er der Firma sandte und diese das Schriftstück, verbrämt mit der Eitelkeit unverdienten eigenen Lorbeers der Geographischen Gesellschaft in Paris zur Verfügung stellte, mag ersehen werden, mit welcher exakten Genauigkeit und beispiellos umsichtigen Erkenntnis dieser wissenschaftliche »Laie« Land und Leute zu erfassen vermochte. Man beachte aber auch den bei aller Suggestivität des Vortrags eiskalt sachlichen Stil des Schriftstücks. Es ist ein Dokument von ähnlicher Genialität der schöpferischen Leistung, wie sein bestes Werk im Komplex der dichterischen Leistung. Er hat hier bewiesen, daß sein Weg als Künstler keine Kurve des Zufalls war. Keine sogenannte »Eingebung«. Vielmehr nur der ins Geniale gesteigerte Überschuß einer schöpferischen Substanz durch ein anderes Ventil ins Reale abgedrängt. Das Blut, dieser maßlose Erreger seiner sinnlichen Leistung, bewegte sich atmosphärisch durch die gleichen Kräftekreise. Seine Verbrennungen erschütterten mit übermenschlichen Vorwärtsstößen einen normalgeformten Körper. Den Druck regulierte einzig das Gehirn. Das Tempo war alles. Auch hier in diesem Brief ist bei aller Bedeutsamkeit des Stofflichen das Tempo ungemeiner Sachlichkeit alles –:

»Unter Ogaden ist eine Gruppe von Somalistämmen zu verstehen, die aus einem ganz bestimmten Landstrich gebürtig sind und ihn im allgemeinen auch bewohnen. Wenn man die Karte zur Hand nimmt, wird dieses Gebiet durch die Stämme Habr-Gerhardji, Dulbohanti, Madjerti und Hawija im Norden, Osten und Süden abgegrenzt. Im Westen hört Ogaden bei den Galla bereits auf. Eine schmale Zunge stößt wohl noch nach Ennya hin. Und dann kommt der Fluß Wabi und schneidet es vom mächtigen Stamm Oromo der Orussi.

Von Harrar aus gibt es zwei Fahrstraßen nach Ogaden: eine bricht aus der östlichen Stadt nach Bursaka auf, geht südlich um den Berg Kondudo über den War-Alli und erreicht nach drei Stationsposten die Grenze von Ogaden. Es ist derselbe Weg, den unser Agent Sottiro eingeschlagen hat. Die Entfernung von Harrar bis zu jener Schlucht, wo er gefangengenommen wurde (diesen Ort nennt man Rera-Hersi), ist fast die gleiche wie jene von Harrar nach Biokabula auf der Straße nach Zejla. Also etwa 140 Kilometer. Die Straße hat Wasser und ist im allgemeinen ungefährlich für Europäer.

Die zweite Straße führt südwestlich von Harrar durch den Bach Harrar, berührt die Handelsstation Babili, windet sich durch die Wara-Heban und läuft eine ganze Strecke durch das Siedelungsgelände der räuberischen Somali-Galla von Hawija. Die Bezeichnung Hawija ist auf einen Stamm gemünzt, der sich aus einer Vermischung der Gallas mit den Somalis gebildet hat. Ein Teilstamm davon bewohnt das Gebiet nordöstlich am Harrarplateau, ein zweiter hat sich südlich von Harrar auf der Straße nach Ogaden angesiedelt, und ein dritter endlich lebt im Südosten von Ogaden nach Sahel zu. Diese drei Teilstämme leben völlig voneinander getrennt und erinnern sich wohl nicht mehr der gemeinsamen Herkunft. Wie alle Somali, die sie umgeben, sind auch die Leute von Ogaden ein vollkommenes Nomadenvolk. In ihrem Bereich hat das Land weder geregelte Straßen noch zusammenhängende Siedelungen. Selbst von außen her stoßen richtige Straßen auf dieses Land nicht zu. Was man in den Karten als Weg eingezeichnet sieht, ist weiter nichts als die Spur der allgemeinen Handelslinien von Ogaden nach Berbera, Mogdischo und Braoa.

Ogaden ist eine endlose Steppe ohne nennenswerte Bodenwellen, nach Südosten zu leicht abfallend. Seine Höhe beträgt etwa die Hälfte des Harrarmassivs, also 90 Meter. Dementsprechend ist auch das Klima milder als das von Harrar. Zwei Regenperioden kann man als sicher annehmen. Die eine im März, die andere im Oktober. Es regnet dann fast ununterbrochen, aber ziemlich leicht. Die Wasserläufe Ogadens haben kaum eine Bedeutung. Man zählt nicht mehr als vier. Der eine, der Fanfan, entspringt im Kondudo, fließt durch den Bursuk, schlägt in Ogaden einen Viertelkreis und mündet in den Wabi an einer Stelle, die man mit Faf bezeichnet; auf halbem Wege von Mogdischo. Dieser Fluß ist der bedeutendste von Ogaden. Der Harrar ist eigentlich nur ein Bach. Er kommt ebenfalls vom Kondudo herunter, windet sich um Babili und nimmt vier Tagereisen südlich von Harrar im Lande der Ennya den Gobili und den Mojo auf. Beide kommen vom Ala herab. Dann wendet sich der Harrar weiter nach Wabi in Ogaden im Gebiet Nokob. Der vierte Fluß heißt Dokhta und entspringt in Wara-Heban. Er durchströmt Wabi und mündet in der Richtung nach Harrar. Die Regenstürze auf dem Harrarmassiv und Bursuk verursachen im oberen Teil von Ogaden sehr häufig starke Überschwemmungen. Dann ziehen die Hirtenvölker mehr nach den westlichen Gegenden. Und kommen erst in den Zeiten der Dürre wieder zurück.

Der allgemeine Eindruck von Ogaden ist der einer hochgrasigen Steppe. Dazwischen ragen Steingehäufe und Bäume. In dem von den Reisenden erforschten Teil gibt es nur Mimosen und Gummibäume. Die Bevölkerung ist hier seßhaft und treibt Ackerbau. Das Produkt ist ausschließlich die Durrah, eine Kaffeehirse. Auf den Pflanzungen beschäftigt man fast nur die eingeborenen Sklaven der Orussi und anderer Galli von jenseits des Flusses. Die Malingur, ein Zweigstamm, nähren sich ebenfalls vom Ackerbau. Daß sie den Anbau von Durrah pflegen, ist eigentlich verwunderlich. Auch die Schaikachs kann man zu den Ackerbauern zählen. Wie alle Hirtenvölker dieser Gegend liegen die Ogadenstämme stets mit ihren Nachbarn und untereinander im Krieg.

Die Ogaden blicken auf eine lange Vergangenheit zurück. Wir wissen allerdings nur, daß sie von Rer Abdallah und Rer Ishai abstammen. (Rer bedeutet Nachkommen, Familie, Haus: in der Gallasprache heißt es Warra.) Rer Abdallahs Vorfahren waren Rer Hersi und Rer Hammaden; das sind also die Stammfamilien des oberen Ogaden. Aus den Rer Ishai entbanden sich die Rer

Ali und Rer Arum. Diese Rers teilten sich später in viele Zweigfamilien. Alle Stämme, die Sottiro aufsuchte, sind Abkömmlinge Rer Hersis und nennen sich Malingur, Aïal, Ugha, Sementar und Magan.

An der Spitze der verschiedenen Ogadenstämme stehen Häuptlinge, die man Ughaz nennt. Der uns befreundete Ughaz vom Stamm der Malingur heißt Amar Hussein. Er ist der mächtigste im oberen Ogaden und beherrscht alle Stämme zwischen Habr-Gerhardji und Wabi. Sein Vater kam zur Zeit des Rauf Pascha, der ihm Waffen und Gewänder schenkte, nach Harrar. Amar Hussein hat dagegen seine Stämme nie verlassen. Er gilt bei ihnen als ein großer Kriegsmann und Held. Die ägyptische Oberhoheit hat für ihn nur auf dem Papier Gültigkeit.

Die Ägypter übrigens scheinen die Ogaden, ebenso auch die Somalis und Dankalis, als Muselmanen und demzufolge als ihre natürlichen Verbündeten zu halten und denken nicht daran, in ihre Gebiete plündernd und mordend einzufallen. Die Ogaden, wenigstens die, die wir gesehen haben, sind hochgewachsen, mit mehr rötlicher als schwarzer Hautfarbe. Sie gehen mit bloßem Kopf und kurzgeschorenem Haar. Sie tragen saubere Gewänder und über die Schulter geworfen die Sigada. Der Hüftengurt hält den krummen Säbel und die Kürbisflasche. Dieses Gefäß enthält das Wasser zu den religiösen Waschungen. Sie gehen in Sandalen, und ihre Waffen sind die kurze und lange Lanze. Ihre Hauptbeschäftigung besteht darin, sich in Gruppen unter den Bäumen niederzuhocken und mit den Waffen in der Hand Politik zu treiben oder von den Herden und den Sorgen, die damit verknüpft sind, zu schwätzen. Außer bei diesen Sitzungen und den Streifzügen zu Pferd, während der Viehtränke und den Razzien bei ihren Nachbarn, sind sie vollkommen untätig. Die Sorge um das Vieh tragen die Kinder und Frauen. Auch der gesamte Haushalt wird von diesen ewig singenden Scharen besorgt. Die Frauen zumal sind meisterhafte Bauleute; Aufrichtung und Abbruch der Hütten sowie die Organisation der Karawanen liegen ausschließlich in ihren Händen. Hausgeräte sind die Milchtöpfe und die Kamelhaarmatten, die, auf Stangen gesteckt, die Wohnhütten der provisorischen Gasias (Dörfer) bilden. Einige Schmiede wandern bei den Stämmen herum und fertigen die Eisenspitzen für Lanzen und Dolche an. Die Ogaden selbst wissen nichts von Erzlägern in ihrem Land. Für die mineralischen Bodenschätze haben sie gar kein Organ. Sie sind fanatische Muselmanen. Jedes Lager hat seinen eigenen Imam, der die Stundengebete singt. Wodads (das sind Schriftgelehrte) befinden sich bei jedem Stamm. Sie kennen den Koran und die arabische Schrift und sind gewissermaßen auch Volksdichter. Die Ogadenfamilien sind sehr zahlreich. Sottiraus Abban hatte 60 Söhne und Enkel. Wenn das Weib eines Ogaden ein Kind bekommt, so enthält er sich so lange jeden Verkehrs mit ihr, bis das Kind von allein laufen kann. Selbstverständlich heiratet er eine oder mehrere andere Frauen in der Zwischenzeit; aber immer mit denselben Einschränkungen.

Die Herden der Ogaden bestehen aus Höckerochsen, kurzwolligen Schafen, Ziegen, Pferden niederen Schlages, milchenden Kamelkühen und endlich Straußen, deren Zucht die Hauptbeschäftigung aller Ogaden ist. Jedes Dorf besitzt einige Dutzend Strauße, die abseits unter der Aufsicht von Kindern weiden, sich sogar am Feuer in den Hütten schlafen legen, Männchen und Weibchen, mit gefesselten Beinen in Karawanen hinter den Kamelen einherziehen, deren Größe sie fast erreichen. Drei- bis viermal jährlich werden sie gerupft und liefern jedesmal je ein halbes Pfund schwarze und ungefähr sechzig Pfund weiße Federn. Die Besitzer schätzen die Strauße als den kostbarsten Besitz. Es gibt auch viel wilde Strauße. Der Jäger hüllt sich in den Balg des weiblichen Straußes und schießt das Männchen, wenn es sich blindlings nähert. Die Federn von toten Straußen haben weniger Wert. Die Strauße der Herden läßt man sich nicht vermehren. Man fängt stets junge Tiere ein und bekommt sie in drei bis vier Monaten zahm.

Die Elefanten im Innern Ogadens sind weder sehr zahlreich noch von kräftigem Wuchs. Man jagt sie größtenteils am Fanfan. Ihr üblicher Sammelplatz ist indessen das ganze Ufergebiet des Wabi. Hier werden sie besonders von den Donen gejagt, einem Somalivolk, gemischt aus Galla und Suaheli, die am Fluß siedeln und Ackerbau treiben. Sie jagen die Elefanten zu Fuß und töten sie mit riesigen Lanzen. Die Ogaden hingegen jagen zu Pferd. Während etwa fünfzehn Reiter von vorn und von den

Seiten das Tier beschäftigen, durchschlägt ein geübter Jäger mit Schwerthieben dem Tier die hinteren Kniekehlen. Sie gebrauchen auch vergiftete Pfeile. Das Gift, das Nebai heißt und im Somal viel verwendet wird, bereitet man durch Zerstampfen und Kochen der Wurzeln eines unbekannten Strauches. Wir werden Ihnen nächstens eine Probe davon senden. Nach den Behauptungen der Somali ist der Boden rings um diesen geheimnisvollen Strauch mit Schlangenhäuten bedeckt. Alle Bäume in der Umgebung des Strauchs verdorren. Das Gift wirkt übrigens sehr langsam. Es kommt häufig vor, daß sich Krieger, die von solchen Giftpfeilen getroffen werden, die Wunde ausschneiden und dann wieder gesunden. Ausgesprochen gefährliche Tiere kommen in Ogaden weniger vor. Die Eingeborenen wollen allerdings Schlangen gesehen haben, die gehörnt sind und einen giftigen Atem ausstoßen. Was von wilden Tieren hier heimisch ist, kennt man auch in anderen Teilen Afrikas. Am häufigsten trifft man Gazellen, Antilopen, Giraffen, Rhinozerosse und Affen an. Das Rhinozeros liefert die Haut für die Schilde der Krieger. Der Wabi hat alle Tiere der großen afrikanischen Flüsse: Elefanten, Flußpferde, Krokodile und Wasservögel.

Auf eine merkwürdige Menschenrasse, die unter den Ogaden lebt, muß noch hingewiesen werden. Es sind die Mitganen, ein zigeunerisches Volk, das sehr zahlreich und den Somali zuzuzählen ist. Sie sprechen die Sprache der Somali, gelten aber als nicht vollkommen und leben sehr untergeordnet. Sie heiraten nur untereinander. Ihre Hauptbeschäftigung ist Straußen- und Elefantenjagd. Sie sind unter den ganzen Stämmen verteilt und werden auf den Kriegspfaden als Spione und Kampfvorhut benutzt. Während die Ogaden hauptsächlich sich vom Fleisch der Elefanten, Kamele und Strauße nähren, frißt der Mitgane Schlangen und Kadaver, was bei den Ogaden als ein Verbrechen an der Gottheit gilt.

Die Mitganen sind auch bei den Dankalis und Harraschs anzutreffen, wo sie sogar in dichtbewohnten Dörfern siedeln und als gute Jäger gerühmt werden.

Eine politische Gewohnheit und ein Fest der Ogaden ist jährlich an bestimmten Tagen die Zusammenrufung der Stämme an einen gewissen Sammelort. Hierzu wird kein fremdstämmiger

Afrikaner zugelassen. Auch Weißen ist es noch nicht geglückt, Einblick in die Verhandlungen zu bekommen. Man erfährt, daß hier gleichzeitig auch das Oberste Gericht tagt.

Im allgemeinen wird innerhalb der Familien von den Greisen und Ughaz Gericht gehalten. A. R.«

VI.

Es ist, als ob dieses jungfräuliche Afrika eine Blutgemeinschaft mit ihm eingegangen wäre. Landschaft und Atmosphäre sind ein Stück seines Ichs geworden. Er fiebert durch alle Geschehnisse dieses Erdteils. Ist bald dort, bald hier. Häuptlinge, die sich zuerst mit Mißtrauen ihm näherten, weil er stets ohne Waffen kam und sie mit seinem Blick bannte, wollten jetzt nur mit ihm Geschäfte abschließen. Sie hatten Vertrauen zu ihm, weil in seinen Handlungen kein Hinterhalt war. Er trieb keinen Spott mit ihren umständlichen Gebräuchen. Er wollte keine guten Untertanen Europas aus ihrer Kindlichkeit machen. Sein Plan, dieses Land der großen Welt zu öffnen, bewegte sich in Bahnen, die den schärfsten Gegensatz zu den Kolonisationsmethoden der Italiener und Engländer bildeten. Das ging den Eingeborenen bald auf. Sie vermuteten göttliche Kräfte bei ihm. Nie schwirrte ein hinterhältig angesetzter Pfeil auf ihn ab. Er genoß in jedem Zelt, in jedem Kral, bei Niggern und Arabern Gastfreundschaft. Trotzdem waren seine Tage eine einzige Kette von Entbehrungen, harter Arbeit und Unrast. Er war nie am Ziel. Immer stand er erst vor einem Beginn. Die Unendlichkeiten lagen wie ein Gefühl von Heimat um seine ewigen Spannungen. Sein Schlaf war mit Träumen angefüllt, die das Unwirkliche wirklich machten und den Ereignissen um Jahre vorauf liefen. Er berechnete aus diesen hellseherischen Eingebungen seinen Weg. Noch nie war ihm ein Irrtum daraus geworden. Eine beispiellose Sicherheit stärkte seinen Wandel. Jetzt war er schon so völlig eins mit den Geschehnissen des Tages, daß ihn Behinderungen aus dem Lager seiner Auftraggeber nicht mehr aus der Kurve warfen. Sie hatten nie diesen Feuerkopf zu Ende begriffen. Sie erfuhren seine Ungewöhnlichkeit allerorten. Aber sie hatten weder den Mut noch das Tempo, den Auftrieb seiner geschäftlichen Betriebsamkeit zu steigern. Vielleicht war die Bindung an das Handelshaus Bardey & Co. Rimbauds unfruchtbarste Tat. Immer blieb er dort, eingeengt von bürokratischen Grundsätzen, in gewisser Abhängigkeit. Die Treue, die er der Firma, trotz inneren Widerstrebens, bewahrte, wurde ihm oft zum Verhängnis. Bei der englischen Konkurrenz wäre er bestimmt besser gefahren. Er haßte aber die Engländer mit einer nur den Afrikanern verständlichen Heftigkeit. Sie boten ihm, als die Adener Gesellschaft das Harrar-Kontor schließen mußte, das Zehnfache des bisherigen Gehaltes. Er sprang zu den Gegnern nicht über. Er trieb sich beschäftigungslos in Aden herum. In diesem Höllenkessel, den er seiner Schwester einmal schilderte –: »Ihr könnt Euch den Ort gar nicht vorstellen. Es gibt keinen Baum hier, nicht einmal einen verdorrten. Kein Grashalm wächst. Keine Erde hügelt sich. Kein Tropfen Süßwasser rinnt aus den Steinen. Aden ist der Krater eines erloschenen, vom Meeressand überschwemmten Vulkans. Man sieht und stößt nur auf Lava und Sand. Wie soll hier etwas wachsen? Wer soll hier außer Menschen noch siedeln? Noch die Umgebung ist eine endlose Sandwüste. Die Kraterwinde sperren den Landwind ab. Kühle ist ein unbekannter Begriff. Wir braten auf dem Grund dieses Steinlochs wie in einem Kalkofen. Man muß das vorbestimmte Opfer eines bösen Schicksals sein, um in dieser Hölle leben zu können!«

Was er seinem Körper zumutete, erfahren wir aus Berichten ähnlicher Art. Manchmal, wenn die Tage gar zu lustlos hinkrochen, packte ihn die Wut. Dann dachte er an Frankreich. Aber nur an die heroische Landschaft dieses Landes. Nicht an seine Menschen. Er erinnerte sich, daß man ihn zum Militärdienst pressen wollte. Nichts war ihm abscheulicher als eine Uniform. Er fühlte sie als ein Symbol der Kulturwidrigkeit. Er wehrte sich mit List und Tücke gegen eine Einberufung. Indien und Tonking schwebten ihm als Ausweg vor. Einmal bewarb er sich auch um einen Aufseherposten am Panamakanal. Aber hier hatten Engländer die Hand im Spiel, die ihn auf diese Art los sein wollten. Sie fürchteten ihn jetzt mit dem scharfen Instinkt eines futterneidischen Tieres. Sie sahen in ihm einen Rebell, der Afrika einst gegen Europa in den Krieg führen würde. Aus aufgefangenen Briefen wußten sie ja längst, wie er über ihre Art, die Welt zu kolonisieren, dachte. Es waren solche fundamentalen

Wahrheiten wie diese, die in einem Zeitungsbericht stehen –: »Gerade die Engländer mit ihrer absurden Politik sind es, die jetzt den Handel der ganzen Küsten unterbinden. Sie wollen alles besser machen und sind jetzt noch übler dran als die Ägypter und Türken, die sie zugrunde gerichtet haben. Ihr *Gordon* ist ein Idiot, ihr *Wolseley* ein Esel und alle ihre Unternehmungen eine Reihe von Frechheiten und Erpressungen. Niemand kommt jetzt aus Afrika heraus, von dem man die Wahrheit erfahren könnte. Hier in Aden sitzt eine englische Lügenfabrik und macht die Welt besoffen. Ich, der ich mich in aller Nüchternheit bewege und aus meiner Meinung kein Hehl mache, predige leider tauben Ohren. Unsere Landsleute machen in sträflicher Verblendung den Engländern alles nach. Ich schrieb vor einigen Monaten schon von dem Unternehmen, das die Bucht von Tadjura besetzte, um die Straße nach Harrar und Abessinien auf diese rechtswidrige Weise in die Hand zu bekommen. Aber diese Küsten sind schrecklich verwüstet, und das Geld, das man hineingesteckt hat in einen solchen beispiellos dummen Feldzug, ist einfach in den Wind gestreut. Ich sah es so kommen und warnte, als es noch Zeit war. Die verdammte Bürokratie wußte es wieder einmal besser. Man setzte mich, aus Furcht vor einem Skandal, auf ein totes Gleis. Und jetzt schämt man sich, mir unter die Augen zu kommen. Ich gehe jetzt so weit, zu erklären, daß keine Nation auf der Welt eine so ungeschickte und unvernünftige Kolonialpolitik treibt wie Frankreich. Und das muß man hier mit gefesselten Händen mit ansehen...«

Ein Kerl von solchem kolonialwirtschaftlichen Weitblick, gepaart mit natürlichem Wissen um die Lebensgewohnheiten und -bedingungen der primitiven Völker und der Beherrschung aller kaufmännischen Mittel, hätte einen verantwortungsvollen Posten von der Regierung erhalten müssen. Weil er aber im Ministerium keinen Gönner hatte, nicht einmal einen Fürsprecher wußte, blieb er auf seine privaten Mittel angewiesen. Es mußte ihm gleichgültig sein, für wen und mit wem er Geschäfte machte. Er machte aber nicht ausschließlich Geschäfte. Immer wieder hemmten schöpferische Eingebungen seine Vorstöße in den trockenen Gelderwerb. Mit der Intensität eines von seinem Objekt tief besessenen Forschers arbeitete er auf dem Gebiet der

Geologie, Geographie, Botanik und Siedelungspolitik und kam häufig genug zu ganz neuen Erkenntnissen. Man könnte annehmen, daß hier sein Leben den stärksten Ausdruck gefunden hätte, wenn man die Leistungen betrachtet, die er schon als Anfänger erzielte. Sein Blut war jedoch nicht für Seßhaftigkeit organisiert. Seine Erfolge wuchsen auch hier aus den Reibungen der Unruhe. Er lud die kreisenden Mächte seines Ichs mit einer Art Elektrizität. Er brauchte solche Spannungen genau so nötig wie Atem, Trank und Speise. Immer war die Umgebung kleiner als die wilde Dynamik seiner Lebensenergien. Auch hier noch stieß er sich den Schädel wund an Wand und flachen Horizonten. Er lebte schon mit glutenden Sinnen im Stahlzeitalter der Jahre zwischen 1910–13. Während sein Körper dahinsiechte unter dem Schneckentempo der kurzbeinigen Mitmenschen. Dieser Zustand einer qualvollen Einsamkeit wurde ihm immer bewußter. Er sann auf wirksame Gegengifte und verstrickte sich nur noch tiefer in Unruhe und Fernenhunger. Noch von keinem Kolonialpionier ist die Erkundung unbekannter Größen so hyperbolisch und radikal durchdacht worden wie von diesem Jüngling, der ausgezogen war, im Purpurdunkel des Urwalds sich vor der Gefräßigkeit des Geschwüres *Literatur* zu retten: In diesen sechs harten afrikanischen Jahren gab es für ihn keine Inkubationsfrist, keinen Feierabend, kein Dahinträumen in sentimentaler Landschaft. In einem steten und tollen Wirbel tobten durch sein Gehirn die magischen Geschwindigkeiten von Assoziationen revolutionären Charakters. Gewiß war er von Kindesbeinen an schon der leibhaftige Ausdruck der Revolte gegen das von raffgierigen Menschen Gegliederte, Registrierte und kapitalistisch Ausgebeutete. Mit jedem Jahr aber nahm die Heftigkeit der Strömung zu. Er brauchte jetzt nicht einmal die Hand mehr auszustrecken nach einem Erlebnis, das ihn aus der langweiligen Stumpfheit der Masse hob. Er war ein heilig Besessener von überzeitlichen Elementen. Er opponierte schon gegen die erdgebundene Armut seines Körpers. Er dichtete Manifeste der Empörung in sein Blut hinein. Er versuchte mit dem grünen Gift kosmischer Denkspiele sein eigenes Gehirn und wollte es sich mit solchen ungewöhnlichen Mitteln mündig machen. Alles, was in realer Arbeit geleistet wurde und den Zweckmäßigkeitsschein nur nach außen trieb, um nicht als Zigeuner zu gelten, war nur eine Art Abwehr gegen das Grenzenlose der motorischen Kräfte im Blut. Wenn Nietzsche im letzten Stadium seines Verbrennungsprozesses von sich sagen mußte, gleichsam als Rechtfertigung seines Ichs gegen die körperliche Person –: »Ich bin ein welthistorisches Ereignis, das die Geschichte der Menschheit in zwei Teile spaltet«, in einem noch viel spannungsmächtigeren Sinn meinte Rimbaud sich als Auftrieb zu einer neuen Welterfahrung –: »*Wer* war ich im letzten Jahrhundert? Ich finde mich nur heute. Nein, ich finde mich erst im nächsten Jahrtausend wieder. Ich tanze den Sabbat der neuen Zeitrechnung auf einer Waldlichtung mit Kindern schlank und gelenkig wie Limonenzweige. Ich trete ein in das wirkliche Reich der Welt… in das ewige Zelt der Söhne des Kham. Gesang der Himmel, Zug der Völker, Mond und Regenbogen –: ich bin eine Fabeloper. Ich bin der Stern, den die Magier in furchtbaren Wachträumen erst ahnen!«

Daß solch eine Übererkenntnis aller Tiefen und Weiten des Ichs nicht zu Bruch ging (was in der Entwicklungsspannung gar nicht einmal so unlogisch als Ausgang gewesen wäre, zumal bei einem schwächer organisierten Gehirnmechanismus), sondern für die Unabhängigkeit des Geistes in der Welt den sinnfälligsten Ausdruck fand, kann nur damit erklärt werden, daß Rimbaud seiner Phantasie genügend reale Hintergründe geben konnte, sich daran satt zu fressen. Im tollsten Dreh einer solchen Krise zwischen Körper und Ich, Tagesfron und Traumreise, berief ihn eine neue Wegbiegung des Schicksals in den realen Tag zurück. Ein siebenmal gesiebter Handelsagent, ein von allen Kolonialhunden gehetztes Menschenungeheuer, stieß mit ihm zusammen. Weil er ein Franzose war und schon fünfzehn Jahre gebeizt von afrikanischer Sonne, Enttäuschung und Beglückung, ließ sich Rimbaud breitschlagen und tätigte einen Teilhabervertrag mit diesem Herrn *Labatut*. In fieberhafter Eile wurde der schon lange geplante Waffentransport nach Antoto organisiert und die Karawane zusammengestellt. Tadjura war der Ausgangspunkt. Hier stapelte die Welt alles auf, wonach Zentral-Afrika Hunger und Durst hatte. Hier kreisten die Hyänen um fette Beutestücke, hier war Markt und Wegkreuzung, hier mästeten sich die Bankgeschäfte und Bordelle, hier warf ein höllenhafter Betrieb giftige Blasen nach oben und verdarb die reine Luft. Es war eigentlich nur ein Dorf, aber eins, das keine Minute Ruhe hatte und mit einer rasenden Geschwindigkeit das Gesicht wechselte. Bald beherrschten die Europäer, bald die Ägypter, bald die Schwarzen die Situation. Trotzdem Rimbaud hier in seinem eigentlichen Element war und jedes Geschehnis im voraus berechnete, verzögerte sich die Aktion der Karawane. Labatut gab wohl Geld, aber keinen persönlichen Fleiß her. Er ließ Rimbaud fast immer im Stich, wenn es galt, einen glückhaften Fischzug zu vollziehen. Dazu kam noch, daß eine Konkurrenz von wilden Händlern die abgefeimtesten Störungen verursachte. Die Auseinandersetzung mit diesem Gesindel, das nichts zu verlieren hatte, aber ungeheuer profitieren wollte, fraß Zeit und Nerven. Aus vier Wochen Vorbereitungsdienst wurden deren acht und neun. Noch nicht genug! Erst mit dem Beginn des sechsten Monats war die Mission zum Aufbruch bereit. Zwei Tage vor dem Termin erkrankte Labatut lebensgefährlich. Jetzt waren Rimbauds Hände wohl frei, auf seinen Schultern aber ruhte doppelte Last. Er war stärker noch als für sich jetzt der Firma verantwortlich. Das beflügelte seinen ohnehin schon gefährlich gesteigerten Auftrieb. Er schnellte ab wie ein Pfeil von überspannter Sehne. Kaum daß er sich Schlaf oder gar nachhaltiges Ausruhen gönnte. Die Straße zog sich durch wenig erforschte Gegenden hin. Gefahren und Mißgeschicke überschlugen sich fast. Eine ewige Beunruhigung durch Überfälle feindlicher Stämme und massenhaftes Auftreten wilder Tiere malträtierte Führer und Träger bis zum Wahnsinn. Ein halbes Jahr fast dauerte der Transport. Und als Rimbaud endlich vor König Menelik stand und seine Rechnung zu quittieren im Begriff war, wird er um die Hälfte seines Gewinnes betrogen. Menelik hatte sich von den Einflüsterungen einer Rimbaud übelwollenden Meute betäuben lassen und wurde wortbrüchig. Er behandelte Rimbaud wie einen schnorrenden Schuhputzer. Er ahnte in diesen Tagen nicht, welche entscheidende Rolle dieser trotzköpfige junge Mann noch in seinem Leben spielen sollte. Rimbaud hetzte sich durch eine gewitterschwere Wolke von Haß und Rache. Er kannte die Dunkelmänner, die ihm hier so schwere Steine in den Weg gewälzt hatten. An jedem anderen Ort hätte er Gerichtstag gehalten. Bei Menelik aber hatte die Bande nicht nur Schlupfwinkel, sondern auch eine ausgiebige Unterstützung ihrer Ränke und Intrigen gefunden. Sie stänkerten so lange herum, bis Rimbaud, maßlos verletzt und vermürbt, Unboto verläßt. Mit Mühe und Not konnte er das in das Unternehmen gesteckte eigene Kapital noch bergen. Über Harrar reiste er nach Kairo, um sich dort unter europäische Menschen zu mischen und dem schwer angegriffenen Körper die notwendige Erholung zu gönnen. Bei einer Bardey befreundeten Familie fand er gute Aufnahme. In rührender Weise widmet er sich den Kindern des Hauses, unterrichtet sie in Sprachen und Literatur und bekommt schließlich selber wieder Lust, die neueste französische Dichtung zu studieren. Seine Einstellung war aber eine ungemein kritische. Nichts blieb bestehn. Er mußte erkennen, daß die Linie François Villon – Baudelaire – Verlaine in jähem Leerlauf versandet war. Einzig im Roman fand er wesentliche Leistungen über Balzac und Flaubert hinaus. Es ist zu bedauern, daß sich Rimbaud auch jetzt noch nicht dazu verstehen konnte, in literarischen Journalen seine Stellungnahme zum neueren Schrifttum zu präzisieren. Die zünftige Kritik wäre bestimmt nicht daran vorübergegangen. Denn schon die kargen Urteile Rimbauds in den privaten Briefen sind von überzeugender Durchschlagskraft. Es ist in den Ruhetagen in Kairo auch dafür kein Anzeichen nachweisbar, daß er selber irgendwie zu einer dichterischen Leistung angespornt worden wäre. Der Quell ist gewaltsam abgebunden. Selbst die Briefe sind von einer erstaunlich kalten Sachlichkeit. Sie geben in einer präzisen Form nur Tatsachenberichte. Wo die Geschehnisse im Erlebnis des inneren Menschen geschildert werden, ist die gleiche Kühle vorhanden wie in den Schilderungen von Landschaft und Menschenbewegung. Nicht einmal der Überfall eines schweren Rheumatismus, der sein Gesicht zerfurcht und sein Haar grau macht, bringt ihn aus der Balance. Er liegt Wochen steif unter unsäglichen Schmerzen. Er fühlt, daß der Körper die tolle Dynamik des Hirns nicht mehr mitmachen kann, daß er schon anfängt mürbe zu werden und auf Spannungen nur widerstrebend reagiert. Nach Hause schreibt er: »Ihr müßt Euch vorstellen, daß die Anstrengungen der letzten Expedition mich so mitgenommen haben, daß ich oft wie ein gefühlloser Stein in der Sonne liege und mich gegen alles wehre, was von außen an mich herantritt. Oft fällt mir das Atmen schon schwer, und Speise und Trank werden als lästige Zudringlinge angesehen. Meine Reise von Harrar nach hier war eine brutale Kette von Entbehrungen und bösen Zwischenfällen. Ich bin jetzt über alle Maßen erschöpft, und mir ist todübel. Ich habe nichts Positives zu tun, niemand will mir einen Auftrag anvertrauen. Ich vegetiere dahin wie eine schwarze Schnecke im Gras. Ich muß meine Ersparnisse angreifen, und wenn keine Besserung meiner Lage eintritt, ist das Vermögen futsch. 40 000 Franken trage ich Tag und Nacht am Leibe. Dieser Goldklumpen wiegt an die 20 Kilogramm. Ich habe keine Angst davor, daß man mir diese erhebliche Summe stehlen könnte. Was mich wurmt, ist, daß ich mit dem Geld nicht das anfangen kann, wozu ich es doch erworben habe. Nämlich um gute Geschäfte zu machen. Trotzdem kann ich nicht mehr nach Europa zurück. Ich würde in dem trauriggrauen Winter verrecken. Oder der Irrsinn schlüge mich sicher mit Tierheiten. Ich brenne auf den Augenblick, Zentral-Afrika zu bereisen. Ich weiß, daß ich in Urwäldern, die noch nie der Fuß eines Europäers betrat, wieder zu dem alten Ichbin reifen würde.«

Im Sommer 1888 erst glückte es ihm, Anschluß nach Harrar zu bekommen. Er rüstete eine neue Expedition nach Schoa aus. Das Unternehmen schlug über Erwarten ein und legte mit reichen Geldmitteln den Grundstein zu einer eigenen Faktorei. Nun konnte er alle seine kolonialwirtschaftlichen Fähigkeiten entladen. Er war nur sich selber Rechenschaft schuldig und hatte vor allem nicht mehr den Ärger mit der ihn ewig hemmenden Bureaukratie. Zwei Jahr lang durchkreuzte er das nördliche und mittlere Afrika. Sein Umgang waren nur die Eingeborenen, deren Sprache er fließend sprach und deren Gebräuche ihm so geläufig waren wie angeboren. »Die Menschen hier«, schrieb er seiner Schwester Isabella, »sind nicht dümmer und auch keine größeren Schufte als die weißen Neger der sogenannten kultivierten Länder. Sie haben lediglich eine andere Hautfarbe, andere Gewohnheiten und andere Götter – das ist alles. Ich darf sogar behaupten, daß sie nicht einmal so hinterhältig und brutal sind wie meine eigenen Landsleute. Sie kennen den Begriff Dankbarkeit noch und gehen für den, den sie als einen ungewöhnlichen Kopf schätzen, durchs Feuer.«

Er wurde von den Eingeborenen wirklich wie eine gotthafte Respektsperson geachtet und verehrt. Seine Existenz war in einem weiten Umkreis bekannt. Nie geschah es, daß man ihn betrog oder gar mit Gewalttätigkeiten anfuhr. Seine Geschäfte wickelten sich in aller Friedlichkeit ab. Sein Interessengebiet schob von Monat zu Monat weiterreichende Fühler vor. Es gelang ihm sogar, Menelik II. endlich für sich zu gewinnen. Er setzte sich bei dessen Ratgebern, namentlich bei Ilg, durch. Ilg war der einzige Europäer übrigens, der Rimbauds hohe Begabung neidlos anerkannte und mit Energie und Bewunderung für ihn eintrat. Durch Ilgs Vermittlung konnte er auch die große Waffenlieferung, die dem Menelik ermöglichte, die Italiener entscheidend zu schlagen, ausführen. Er war jetzt im schönsten Zuge, sein Leben so ungewöhnlich zu gestalten, wie es in seinen kühnsten Plänen vorgezeichnet lag. Er erkannte, daß er das Tempo seines Wollens nicht überspannt hatte. Er hatte die letzten Hemmungen forträumen können und schuf eine Atmosphäre um sich, die der Welt um ein Jahrhundert voraufgelagert war. Europa lief blind an solchen Leistungen vorüber. In den Londoner Kontoren und Marseiller Packereien wußte man nur das, was die Mißgunst der weniger glücklich operierenden Konkurrenz geflissentlich ausstreute. Um so energischer entschieden sich aber die Eingeborenen für seine Totalerscheinung. Der Ras Makonnen, der geistig hochstehendste Kerl unter ihnen, ein Mensch von edlem Charakter und zu einer letzten wahren Freundschaft befähigt, schloß mit Rimbaud Blutsbrüderschaft und bewog auch den allmächtigen Negus, Rimbaud mit allen Freiheiten eines Eingeborenen-Fürsten auszustatten. Bei den Stämmen war die Erscheinung Rimbauds die eines Oberpriesters. Man begegnete ihm mit Ehrfurcht und berief ihn zum Schiedsrichter in Streitsachen, die man selbst den eingeborenen Priestern nicht zur Lösung übertragen hätte.

Je mehr Rimbaud hier aber seßhaft wurde und in der engeren Umgebung kaum noch etwas geschah, das ihn herausforderte zu einem Kampf um Leben und Tod, um so heftiger wühlte in seinem Blut schon die Lust nach neuen Abenteuern. Er fing an, Menschen und deren Behausung zu meiden. Oft konnte man ihn, gehüllt in den weitweißen Burnus, umbrandet von der Glut des Taggestirns und von Fieber durchschauert, am Meer stehen sehen. Eine ekstatische Starre hielt seinen Körper in einer aufreizenden Steile. Schöpferische Prozesse schmolzen in seinem Blut und wandelten sich unter Nervenwehen zur realen Form. Er sah zurück auf das, was als Leistung seinen Weg überhügelte. Eine riesenhafte Summe von Energie war verbraucht. Das Tempo der Bewegung kaum noch zu überbieten – und doch stand er noch lange nicht an jenem Wendepunkt, wo er sagen konnte: »Zieh deine Schuhe aus; hier ist heilig Land.« Das quälendste Gefühl war das, immer wieder erkennen zu müssen: – daß er keinen Menschen zum Freund hatte. Keinen, der ihn mit befeuerndem Anruf immer weiter in das Ungewöhnliche trieb, der seine Anstrengungen erkannte und belobte und ihn auf den Posten stellte, wo er die Welt und die beengende Gegenwart in die letzten Ausstrahlungen seines Ichs hinbezwingen konnte. Was der nüchterne Gegenwartsmensch als einen dämonisch-überschwenglichen Exzeß in ihm sah und ihn darum nicht für einen vollgültigen Bürger nahm, das war im letzten Grunde doch nichts anderes als ein ewiges Rumoren der Urgewalt zur Form. Daß die fortwährenden Beklemmungen von außen, die vielen Hindernisse durch unvorherberechnete Kurven auf der Schicksalsbahn und schließlich die Zweifel an der endlichen Auswirkung seines eigenen Ichs ihn so zerrieben, daß die fiebrige Irritation oft genug von den Nerven in die Gedanken hinüberzuckte, wer will hier von einer irrsinnigen Überspanntheit des Willens sprechen? Rimbauds Kräfte, einzig und allein wider den zähen Berg der Zukunft, zu dem entscheidenden Schlag, stießen mit Dampfgewalten vorwärts, während seine Mitmenschen im Schneckentempo pustend und prustend nachkrochen und den Begriff Mensch immer mehr und mehr verflachten. Nichts war Rimbaud ekelhafter als behagliches Ausruhen. Sein Arbeitstag hatte durchschnittlich zwanzig Stunden. Dem Schlaf ergab er sich nur mit Widerstreben. Er bezeichnete ihn als einen besonders lästigen Überrest aus dem Tiermenschentum. Er sah in ihm die Schuldquelle, daß sich die meisten Menschen nicht auslebten, sondern austräumten, oder daß sie gar dahinstumpften mit der Tröstung auf das bessere Bibel-Jenseits. Aber nichts wäre fehlerhafter, als Rimbaud nunmehr nur als einen eisig kühlen Rechner zu sehen. Sein Verstand war in der Tat scharf geschliffen für die Erkennung des Wesentlichen in jeder Handlung. Aber es ging ihm ja nicht um die Errichtung einer Zwingburg. »In dem Weltreich für alle«, das ihm vorschwebte, gab es keinen Letzten und keinen Ersten, keinen Hungrigen und keinen feisten Überfresser. Nun mußte er immer mehr und mehr fühlen, daß er von dieser Vollendung noch weit fort war. Er wollte sich von den gefährlichen Klippen solcher Erkenntnisse gewaltsam befreien und fand die Erlösung in einem Idyll. Wir wissen zwar nicht viel über Auftrieb und Ablauf dieses sentimentalischen Zwischenspiels. Wir wissen nur, daß eine »schwarze Madonna« der Mittelpunkt war. Ein rankes, gazellenhaftes Wesen, das ihn mit einer demütigen Scheu umschmeichelte. Er hing mit der heißesten Inbrunst seines Blutes an diesem zwitschernden Eingeborenenkind. Sie lebten ein, zwei Jahre noch heftiger wie Mann und Frau miteinander. Ihre so ungeheuer voneinander verschiedenen Temperamente ergaben im Verschmelzungsprozeß eine Einheit von barbarisch vitaler Schwungkraft. Der Eros in Rimbauds fortwährend rotierenden Spannungen hatte bislang nur das Gewicht eines Atemholens in erfrischendem Wind. Hier jedoch kochte eine zur Weißglut gebrachte Lava und schoß himmelhoch auf. Ein Pandämonium der Leidenschaft brach von der Gegenseite herein. Afrika und Europa platzten aufeinander los, und in dem Rausch dieser exzessiven Schlachten sah man nur die vom Tierlaut besessenen Zuckungen zweier Körper, die der Gewalt des Urzustandes aller Menschlichkeit zustrebten. Rimbaud fand hier zum ersten Male die restlose Erfüllung eines im Wachtraum ausgestoßenen Erlebniswunsches. Wenn es auch nur ein Teilausschnitt aus dem großen Planum war –: die Art, wie er sich zum Erlebnis steigerte und den Alltag überwand, das gab Rimbaud wieder den Glauben zurück, die Welt unter seinen Willen zu zwingen. Unter dem beglänzten Himmel dieser Froheit merkte er nicht einmal, daß sein von Strapazen so furchtbar mißhandelter Körper Todeskeime sammelte und das Blut ihnen eine gute Nährscheibe bildete. »*Amarantha*« (so nannte er die nubische Heilige) begriff aber mit dem Instinkt ihres der Erde viel näher verbundenen Gefühls den Vergiftungsprozeß im Körper des Geliebten so intensiv, daß sie jetzt schon zu den seltsamsten Heilmitteln griff, um die Brandgefahr auf den Herd zu beschränken. Rimbaud ließ sich dieses liebende Samaritertum gern gefallen. Die rührende Fürsorge machte ihn oft zum Weinen weich. Er fühlte Mutterhände. Das Streicheln knisterte mit elektrischen Heilströmen durch sein wundes Gehirn. Er war fest entschlossen, sich auf ewig mit Amarantha zu verbinden, sich Kinder von ihr schenken zu lassen und Europa nie wieder zu betreten.

Wie ein Komet war diese Liebe in seinen Himmel eingebrochen. Wie ein Komet schwand sie wieder hin. Keine Aufzeichnung verrät uns, unter welchen Erlebnisbögen sich die Trennung vollzog. Wer hatte den Anstoß gegeben, wer trug die Qual des Verlustes? Weinte der Überlebende einer Toten nach? Ein gewisser Grad von Wahrscheinlichkeit spricht für diese letzte Kurve des Ausgangs. Die große Geliebte Amarantha muß ewig anonym bleiben. Weil sie mit den geheimen Gewalten einer nubischen Norne sein Leben aus der Lethargie des leisen Zerfalls reißen konnte, mußte sie vielleicht in dem Augenblick ins Nichts zerschellen, da die Gewitter des Schicksals im Blut des geliebten Mannes verrollten. Eine andere Kraft drängte sie fort. Rimbaud fand noch einmal den Weg nach Schoa und eroberte als friedlicher Kaufmann Länder, die noch kein Europäer zuvor betreten hatte. Was allen anderen Karawanen vor ihm Sprengung und Vernichtung einbrachte, Rimbaud konnte durch Godscham und Kaffa einsam und ohne Waffen reisen, ohne daß jemand auch nur finstere Augen auf ihn geworfen hätte. Sein Nimbus bei den Schwarzen nahm unerhörte Formen an. Ein Jahrzehnt noch in diesem Tempo weiter, und Afrika hätte in der Tat den *Cäsarblanca* erhalten.

VII.

In den Traumbildern Rimbauds funkelte nie der »Kaiser von Afrika«. Er war ein durch und durch republikanischer Mensch. Sein Herz stand mit stärksten Gefühlen den Armen näher. Für die Geschlagenen jeglicher Kreatur setzte er sich ein. Er haßte den Zwang, von woher er auch kam. Weil er für die schwarze Rasse völlige Gleichberechtigung mit den Weißen forderte, nahmen ihn die Kolonialpolitiker seiner Heimat nicht ernst. Sie gingen in ihrer Abneigung gegen seine von letzten menschlichen Erkenntnissen diktierte Kolonisationsmethode sogar so weit, ihn als Verräter an Europa zu brandmarken. Von Spitzeln aller Art wurden seine Geschäfte und sonstigen Zusammenkünfte mit den Afrikanern kontrolliert. Wiewohl die geographischen Gesellschaften seine Berichte über die neuen Länder als sachliche Dokumente ersten Ranges einschätzten, wagten sie dennoch nicht, ihn mit einer offiziellen Mission zu betrauen. Der »Wink von oben« stand ihnen höher als das unerhörte Material, das sie von Rimbaud hätten erhalten können. Er war nicht blind für diese schäbigen Mißtrauensvoten, weil er genau wußte, welcher Wind sie heranwehte. Seine Einschätzung des alten Europa ließ ihn auch keine Besserung solcher Kurzsichtigkeit erhoffen. Er verließ sich mehr und mehr auf seine eigene Kraft und setzte den Hebel dort an, wo er sich zwar einen sehr langsamen, aber immerhin gradlinigen und organischen Erfolg versprach. Auf zehn bis fünfzehn Jahre noch berechnete er seinen Aufenthalt in Afrika, um den Punkt erreicht zu haben, von welchem sich der Prozeß der Selbständigmachung als elementare Woge nach vorwärts entwickeln würde. Diese Spanne sollte ihm auch materielle Unabhängigkeit bringen, um ein Leben ganz nach seinen Wünschen führen zu können. Irgendwo wollte er seßhaft werden, eine Bucht wissen, die dem von Stürmen abgekämpften Schiff einen geruhigen Ankerplatz bot. Auf diesen Horizont hin warf er das Steuer herum. Und eine neue große Aktion, ein Vorstoß in das dunkle Herz Afrikas, begann. Weil er niemand mehr zu befragen hatte, für keines Menschen Risiko verantwortlich war und seine Handlungen auf äußerste Gewagtheiten zuspitzen konnte, bereitete ihm das Organisatorische der Fahrt keine Schwierigkeiten. Er war ein Fanatiker der Zucht gegen sich. Nichts schreckte ihn, kein Hindernis schien ihm unüberwindbar. Er war ein kalter Rechner, wenn es sich um materielle Dinge handelte. Nur war er nicht kleinlich in Kleinigkeiten wie der landläufige Typ seiner Berufsgenossen. Er hatte genugsam erfahren, daß man, um auf diesem Erdenfleck ein großes Werk heil unter Dach und Fach zu bringen, nicht großzügig genug gegen die sein konnte, die fast wie Spreu wertlos (im europäischen Sinne) am Wege lagen. In diesem Betracht hat er auch moralische Prätentionen an sich gestellt, die, aus der Entfernung gesehen, fast lächerlich wirkten. Hier aber hatten sie doch Existenzberechtigung, denn sie entsprangen einer Methode, die, mit einer neuen Dynamik des Auftriebs zum Erfolg, schon weit in das Jahrhundert reichte, das keine Kriege mehr kennt. Immer wieder stößt man bei Rimbaud auf eine Ethik, die den Kollektivgeist als die einzige Lebensform des zukünftigen Menschen auf übervölkerter Erde propagiert. Seine Phantasie war unablässig mit solchen Gedanken beschäftigt. Er glaubte in einer künftigen längeren Ruhepause, die er in der Heimat zu verleben gedachte, ein Buch zu schreiben, das diese Gedanken zu einem wortgewaltigen Manifest verdichtete. Alle Unterlagen dazu waren ihm gegeben. Sein Seelenzustand glich einer vollkommenen Heiterkeit. Und da ihm auch das äußere Werk geriet und die Verwirklichung seiner letzten Unabhängigkeit immer näher rückte, fehlte ihm nur noch ein Kleines zur Erfüllung des Lebens.

Schreckliche Kurve des Geschicks: hier jäh in den Absturz einzubiegen! Und noch dazu mit einem Griff, an den er am wenigsten gedacht und darum auch keine Vorbeugungsmaßnahmen getroffen hatte. In fast sträflicher Weise hatte er seinen Körper mißachtet, sich nie über die Grenzen der rein physischen Leistungsfähigkeit orientiert. Er raste durch die tropische Länderei mit der gleichen Unbekümmertheit, wie er ein Jahrzehnt früher Europa durchbraust hatte. Alles, was nicht permanentes Lebendigsein war, stieß er von sich. Vom Schlaf ließ er sich stets mit

Gewalt aufs Lager zwingen. Selbst die bedenklichen Vorzeichen eines schweren Gelenkrheumas mißachtete er und paralysierte die Schmerzen mit scheußlich primitiven Betäubungsgiften. Er erschrak aufs heftigste, als sich im Frühjahr 1891 plötzlich eine bitter schmerzhafte Beule an seinem rechten Bein zeigte und ihn in der Vorwärtsbewegung hemmte. Um seine Geschäfte zum Abschluß zu bringen, läßt er sich von den treuen Dienern auf einer Art Tragbahre herumschleppen. Vier Wochen dauert diese Marter. Endlich hat er Zilah erreicht und will sich mit dem Post-boot nach Aden bringen lassen, um einen europäischen Arzt zu konsultieren. Die Neger wissen, daß dieser angefressene Körper den Erdteil Afrika nie wiedersehen wird. Sie umheulen ihn wie Kinder, denen man die Mutter entreißt, um sie auf dem Sklaven-markt zu verschachern. Er hat nur lächelnde Trostworte für die-sen ewigen Abschied. Er ruft unter Zuckungen kaum erträg-licher Schmerzen sein »Auf Wiedersehen!« in die Menge und schämt sich des nassen Gesichts. Auf dem Schiff aber sind alle Höllen losgelassen. Tief in das kranke Fleisch krallt er die Nägel und fällt häufig in Bewußtlosigkeit. Noch ehe ihm die Ärzte eröffnen, daß die Gelenkentzündung eine Operation notwendig erscheinen lasse, erkennt er selbst die Schwere der Erkrankung und schreibt nach Hause: »Die Ursache meiner verdammten Krankheit ist doch der Leichtsinn, mit dem ich mich schutzlos dem mörderischen Klima ausgesetzt habe. Harrars Klima ist sehr rauh. Von November bis März herrscht eine unangenehme feuchte Kälte. Aus Gewohnheit zog ich kaum etwas an –: eine gewöhnliche Tuchhose und ein Wollhemd waren die Uniform. Darin vollzog ich täglich die unsinnigsten Ritte. Dreißig Kilo-meter durch das unwirtliche Gebirgsland war der Durchschnitt. Mein Blut war zu dünn, Einflüsse jäher Witterungswechsel ab-zudrosseln. Durch die ewige Übermüdung und den sprunghaf-ten Druck von Hitze und Kälte muß sich in meinen Beinen ein gichtisches Leiden gesammelt haben. Ich spürte es zuerst unter der Kniescheibe. Mir war, als hätte mich ein wuchtiger Ham-merschlag aus dem Hinterhalt getroffen. Später wiederholte sich dieser Schmerz alle fünf Minuten. Der Muskelnerv zuckte fortwährend. Und schon begann die Schwellung der Adern um das Knie herum. Zuerst glaubte ich an eine Erkältung und nahm heiße Sandbäder. Als aber der Schmerz nicht nachließ und ich in der Vorwärtsbewegung das Gefühl hatte, als würde mir von unsichtbarer Hand ein Nagel in die Knochen getrieben, machte ich mich auf eine Gelenkentzündung gefaßt. Ich bandagierte das Bein, nahm Einreibungen mit Kampfer vor und versuchte die Schwellung, die nach den Ritten besonders augenscheinlich wurde, mit Massagen zurückzutreiben. Schließlich fing auch der Appetit an nachzulassen. Schlaflosigkeit plagte mich. Meine körperlichen Kräfte nahmen rapide ab, und ich wurde zusehends magerer. Bettruhe half am Ende auch nicht mehr. Die Geschwulst wurde immer bösartiger und zeigte deutlich an, wie vergiftet mein Blut doch war. Ich ließ mir, da ich kein Maultier mehr besteigen konnte, eine Tragbahre zimmern und ließ mich nach Zilah bringen. Vierzehn Tage dauerte diese gräßlichste Reise meines Lebens. Am zweiten Tage überraschte uns der Regen. Ich bin nie mehr trocken geworden. Wenn wir Rast machten, spannte man ein Zelt über meine Bahre. Mit der Hand grub ich ein Loch in den feuchten Sand und streckte das Bein hinein. Ich kam in Zilah völlig gelähmt und entsetzlich erschöpft an. Der Dampfer nach Aden ging erst in fünf Stunden. Ich ruhte solange unter dem Dach von Palmen. Der Geruch des Meeres betäubte die Schmerzgefühle. Auf das Vorderdeck endlich geworfen, lag ich auf meiner Matratze zwischen Wasser und Himmel drei Tage ohne Speise und Trank. Ich hatte Tränen im Auge und schämte mich, wenn einer an meiner Bahre stand und mich bemitleidete, daß ich Menschen zur Last fiel. Die Matrosen versuchten mich mit Rum aufzuheitern. Ich trank das scharfe Zeug ohne Wirkung. Ich wälzte mich auf einem wilden Feuerherd. Die Wasservögel überschrien mein Gewimmer. «

Obwohl ihm in Aden die Schwere des Leidens mit allem Ernst von den Ärzten vorgehalten und eine sofortige Operation angeraten wurde, ließ er sich nicht bewegen, in diesem Ort wenigstens so lange Station zu machen, bis die größte Gefahr beseitigt war. Eine unwiderstehliche Gewalt zog ihn nach Europa. Es hungerte und dürstete ihn nach der Heimaterde. Er lebte sich in die Situation eines Wallfahrers hinein. Alle fremde Ferne bröckelte ab von seinem Erlebniswillen. In einem magischen Licht funkelte das Mutterhaus. Eine kindhafte Hilflosigkeit durchtobte sein Gefühl. Die Zeit kroch schneckenhaft dahin. Morgen und Abend: immer das gleiche graue Elend. Die ungeheuer weitgespannten Flächen des Meeres umeisten ihn mit Herzangst und jagten Fieberschauer durch sein Blut. Zum ersten Mal in seinem Leben vielleicht dachte er über den Tod nach. Die Pressungen in den Schläfen und das harte Geklopf des Blutes in dem entzündeten Höcker des Kniegelenks nahm er für einen Ruf der Mächte des Jenseits. Er überspannte die Schmerzen in den Wachträumen des Fiebers. Diese Erhitzung verwandelte den Zustand zu einer wilden Tropik. Wahnsinn lag auf dem Sprung. Noch zwei, drei Tage länger diese entsetzliche Folterfahrt im durchstürmten Meer –: und das Gelächter des Irrsinns wäre tatsächlich ausgebrochen. So aber brauste endlich der Hafen von Marseille heran. Und nach wenigen Stunden schon lag der geschundene Körper dieses noch im Fieber sphärisch glühenden Menschen auf dem Operationstisch des Hôpital de la Conception. Die Ärzte stellten eine bösartige Hydrathrose fest. Der Ausgang schien sehr ungewiß. Amputation des kranken Beines wahrscheinlich... Rimbaud schrie drei Tage und Nächte über das angedrohte Krüppeltum. Welch ein jäher Abbruch der ungeheuren Kurve nach oben... nach der endlichen Erlösung von dem sklavischen Leben des europäischen Bürgers. In seiner Herznot ließ er die Mutter kommen. Die harte Frau erschien ihm miteins madonnenhaft verklärt. Er umzärtelte ihr Bild mit Gebet und frommen Liedern. Sie wurde der Hausaltar seines beispiellosen Elends. Und als sie endlich leibhaftig vor ihm stand, mit geröteten Augen und einem schrecklichen Zittern um Mund und Nase –: da hatten die Ärzte ihm das Bein schon abgeschnitten. Da hatte er den Überspannungen der Unruhe, dem Hinüberwechsel in das neue Jahrhundert schon den Tribut zahlen müssen. Was kann ein Krüppel der Welt nutzen? Was gilt noch ein Vogel, dem die Schwingen gebrochen sind? Die Mutter wußte tausenderlei Trost. In ihrer Zartheit und Milde wurde er zum zweiten Male Kind. Ein roter, wimmernder Klumpen Fleisch, der sich vor dem bösen riesenhaften Tier, das man Menschenwelt heißt, fürchtet... Die wilden Energien seines Willens sind aber nur betäubt. Mit jedem Tag, der die gräßliche Körperwunde verschorfte, heben sie sich freier in das Licht. Lärmwogen des Hafens und Gedonner des Meeres schlagen an sein Ohr. Glanz überstrahlt die Augen. Ist alles nur ein häßlicher Traum gewesen? Der Psalm der schönen wilden Welt wird wieder lichte Musik auf seinen Lippen. Beruhigt fährt die Mutter nach Hause und darf dreißigtausend Franken Erspartes auf die Kasse bringen. Der Sohn ist endlich zu ihrem Ebenbild geworden. So denkt die alte Frau! Einer, der ihr nach vier Wochen schon schreiben kann: »Bisher habe ich nur mit Krücken gehen gelernt. Ich habe mir aber ein Bein von sehr leichtem Holz machen lassen. Gut gefedert, lackiert und gepolstert. Vor ein paar Tagen habe ich es mir anschnallen lassen und Gehversuche angestellt. Heute mußte ich das verdammte Folterinstrument in die Ecke werfen. Der Stumpf ist entzündet. Schon das Berühren mit dem Finger verursacht barbarische Schmerzen. Ein paar Tage werde ich wohl liegen müssen. Und dann wieder die Krücken gebrauchen. Rimbaud auf Krücken! Wem reißt das nicht die Brust auf!? Wie traurig, wie ermüdend... wie langweilig, jetzt an die gewesenen Reisen zu denken. An den Aufschwung... an das Morgenrot der endlichen Befreiung! Wo sind die Fahrten über Gebirge, die wilden Ritte durch die Wüsten, der tropische Wald, die grünen Flüsse... das Meer... das Meer...! Jetzt ist alles dahin. Ich bin ein bewegungsloser Stumpf. Ich sehe vor mir nichts anderes mehr als die gottverfluchten Krücken. Ohne diese Stöcke des Elends werde ich keinen Schritt mehr machen können. Wenn mich jemand in einem Fall wie dem meinen gefragt hätte, so hätte ich ihm geantwortet, nein... ins Gesicht geschrien: ›Was... Sie sind schon so weit? Lassen Sie sich um Himmels willen nicht amputieren! Lassen Sie sich zerfetzen, zerreißen, in Stücke zerhacken, aber dulden Sie nicht, daß man Ihnen das Bein absägt! Wenn der Tod anklopft, lassen Sie ihn ruhig herein. In seinen Armen ruht es sich besser, als in das Leben mit einem Bein zu stolpern.‹ Ich aber hocke hier an der Fensterwand und wage nicht hinauszusehen. Von Zeit zu Zeit stehe ich auf und hüpfe so meine hundert Schritt auf den Krücken. Zuletzt können die Hände das Holz nicht mehr halten. Ich kann beim Gehen den Kopf nicht vom Bein und den Spitzen meiner Krücken wegwenden. Kopf und Schultern sind nach vorn geneigt. Man humpelt wie ein Buckliger. Man zittert und schäumt, wenn man die

Leute da so froh herumspringen sieht. Man hat Angst, sie könnten einen umwerfen und die zweite Pfote auch noch abbrechen. Wenn man sich schweißgebadet hinwirft, spürt man Zentnergewichte an den Händen kleben. Die Achselhöhlen sind rohes Fleisch, und aus dem Gesicht stiert ein Idiot...«

Mutter und Schwester bestürmen ihn, nach Roche auf das Landgut zu kommen. Sie würden ihn Tag und Nacht pflegen, um ihn sein. Wünsche von den Augen ablesen... frohe Lieder singen. Märchen erzählen... Er lächelte lange über diese Herzenseinfalt. Und sah auf das Meer und träumte von der schwarzen Madonna... von dem Knaben Hassein und den purpurnen Schlangenwäldern. Im Mittsommer endlich entschließt er sich doch zur Heimreise. Drei Monate soll der Aufenthalt dauern. Dann wieder hinauf aufs Schiff... Aden... Harrar... Madagaskar... vielleicht noch tausend Meilen weiter in die Welt!

Man hatte ihm das schönste Zimmer im Hause eingerichtet. Bücher aufgestapelt, Landkarten ausgebreitet. Er hatte tagelang nasse Augen über solche Güte. Er nannte Isabella seinen liebsten blauen Engel. Mit den Knechten freundete er sich an. Unter den Weidenbäumen am Kanal lag er in der Sonne und baute Traumpaläste. Der Teufel war wider ihn und brachte Regen. Es war ein unglückliches Jahr. Das Korn verfaulte auf dem Halm. Die Felder wurden blanke Seen. Der arme ausgemergelte Körper fror entsetzlich. Die Stickluft des Zimmers legte Eisenringe um sein Gehirn. Das Bein begann wieder zu schmerzen. Schlaf setzte aus. Die Ärzte konstatierten, daß der verstümmelte Schenkel sich entzündet habe und anschwoll. Der Schmerz in der Achselhöhle war nicht mehr auszuhalten. Der Arm wurde steif. Eine schrecklich gedrückte Stimmung plagte den Kranken. Alles reizte ihn. Er konnte nichts mehr sehen, das sich mühelos bewegte. Die feuchte Luft in dem Hause lag ihm wie eine fressende Säure auf der Lunge. Er ließ sich Schlafmittel verschreiben, die nicht wirkten, da griff er zu dem barbarisch primitivsten Mittel und trank Mohnaufgüsse. Das Opium gab ihm die erwünschten Traumweisen. Das Hirn wurde dabei immer empfindlicher, die Nerven platzten fast vor Überspannung. Heiterkeiten wechselten mit Weinkrämpfen. Er verfiel auf die seltsamsten Dinge, sich zu zerstreuen. Die Bücher konnte er nicht einmal sehen, geschweige darin lesen. Manchmal ließ er sich einen Knecht kommen, der mußte ihm Geschichten aus dem Dorfe erzählen. Manchmal ließ er Türen und Fenster fest verschließen, alle Lampen anzünden und die Drehorgel spielen, tagelang, nächtelang. Schließlich ließ er sich von schrecklichen Halluzinationen der widerstandslosen Nerven übermannen und trieb wie ein Wrack auf dem Orkan des Irrsinns. Die Ärzte standen hilflos an seinem Lager. Sie rieten zu einer Überführung in eine geschlossene Anstalt. Isabella aber widersetzte sich und hatte auch Gewalt über die Mutter. Man ließ den Kranken im Hause und wartete auf die Auflösung. Das Blut war aber noch zu zähe für solch einen ruhmlosen Abgang. Es überwand die Krise und gab dem Kranken wieder Bewußtsein und Vernunft zurück. Sein Gehirn genas. Während das armselige Bein immer weiter abstarb und mit seinem Fäulnisgeruch das Atmen beklemmte. Nichts konnte Rimbaud mehr hier halten. In seinen Wahnvorstellungen hielt er die Landärzte für gewissenlose Gauner oder von seinen Feinden bezahlte Henker. Er wollte sich jetzt von dem Arzt gesund machen lassen, der ihn operiert hatte. Genau einen Monat nach seiner Ankunft fuhr er wieder ab. Mit einem gräßlichen Fluch auf den Lippen stieß er die Landschaft hinter sich. Denn sie war ihm jetzt nicht mehr so eng geworden wie an jenem Sommerabend, da er in den Güterzug schlich und nach Paris entfloh –: dieses Mal hatte sie ihm wie ein abscheuliches Reptil auf der Brust gesessen und die Giftzähne in sein Blut geschlagen. Jawohl –: nur ihr mörderisches Klima, nichts anderes, war schuld an der fressenden Fäulnis, die Glied um Glied seines Körpers beschlug. Es half nichts, daß Isabella die Anklagen durch eine engelhafte Geduld mit seinen Exzessen und mit der zärtlichsten Hingabe ihres Mitgefühls an sein Leid zu entkräften suchte. Es half auch nichts, daß sich die Mutter so zartsam um ihn bemühte, wie sie sich noch nie in ihrem Leben um einen Menschen gekümmert hatte. Vielleicht war es gar nicht einmal die nordische Rauheit und Nüchternheit der Heimat, die so maßlos reizte, daß er sich davor verkroch wie ein angeschossenes Wild in das dunkelste Dickicht. Er fühlte die Ohnmacht zur Genesung und mochte die wirkliche Ursache nicht zugeben. Er brauchte ein Narkotikum für die Peinigungen der Krankheit und suchte es in einer noch nie erfahrenen Form. Marseille –: ja, das würde ein Sprungbrett sein. So nahe am Meer, so vollgesogen vom Geruch der Tropen!

Das Schicksal trat auf diese böse Seite seines Zustandes. Es verstrickte ihn noch tiefer in die Belastungen einer todkranken Seele. Alle Äußerlichkeiten eines entsetzlich verdorbenen Reisetages bedrängten ihn. Zweimal muß er die beschwerliche Fahrt durch Regen und Nebel und auf holpriger Landstraße machen, weil durch die Schuld eines störrischen Pferdes der Zug das erste Mal versäumt wurde. Seine Nerven liegen wie große Wunden offen auf der Haut. Jedes Geräusch, jede ungleiche Bewegung läßt ihn laut aufweinen. Er schluckt Brom bis zum Erbrechen. Isabella rückt in einem fort die Kissen. Bei der Ankunft auf dem Bahnhof muß er noch zwei Stunden warten. Man trägt ihn in das Stationsgärtchen. Hier hat er Blumen und Sonne. Das bringt wieder ein Lächeln in sein Gesicht. Er scherzt mit den Freunden. Endlich kann er in das Bahnabteil transportiert werden. Die Bahnbediensteten sind besorgt um ihn. Die Reisenden rücken zusammen und geben ihm das halbe Abteil frei. Mühsam macht er sich's in den Polstern und aufgestapelten Kissen bequem. Einige Minuten, eingesungen vom Rhythmus der Radgeräusche, vermag er in einer Art Betäubung die Augen zu schließen. Aber dann dringt die Erschütterung des Wagens durch. Mit einem entsetzlichen Schrei hebt er sich hoch, packt den Stumpf mit beiden Händen und jammert, nicht auszuhalten! Von den Anstrengungen dieser krampfhaften Haltung bald gebrochen, sinkt er wieder in das Polster zurück. Der Schlaf läßt ihn jetzt ein paar Stunden alle Qual vergessen. Aber seine Augen stehen offen, mit großen glanzlosen Pupillen. Der Mund hängt verzerrt herab. Das Fieber jagt in einem fort durch sein Gesicht, bald tanzen die roten Flecken, bald ist es wie mit Eis beschlagen. Draußen auf der Landschaft liegt Sonntagsruhe. In den Dörfern, die vorüberfliegen, leuchtet die frohe Buntheit der Erntefeste. Manchmal, bei kurzer Rast auf kleinen Stationen, dringt der Freudenlärm bis in das Abteil. Rimbaud liegt bewegungslos. Manchmal zuckt es in seinen Schläfen, oder die dünnen Finger verkrampfen sich zur Faust. Paris kommt näher und näher. Stattlichere Häuser tauchen auf. Gepflegte Gärten drängen sich bis an den Bahnkörper. Endlich Paris. Es geht auf acht Uhr abends. Die Sonne liegt in einem dunklen Wolkennest. Ein frostiger Wind weht. Rimbaud wacht auf, ohne daß man ihn angerufen hätte. Die Stadt ging zu ihm ein. Sie gehörte zu den wenigen Erlebnissen seines Lebens, denen er nicht gram war. Die Freunde überlegen, ob es nicht ratsamer wäre, Rimbaud in Paris von einer Autorität behandeln zu lassen. Man will wenigstens die Nacht hier verbringen. Und erst, wenn es nicht anders sein soll, mit dem Frühzug nach Marseille weiterdampfen. Rimbaud sträubt sich aber mit aller Macht gegen diesen Aufenthalt. Man muß ihn auf dem schnellsten Wege zum Südbahnhof bringen. An diesem Sonntag war kaum ein Mensch auf den Boulevards. Das Pflaster glänzte spiegelblank im Regen. Der Wind schlug Zweige und Blätter von den Bäumen. Die Fenster der Droschke klirrten heftig. Rimbaud wehklagte, daß er das Gefühl habe, als ginge eine riesenhafte Säge in einem fort durch seinen Körper. Mit zusammengebissenen Zähnen sah er hinaus. Laternen flammten auf und dunkelten sein verfiebertes Gesicht noch mit einer tieferen Röte. Wie einen feuchten Kornsack mußte man ihn aus dem Wagen heben. In der Bahnhofswirtschaft versuchte er ein wenig zu essen. Die Speisen ekelten ihn nach wenigen Bissen an. Er sah gelangweilt auf das Menschengewühl. Alle Augenblicke erkundigte er sich nach der Abfahrtzeit des Zuges. Es gelang, in einem Schlafwagen Platz zu beschaffen. Man hoffte, daß die gefederten Polster ihm Linderung der Schmerzen bringen würden. Und daß ein geruhiger Schlaf nach diesen schrecklichen Aufregungen des Tages und den vielen Betäubungsdosen ihn über die Nachtfahrt hinwegbringen würde. Das Gegenteil geschah. Seine nerven-zerquälte Aufregung wuchs mit jeder Stunde. Isabella verbrachte kniend in dem engen Raum zwischen Bett und Kupeewand die schrecklichste Nacht ihres Lebens. Und sah den höchsten Paroxysmus von Verzweiflung und physischer Qual, den je ein Mensch erlebt hat.

Erst gegen Morgen, als in Lyon die goldblanken Sterne der großen Rhônebrücke die Morgensonne auffingen und das Licht nach allen Seiten zurückwarfen, schloß er für einige Stunden die Augen. Träume, durchtobt von schauerlichen Bildern, marterten sein Gehirn. Der Schweiß stand ihm in dicken Tropfen auf der Stirn. Dazu kam noch die Temperatur dieser südlichen Gegend, die das Abteil fast in einen Ofen verwandelte. Zwischen Schlaf und betäubtem Wachsein kroch der Tag dahin. Seltsam war, daß Rimbaud kaum etwas zu trinken begehrte. Man reichte ihm zwangsläufig mit Eis und Wein gemischtes Wasser. Isabella hielt seine Hand und zuckte unter den Fieberstößen, die zu ihr übersprangen, zusammen. Ihre Hand war die einzige Berührung, die er ohne Zuckungen erduldete. Es beruhigte ihn sehr, daß sie ihm versprach, bis zur Genesung bei ihm zu bleiben. Bei einbrechender Dunkelheit lief der Zug in Marseille ein. Im Hôpital de la Conception schien man auf den Kranken schon gewartet zu haben. Er bekam ein großes helles Zimmer mit zwei Fenstern. Der Hafen lag in seiner ganzen Mächtigkeit davor. Rimbaud spannte die Arme, über sein geschlagenes Gesicht huschte ein Strahl von Hoffnung. Dann griffen die Ärzte zu. Das Resultat der Untersuchung beruhigte Isabella. Sie verstand noch nicht, die Lügen aus solchen Gesichtern zu lesen.

Drei Monate lang logen die Ärzte Genesung. Und linderten tatsächlich mit solcher Teufelsmedizin die entsetzlichen Qualen dieses armen Schächers. Aber dann brach mit aller Gewalt der barbarische Kampf zwischen dem Leben, das leben will, und dem gebieterisch fordernden Tod herein. Das Gehirn lebte, während die Glieder eins nach dem anderen abstarben. Zuerst der rechte Arm, abgemagert, grau-gelb, ohne Kraft zur Eigenbewegung. Dann der linke Arm und schließlich das linke Bein. Furchtbare Krankheit. Der Stumpf des rechten Beines verlor jedes Gefühl, wurde leichengrau und kalt. Aber Kopf und Herz waren mit einer unbeschreiblichen Hitze geladen. Nerven- und Markschmerzen, die sicheren Vorläufer der Auflösung, zerfaserten das Bewußtsein. Der Kern des Willens aber steckte noch unverletzt darin und bäumte sich mit aller Macht gegen das Ende. Isabella weicht Tag und Nacht nicht mehr vom Lager. Sie weint mit ihm und ist fröhlich mit seiner paroxystischen Heiterkeit. Sie notiert in ihr Bewußtsein hinein seine Phantasien. Oft gleichen diese Traumgedichte den großen Bildern der »Erleuchtungen«. Nur noch viel wilder im Gegenständlichen sind sie. Noch grandioser in der Spannweite der sprachlichen Mittel. Manchmal muß sie ihm die schwermütigen Volkslieder der Heimat singen. Manchmal die mystischen Gedichte eines jungen

Dichters sprechen, von dem er bewundernde Notizen in den Gazetten gelesen hat. Unten in Harrar – als ihm das eigene Gedicht ungefaßt in der Erinnerung lag wie eine gräßliche Jugendsünde. Dieser junge Mensch stieß zu dem entgegengesetzten Pol vor. Vielleicht ließ er ihn darum nur gelten, während er kaum noch zur Kunst eine Brücke geschlagen fühlte.

Aber auch dieses letzte Aufflackern verlosch. Jetzt wurde die Auflösung immer deutlicher. Isabella brauchte die Auskunft der Ärzte nicht mehr. Mit einer beispiellosen Gefaßtheit notiert sie das Ende und erlebt den Schlußakt des Dramas mit solch einer Intensität, wie es Rimbaud nicht besser gedichtet haben könnte –:

»Er sah mich an, und der Himmel war in seinen Augen... dann sagte er mit einer ganz weit von innen her heraufklingenden Stimme: ›Es muß alles vorbereitet werden und dieses Zimmer gut aufgeräumt. Weißt du, der Priester wird kommen. Ein feiner alter Herr mit den Sakramenten. Du wirst sehen, man wird Spitzen bringen und sie über den Tisch breiten und Kerzen darauf stellen. Willst du nicht auch meine Kissen überziehen?‹ Wachend beendete er sein Leben in einer ewigen Hellsichtigkeit. Wunderliche Dinge gingen von seinen Lippen. Die Stimme war so sanft wie ein abendlicher Wind in den Alleen. Ich hätte sie tief in mich hineintrinken mögen, wenn sie mir nicht das Herz durchbohrte. Alles, was er da vor sich hinflüstert, sind Träume. Aber nicht solche, die Schwerkranke im Fieber haben. Man könnte sagen: er dichtet mit vollem Bewußtsein diese eingehauchten Träume. Während ich ihm zuhöre und kein Auge von ihm lasse, sagt mir die Schwester: ›Ist der arme Mann noch immer ohne Bewußtsein?‹ Aber er hat es doch gehört, und eine Röte flog über sein Gesicht. Und dann schwieg er so lange, bis die Schwester das Zimmer verließ. Als sie draußen schon eine ganze Weile war, hob sich Arthur ein wenig in die Höhe und wehklagte mit starren Augen: ›Man glaubt hier, daß ich ein armer Narr bin. Lebst du auch schon in diesem Wahn, liebe Schwester?‹ Nein, Arthur, nie werde ich es glauben. Er ist fast ein immaterielles Wesen. Seine Gedanken fahren von ihm aus, ohne daß er den Anstoß gibt. Nein, er will diese lauten Gedanken nicht einmal! Oft fragt er die Ärzte, ob sie auch diese ungewöhnlichen Dinge sehen, die er sieht. Und er unterhält sich mit ihnen und legt eine Sanftmut und Farbigkeit in seine Worte, in Ausdrücke, Bilder und Vergleiche, die ich nicht wiederzugeben vermag. Und die Ärzte sehen ihm lange in die Augen, diese wunderbar schönen Augen, die nie schöner und verständiger gewesen sind. Und schütteln die Köpfe und unterhalten sich über dieses seltsame Wunder. Es ist in dem Fall Arthur wirklich etwas, das sie nicht verstehen. Seit ein paar Wochen kommen die Ärzte überhaupt nicht mehr als Mensch zu Mensch an sein Lager. Sie können nicht vertragen, wenn er mitten in einem schönen Gespräch plötzlich zu weinen anfängt. Er ist durchaus nicht abwesend mit seinen Gedanken. Er erkennt jeden, sobald er ins Zimmer tritt. Mich nennt er manchmal Djami. Ich weiß, daß er das absichtlich tut, daß ich dieses Wunder in seinem bunten Wachtraum bin. Häufig bringt er Sätze über Literatur und Kunst in Gespräche, die sich um afrikanische Geschehnisse drehen. Stundenlang weilt er in Harrar. Wir reisen in einem fort nach Aden ab. Kamele müssen gemietet, Karawanen organisiert und ausgerüstet werden. Sein Gang ist geschmeidig in der Prothese. Wir machen ausgedehnte Spazierritte auf prachtvollen und reichgezäumten Maultieren. Dann, nach einer Weile, heißt es wieder emsig arbeiten, Korrespondenzen erledigen, Bücher führen, Läger kontrollieren... schnell, schnell... man wartet auf uns, die Koffer packen, Kamele heran, abreisen! Warum hat man ihn so lange schlafen lassen? Warum helfe ich ihm nicht, sich ankleiden? Was wird man sagen, wenn wir heute nicht ankommen? Man wird ihm nichts aufs Wort glauben, man wird kein Vertrauen mehr zu ihm haben! Und da fängt er an zu weinen und jammert über meine Ungeschicklichkeit und meine Nachlässigkeit, denn ich bin immer bei ihm und habe alle Vorkonferenzen zu treffen...

Ich habe ihn mehr geliebt wie Mutter, Schwester und alle Verwandten. Der letzte Aufschrei seiner Augen ist nicht mehr auszulöschen aus meinem Leben.«

Am 10. November 1891, zwei Uhr nachmittags, zerrann die letzte Zuckung seines Körpers. Isabella drückte ihm die schreckhaft vergrößerten Augen zu. Nach Erledigung der Formalitäten schaffte sie die sterblichen Reste in die Heimat. Charleville bereitete dem Toten einen Empfang, der weit über den Horizont der Bürgerlichkeit hinausragte. Denn jetzt erst bekannte man sich zu dem Dichter. Und wollte mit einem verhundertfachten Aufwand von Ehrung das gutmachen, was man an dem Mitbürger gefehlt hatte. Das Ehrengrab aber, das die Stadtverwaltung dem Dichter zuweisen wollte, wies Frau Rimbaud zurück. Man setzte ihn in dem Erbbegräbnisplatz neben seiner Schwester Vitalie bei. Das Kind fügte sich zum Kind. Ein schlichter Grabstein aus weißem Marmor, wie man ihn den früh dahingerafften Kommunikantinnen setzt, kennzeichnet die Stätte dem gegenwärtigen Geschlecht der jungen Dichter; jenen glühenden Menschen, die durch die barbarische Hölle des Weltkrieges wandern mußten, um ihr Ich zu den feuertrunkenen Himmeln Rimbauds zu erheben. Geist und Wille von seinem Ich.

VIII.

So beispiellos kurz das literarische Leben Rimbauds auch war,
und so klar geöffnet sein Werk vor uns liegt, als wäre es mit
einem einzigen Atemzug geschöpft –: es lassen sich dennoch
ganz deutlich drei Perioden des inneren Wachstums, drei Manie-
ren der Formung unterscheiden. Äußerlich betrachtet, sind sie
in den Gedichten der Jahre 1870/72 als *erste Stufe*, in den »Erleuchtungen« (1872/73) als *zweite Stufe* und in »Ein Sommer in
der Hölle« (1873/74) als *dritte Stufe* erkennbar. In dem (unbewußten!) schöpferischen Willen des Dichters zur letzten Vollendung liegt das Verbindende. Zwischen dem restlosen Ausleben
auf Erden als Mensch und dem notwendigen Seitensprung in die
Literatur liegt aber auch der dynamische Auftrieb der perma-
nenten Steigerung eines Lebens zum ungewöhnlichen Ausdruck. Dieser schöpferische Wille ist vielleicht nur durch einen
Zufall auf Literatur gerichtet gewesen. Er füllte aber einen Knaben (zwischen seinem 13. und 17. Jahre) mit einer Erlebnisintensität aus, die im alltäglichen Vorgang das Leben eines Künstlers
zwischen 20 und 50 Jahren beansprucht. Er hatte seinen Aufgang
weder in einem besonderen Erlebnis noch in einer sogenannten
»Berufung« erfahren. Es stand auch keine Stimme über ihm;
eher noch versuchten tausend böse Stimmen die Heftigkeit seiner inneren Gesichte einzudämmen. Aber irgendeine »Len-
kung« war da, eine seltsame, von keinem schulmäßigen Wissen
noch erfaßte oder gar erforschte Kraft. Die trieb ihn an. Die erfüllte ihn, die verwandelte ihn –: so, daß er dahin lebte, »ein
goldener Funke vom Licht der Natur«. Wir haben an seiner
menschlichen Sendung alle Ungewöhnlichkeiten des Genies be-
wundern dürfen und sahen, daß die »Fabeloper« höher gehügelt
lag als die ausgefahrenen Gleise im Leben eines gewöhnlichen
Europäers –: »Der Gesang der Himmel, der Zug der Völker!
Sklaven, laßt uns das Leben nicht verfluchen!« Sein Leben hielt
überall den Sinnentaumel fest und notierte mit Hergabe eines

ungeteilten Ichs das Unausdrückbare. Es fand die Erfüllung in jenem zauberischen Glück der inneren Erkenntnis: »Ich bin! Ich habe mein Blut gebraut. Ich habe meine Aufgabe gefunden!« Seine Kunst aber –: die war immer auf der Flucht zum Leben. Sie begann, um es nie aus den Augen zu verlieren, sie zerrann, als sie durch das Leben den Überwinder erfuhr. Schon auf der ersten Stufe ihrer Sendung wußte sie, daß die »Gedanken nicht reifen, um gesagt zu werden«, daß sie nur auflodern, um Tat zu manifestieren. Irgendeine ungewöhnliche Tat, die das Blut von der Einschnürung des gesellschaftlichen Dogmas befreit. Alle Gedichte dieser »ersten Stufe« sind Tat. Oft mit sehr gewaltsamen Mitteln zur gerundeten Form gezwungen. In jeder Verszeile ist spürbar, wie der Atem des Blutes sich gemüht hat, das Geröll der Alltäglichkeit aus der Bahn zu räumen, die Kurven steiler zu führen, dem Aufschrei den Anstoß zu Abflug zu geben. Dabei ist die beengende Kraft so gestaltet, daß sie einer Spannung gleicht, die nicht mehr zurückgehalten werden kann. Ein bis auf seine letzte Möglichkeit komprimierter Druck arbeitet in der Umklammerung des Gehäuses und schafft sich das Ventil, das auch nicht einen winzigen Bruchteil der schöpferischen Gewalt unproduktiv auszischen läßt. Nur so gesehen läßt sich der fabelhafte Auftrieb der dichterischen Kraft in diesen frühen Versen erklären. Fast nie sind sie auf Betrachtung aus. Immer platzen sie subjektiv in eine Bewegung hinein, bezwingen sie und machen sie sich untertänig. Wieviele Anfänger im Raum der Dichtung sind vom Gedichtemachen so belastet, daß sie sich wie rasend an ein Erlebnis hängen und bis zur letzten Windung sich davon ausbeuteln lassen. Rimbaud aber stieß alle Erlebnisse von sich und setzte *sich* an den Ort. Immer ist sein Ich blanker Mittelpunkt und liegt auf der Lauer, um blitzhaft dorthin abzustoßen, wo ein träges Gewölk den Horizont verdunkelt. Manchmal ist ein infernalischer Schreiton in diesen Versbögen, manchmal fluten sie silberhell dahin in einem tiefdunklen Bett aus mystischen Geschehnissen. Weil es keine Gebilde aus dem landläufigen Material der für Literatur üblichen Erlebnisse sind, muten sie in den Augenblicken der ersten Betrachtung oft »unpoetisch« an. »Poetisch«, wenn man diesen seit einem Jahrhundert nicht mehr möglichen Begriff überhaupt noch brauchen will, ist allerdings kein dichterisches Gebilde Rimbauds. Weil er die Umwertung aller Kunst durch das Gewicht der Stahlzeit seherisch vorausbegriff und im Blut schon die neue Spannung als Auftrieb vibrieren hatte, konnte nur ein neues erregendes Erlebnis-Element von ihm ausgehen. Der schärfste kritische Kopf seiner Zeitgenossen hat diesen gewaltigen Dreh nach vorn nur geahnt: die Erkenntnis blieb ihm jedoch versagt, weil er selber noch zu heftig in der Zeit steckte, der Rimbaud weit vorausgeeilt war. Aber auch wir, die wir die Stahlzeit schon als einen vulkanischen Prozeß auf allen Gebieten des Wandelns auf Erden verspüren, sind noch nicht bis zu jenem Punkt der Erkenntnis gelangt, von dem aus wir das Gedicht Rimbauds so erfassen, daß es reibungslos in unser Gefühl eingeht. Wohl verspüren wir die magische und dämonische Sphäre, dieses ewige Aufdonnern von jähen Gewittern, dieses heftige Überspringen von Geladenheiten in unser unruhiges Blut. Das Wesentliche ist ja, daß der Mensch von heute überhaupt zu den Versen dieses Knaben hinfindet, daß sie ihm näherstehen als das meiste, was seit 1870 in der Welt gedichtet worden ist. Die Originalität des Stofflichen mag vielleicht von der jüngeren Generation überboten worden sein. Die Kräfte aber, die ein Gedicht erst so lebendig machen, daß es über den Geschehnissen des Alltags steht, gehen im Gedicht Rimbauds immer noch als eine originale Erscheinung dem Alltäglichen weit voraus. Sie haben zu den Geschehnissen des Alltags überhaupt keine Beziehung. Sie zerstören den Alltag. Genauso, wie es auf dem Gebiet der Technik das rasend vorgeschnellte Amokläufertum der Erfindungen seit Jahr und Tag mit einem *Tempo* vollzieht, das dem Tempo der Rimbaudschen Gedichte gleichkommt. Es ist, als hätte dieser Knabe die Nerven aller Gefühle oben auf der Haut wie ein engmaschiges Netz lagern gehabt. Man kann die Überempfindlichkeit gar nicht anders erklären, die so selten intensiv einfängt, was an viel reiferen Künstlern vorüberbrauste, ohne irgendeine Wirkung zu hinterlassen. Man darf auch nicht vergessen, daß die dichtenden Zeitgenossen Rimbauds in ihrem Sinn durchaus »Sturm und Drang« waren, daß sie aus den Ruinen einer überwundenen Literatur mit ganz neuen Gestaltungen in noch unberührte Erlebnishorizonte emporwuchsen. Aber daß dieser junge Mensch hier keinen Anschluß suchte, vielmehr auf einer Bahn vorwärtsstieß, die noch nicht einmal abgesteckt war, das erschwert die Untersuchung mit den Hilfsmitteln der landläufigen Literaturkritik ungemein. Für das Rimbaudsche Gedicht sind Maßstäbe erst zu konstruieren. Und zwar direkt aus seinem Werk. Hier ist kein Vorher. Hier ist nur unmittelbares Da-Sein. Hier sind Auseinandersetzungen mit dem eigenen Ich erst notwendig, ehe das fremde erkenntniskritisch erfaßt werden kann. Dabei sind gerade unsere Gefühle für das, was noch als Lyrik bestehen kann, außerordentlich geschärft durch den fortschrittlichen Aufschwung, den wir seit 1912 erlebt haben und der sich in den künstlerischen Persönlichkeiten Werfel, Oskar Loerke, Johannes R. Becher und Gottfried Benn, einer Art Energie-Zentrum, verdichtet hat. Verglichen mit Rimbaud sind diese Repräsentanten der Lyrik unserer Zeit künstlerisch und erlebnisfortschrittlich nicht einmal auf der gleichen Höhe mit ihm. Die Welt ihrer Gesichte ist tiefer gelagert, das Tempo ihrer dichterischen Ekstasen empfängt seine Dynamik noch von der noch nicht überwundenen Bürgerlichkeit. Sie haben allerdings der Trägheit der Zeitgenossen Kampf angesagt, sie stehen in manchem Betracht auch schon weit vorn mit der Fahne des Willens zu Entdeckungen in erhobener Hand. Sie sind in der Bewegung ihrer Blutbahnen aber von irgendeiner Ecke her noch gehemmt. Sie sind irgendwie ästhetisch belastet. Der Knabe Rimbaud jedoch entlastete sich zuallererst vom Bürgertum und seiner abgewelkten Weltanschauung. Er war unbürgerlich nach jeder Seite hin. Er war jung im Ursinn des Wortes. Solche empörerische Jugend kann auch nicht zeitgebunden daherstürmen. Sie ist zeitlos und wird nicht einmal in ihren aus der Zeit geschöpften stofflichen Werk-Hintergründen alt und abgebraucht. Dabei sind die frühen Gedichte Rimbauds, jene: »Sensation«, »Die Bettelkinder«, »Der Schläfer im Tal« und »Erste Kommunion«, durchaus vom alltäglichen Erlebnis her empfangen. Das, was sie als künstlerische Leistung schon bloß von der rein stofflichen Seite her aber so ungleich höher hügelt, liegt an der Mächtigkeit der Atmosphäre, in die sie hineingezwungen sind. Die Werte des absoluten Kunstwerkes werden erst in dieser Glut zu der ungewöhnlichen Erscheinung verdichtet, als welche die Erstlinge Rimbauds bis auf den heutigen Tag wirken. Der Gegenpol Verlaine, so blühend er noch in Einzelheiten seines Kunstwerkes wirkt –: eine dünne Staubschicht liegt bestimmt schon auf seinem Werk im allgemeinen. Sein Ich war eben begrenzter, es hatte weder die Tiefe noch die Weite der Horizonte, die sich über der Welt des Knaben Rimbaud wölbten. Er litt auch nicht an den Belastungen der Umwelt so überempfindlich wie Rimbauds ewig im Aufruhr vibrierendes Ich, weil es alle Auseinandersetzungen auf Leben und Tod einfach umging. Er suchte sich nur die Erlebniskomplexe, die ihm als eine gewissermaßen verwandtschaftliche Angelegenheit bequem lagen. Er stellte sich von vorneherein auf Sieg ein. Und feierte diesen mühelosen Sieg mit allen Ausschweifungen eines trunkenen Festes. Selbst dort, wo es sich in verzweifelter Kleinheit dem höchsten Gipfel gegenüberstellte und Gott in sein Erleben einbeziehen wollte, bedeutete der Kampf in der letzten Auswirkung nur eine Angelegenheit der Sinne. Zu dieser Zentrale drängten mehr oder weniger alle Blutbahnen Verlaines. Ganz gleich, ob ein Baum, ein Tier, eine Frau oder Gott die Bahn des Erlebniswillens kreuzten. Der feminine Charakter der Kunst Verlaines hat hier seine Verwurzelung. Aber auch die femininen Merkmale im Menschen Verlaine lassen sich von dieser Stelle aus am mühelosesten ausdeuten. Rimbaud jedoch, selbst der in der Pubertät noch befangene Knabe, ist ein durch und durch männlicher Dichter. Seine Stellung zur Frau zeigt das in jeder Phase deutlich. Er hat nie ein schwärmerisches Liebesgedicht geschrieben. Seine Umarmungen sind tierhaft wild und brutal. Sie gehen auf das Wesentliche ohne Umschweife aus. Sie haben die große Leidenschaft unverdorbenen Blutes. Ihre Steigerungen liegen im Exzeß, nicht in den Vorbereitungen dazu. Immer vollzieht sich ein Drama in den Gedichten solchen Ausmaßes. Die Unerbittlichkeit des männlichen Tempos im Blut kennt nur den einseitigen Radikalismus des Durchbruchs. Alle Konflikte werden aufgenommen, jede Konzilianz und Nachgiebigkeit beiseite gestoßen und nur das Entweder-Oder zur Tendenz der Kampflust erhoben. Diese Haltung deckt sich haarscharf mit den Geschehnissen im Privatleben des Knaben. Hier stößt der fünfzehnjährige Bursche sich mit der gleichen Heftigkeit eines empörerisch gehitzten Blutes auf die gegnerische Gesellschaft. Er war spielerisch mit den wahrhaft verspielten Erscheinungen der Natur und eiferte wie ein Amokläufer fast, wo hinter der dünnen Firnisschicht der Verlogenheit die bürgerliche Welt sich zum feisten Götzen Baal aufblähte. Er konnte diese Kampfansage wagen, weil er frei von der Gegenwart war. Frei auch von der Vergangenheit. Vielleicht hat diese abgelaufene Erscheinung ihn am wenigsten behelligt. Er dachte nicht einmal mit Schaudern an die Tage zurück, da Erwachsene noch körperliche Gewalt über ihn hatten. Von kinderfrühen Rudimenten und Sentimenten ist nichts in ihm zurückgeblieben. Hier haben wir auch die Erklärung dafür, daß seine ersten Gedichte frei von jenen weltschmerzlichen Entrückungen sind, die im Frühwerk fast aller großen Künstler eine entscheidende Rolle spielen. Die Abschälung der knabenhaften Gläubigkeiten vollzog sich außerhalb der Spannungen im Ich.

In den »Erleuchtungen«, die als zweite Form der dichterischen Sendung Rimbauds zu betrachten sind, beherrscht das episch-lyrische Gedicht die Welt. Episch-lyrisch ist hier nicht mit »beschreibend« zu identifizieren. Rimbaud hat nie ein Geschehnis aus der Distanz eines Beobachters, also aus optischem Erlebnis heraus, »beschrieben«. Was hier »episch-lyrisch« als Artmerkmal bezeichnet wird, ist eine Gedichtform, die nicht mehr unmittelbar aus dem Erlebnis nach außen stößt, sondern das Resultat einer künstlerischen Erlebnisverdichtung, die abseits von dem psychologischen Gesetz der bildhaften Aufeinanderfolge von Gefühl und Trieb die Belastungen des inneren Gesichtes erst zu einem individuellen Weltbild ausreifen ließ und ohne anrufende Musik nunmehr als Symbol einer vom Ich endgültig akzeptierten Welt in die Erscheinung tritt. Die Nachbarschaft der alltäglichen Welt tritt in den Gedichten dieser Periode kaum noch als erregendes Moment auf. Sie scheint endgültig überwunden. Was hier als Welt sich spiegelt, hat Ewigkeitsformat, ist nicht dort, nicht hier und ist doch ein so aufregender Mittelpunkt, daß sie jedes Gefühl anzieht und mit ihrem Blut durchdringt. Ihre Landschaft hat tropischen Charakter, ihre Menschen leben die Intensität der vom Erderleben längst zum Icherleben entrückten Menschen, ihre Tage und ihre Nächte kreisen um Geschehnisse, die den Erscheinungen der irdischen Welt um viele Erlebnisstufen voraus sind, und noch die Kurve ihrer Bewegung ist auf Steigung, nicht Umkreisung eingestellt.

Kein äußerlich sichtbarer Anstoß hat Rimbaud zu dieser Gedichtsform verholfen. Die Entwicklung vollzog sich organisch im Blut. Es reifte unter der Glut der stärker in die Zentrale gerückten Empfindsamkeit. Ein neuer Sinn trat sozusagen in Tätigkeit. Er verarbeitete das Erlebnismaterial weiter. Er verfeinerte seine Form und seine Schwingungen. Er lockerte die Nervenumspannung. Er befreite die Substanz von den Schlacken der Körperlichkeit und erhob sie mit den Mitteln der musikalischen Bewegung zu einer Art Medium, das aus dem Transzendentalen das dreimal Glühende der übererdlichen Erscheinung empfing.

Die musikalische Erregtheit ist auch der erste Eindruck, den man aus den Prosastücken der »Erleuchtungen« empfängt. Scheinbar sind sie nichts weiter als Klangbilder. Sie haben alle Verschleifungen und Harmonisationen der musikalischen Phrase. Sie sind von einem unerhörten Raffinement in der tonal und atonal behandelten Verknüpfungsfolge der Konsonanten und Vokale. Ihre Polyphonie ist nur mit den kompositorischen Meisterwerken der jüngsten Musik vergleichbar (wenn man die Analogie hier weiterspinnen will), etwa mit den Werken eines Schönberg, Strawinsky, Křenek. Auch in ihren Klangbögen runden sich die verwegensten Dissonanzen zur Harmonie. Aber zu einer, die dem Ohr der alltäglichen Musikempfängnis noch verschlossen ist, die vielmehr ein vorgeschrittenes Hören, ein Einsaugen mit den von den Geräuschen der Vergangenheit entlasteten Nerven verlangt. Gedichte sollte man überhaupt nur durch das Ohr erleben. Der Umweg über das Auge verführt zu intellektueller Betrachtung. Ein künstlerisches Gedicht wird nie Tatsachen berichten wollen. Wozu also die Bohrung nach dem Bedeutungskern, nach der logischen Folge von Geschehnissen und einem Abschluß auf eine Nutzanwendung hin?! Wer an die »Erleuchtungen« mit solchen Forderungen tritt, wird vom Mißverständnis auf Unverständlichkeit schließen; d. h. von seiner eigenen Fehlerquelle her dem nicht begriffenen Gedicht beckmesserhaft eine Fülle von Fehlern ankreiden. Aber abgesehen von dieser Art Gedichtempfangen ist den »Erleuchtungen« selbst mit dem Mittel eines sachlichen Begreifens beizukommen. Sie sind durchaus gegenständlich. Sie eröffnen den Blick in eine Welt, die ihre Erscheinungsformen weder verkleinert noch ins Maßlose übertrieben hat. Sie hat Tiefe und Breite, Oben und Unten, Sommer und Winter, Frost und Hitze. Was sie aber sehr sichtbar von dem konventionellen Typ Welt, von ihrer handelsüblichen Verschleißbarkeit unterscheidet, ist nicht viel mehr als eben jener Tempowechsel, den die verdichtende Kraft des schöpferischen Menschen Rimbaud verursacht hat. Solange man sich nicht entschließen kann, diesen Wechsel anzuerkennen, genau so bedingungslos und bewunderungsvoll, wie man den Tempowechsel auf dem Gebiet des Technischen anerkennt –: wird die Welt der »Erleuchtungen« ein Fremdkörper im Raum der allgemeinen Dichtung bleiben müssen. Man wird wohl von der Architektur mehr oder minder heftig berührt werden, wird einen »Sinn« hinter dem rhythmisch gegliederten Wechsel der Schwingungen von Vokal zu Vokal anerkennen und das stofflich nicht Faßbare als jenes schöne Unvernünftige gelten lassen, das im Goetheschen Gedicht mit »orphisch« gedeutet wird. »Orphisch« kann sehr wohl der Tiefgang eines Gedichtes sein. Dann aber muß die ganze Atmosphäre darauf ruhen, muß das Fragende sich auf solcher Bewegungsbahn vorwärtstreiben lassen und in ihm münden. Rimbaud hatte, als er die Erregung seines Ichs zu den »Erleuchtungen« führte und ihre Kraft damit abschloß, rein gar nichts von orphischer Besessenheit im Blut. Er strebte vielmehr der gleißenden Helle zu. Er sammelte alle Geschehnisse mit brutaler Offenheit, entkleidete sie und zwang sie so zu erscheinen, wie sie mit ihrer Ursprungsfarbe in die Welt hineingekommen waren. Und also gingen sie als reines Element in sein Blut ein. Ihre Wiedergeburt vollzog sich ohne Hemmungen. Sie waren Welt geworden, ohne von einer nachbarlichen Welt abhängig zu sein. Sie erhoben das Gedichtwerk, das aus ihren tausendfachen Einzelteilen zu runder Einheit gefügt war, zu einer einmaligen Leistung. Die Einmaligkeit der »Erleuchtungen« dokumentiert ihre Größe als Kunstwerk. Je stärker wir uns zu diesem Kunstwerk hinfinden können, um so weniger »dunkel« und »abseitig« wird es uns erscheinen. Es hat zu den Gedichten Hölderlins und den letzten dionysischen Dithyramben Nietzsches eine gewisse Raum- und Bewegungsbeziehung. Es hat die gleichen Horizonte der Einsamkeit. Aber es steht nicht seitwärts vom Gegenwartsleben, sondern gebirgshoch darüber. Es hat den Alltag überwunden. Es bewegt sich mit der weitdenkenden Kraft eines entmenschlichten Geistes zur Harmonie des vollkommenen Lebens. Es ist all und überall Bild und Gleichnis.

Eine Steigerung über diesen Gipfel hinaus scheint nicht gut möglich. Eher ein jäher Absturz. Bei Hölderlin und Nietzsche setzten im Augenblick der Gipfelleistung die körperlichen Spannungen aus. Die Dynamik der schöpferischen Kräftekreise lief leer und hörte an dem Endpunkt der Schwingung auf, das Ich zu erregen. Rimbaud, den eine ungeheure körperliche Robustheit vor Überspannungen bewahrte, verbreitete den Raum, den er mit den »Erleuchtungen« gewonnen hatte, nach den Wirkungsflächen hin und erschuf sich mit der Konfession »Ein Sommer in der Hölle« den dritten Weltkreis seines Erderlebens. Die motorische Kraft dieses Buches empfing den Auftrieb von einem Prozeßergebnis, der die Beziehungen des Menschen zu den Menschen klarstellte. Rimbaud war es darum zu tun, die schon begonnene Legendenbildung seines sichtbaren Lebens abzudrosseln und die wirklichen Geschehnisse den Spürnasen der Nachbarn preiszugeben. Weil er nichts zu verbergen hatte, weder vor sich noch vor dem Späherblick der Bürger, konnte er offen reden. In gewissem Sinne war er schon von jeher ein Wahrheitsfanatiker. Nur war die Manifestierung der ungeschminkten Tatsachen nie Endziel bei ihm. Er stieß nicht darauf los. Er organisierte das dämonische Begehren zu einer Blutangelegenheit. Er durchdrang mit diesem erlebnistiefen Eifer Problem um Problem und legte die jeweiligen Reagenzien fest. Er erhob sich nicht zum Heros, sondern blieb in jeder Berührung Mitmensch. Auch dort, wo eine körperliche Feindseligkeit Abstände sicherte, liegen Berührungspunkte nahtlos ineinander. Sie bilden das Fundament der Pfeiler, über die sich die Brücke der Einswerdung in dem Moment wölbt, wo das Körperliche vom Geistigen aufgesogen wird. Wir sehen diese lebendige Bildung am deutlichsten in den Bekenntnisstücken, die das menschliche Schicksal Verlaines umspannen. Kein Literaturpsycholog bis zum heutigen Tage hat das Wesen des »armen Lélian« so gründlich erforscht wie der Kamerad Rimbaud. Alle neueren Biographien stützen sich auf dieses Ergebnis. Obwohl die Erkenntnisse ganz »unwissenschaftlich« zustande kamen, sind sie doch erschöpfend. Sie sind im weitesten Sinn ungegenständlich. Sie sind gedichtet. Das heißt hier aber: sie sind von allen Schlacken der persönlichen Erscheinung gereinigt und geben die reine Substanz. Bild und Gleichnis vermitteln den Eingang. Form und Tempo erhellen den vom Schicksal verdunkelten Horizont. Es fragt sich nur, ob dieser so glühend dargestellte Mensch noch irgendwelche Beziehungen zur Umwelt hat, ob er nicht doch schon Symbol einer in seinen Denkrichtungskreis einbezogenen Masse ist. An die Verdichtung der Erscheinung Verlaines zum Symbol dachte Rimbaud bestimmt. Ihn reizte von Anbeginn der Freundschaft nicht das menschliche, sondern das geistige Format dieses Typs. Das ist schon aus der schroffen Gegensätzlichkeit der beiden Charaktere zueinander erklärlich, obwohl der Altersunterschied leicht ausgleichend hätte wirken können. Und leuchtet man in dieses seltsame Freundschaftsverhältnis noch tiefer hinunter, dann gewinnt das Symbol immer mehr an Ausmaß. Es beschränkt sich nicht mehr auf einen gewissen Teil der Masse, es geht über die Masse noch hinaus und umspannt eine ganze Welt. Nämlich die des alten Europa. In Verlaine sammelte Rimbaud alle Erscheinungen und Geschehnisse des Abendlandes, entdeckte den Zerfall und rüstete sich für die Entdeckung der Morgenländer. Im Osten, so folgerte er schon ganz richtig, ist der ewig rinnende Quell permanenter Erneuerung. Er identifizierte sich mit dem Osten in dem Augenblick schon, als er die Tore von Zentral-Afrika aufbrach. Er legte den Grundstein zu dem kommenden Weltreich des dritten Jahrtausends. So groß der Raum auch ist, den das Symbol Verlaine in dem Werk »Ein Sommer in der Hölle« einnimmt, es bleibt dennoch genug übrig, die anderen Traumgesichte des vielfältigen Ichs zu stabilisieren. Es gelingt ihm mit Hilfe der ausgesprochen sozialen Intelligenz –: »Noch ganz ein spielerischer Knabe, bewunderte ich den ewig rückfälligen Zuchthaussträfling. Ich suchte die Schankstätten und Nachtquartiere auf, wo sein Atem so mächtig wie der eines Apostels, ich sah in seinen zerquälten Gedanken den tiefblauen Sommerhimmel und die blühende Arbeit in grenzenlosen Ländern. Ich litt sein Elend in den unteren Vierteln der großen Städte. Er hatte mehr Kraft zur Reinheit als ein Heiliger, mehr Verstand als ein Gelehrter, und hatte sich zum Blut- und Schwurzeugen seines Ruhmes und seiner Geltung in der Welt.« Auch hier wird eine ganze Menschenschichtung zum Symbol erhoben und diese Spannung dem parteilosen Sozialismus gewissermaßen als Medium verliehen. »Sklaven, laßt uns das Leben nicht verfluchen«, ist der Schwur, mit dem er sich diesen Weltkreis verpflichtet. Weil er die gewissen vierzig Tage und vierzig Nächte nicht in der Wüste, sondern in der »Hölle« durchlebt hatte, konnte er auch um die Nutzlosigkeit aller Verzweiflung wissen. Die Erlösungsfreudigkeit, die ihn führt, ist in keiner Regung priesterhaft gestaltet. Er erhebt sich nicht zum sichtbaren Stellvertreter einer unsichtbaren All-Macht. Er ist in einem fort der Erreger und der Erregte. Diese wilde Dynamik überträgt sich, ohne Widerstände zu finden, auf die Mitmenschen. Er ist Welle inmitten der erregten Wellen. Ihn, den unerbittlichen Antreiber, treiben die Angetriebenen immer weiter nach vorn. Eine Fülle von (bis zu diesem Zeitraum) nie erfahrenen Gesichten dreht sich an uns vorüber. Von seinem Ich ist alles in diese phantastisch bilderreiche Vorüberjagd hinübergemündet. Er strömt mit ihr durch die Länder, durch die Zeiten. Er ist immer Mann, immer überlegen und dem Sentimentalen abhold. Es gibt außer ihm noch einige Dichter in der Weltliteratur, die diesen absoluten Zug von Männlichkeit aufweisen. Auf irgendeiner Stufe des Lebens geben sie sich doch »lyrisch«, sind sie mehr von Gefühl ergriffen als vom Blut erregt. Bei Rimbaud mündete die Erregung des Blutes an ihren Höhepunkten immer in die Ekstase ein. Die Männlichkeit seiner künstlerischen Vorwärtsbewegung ist im letzten Sinn also eine Ekstatik des Blutes. Dies ist auch das Bezeichnende seines Werkes, daß es als darstellendes Mittel die Psychologie verpönt. Er hat sich von jeher gegen das wissenschaftlich-intellektuelle Joch aufgebäumt. Er ließ in allen Geschehnislagen das

Schicksal frei ausströmen. Sein Gedicht ist nichts weiter als der in Visionen vom tonalen Wort befeuerte Rhythmus des Schicksalsstromes. Man kann mit vollem Recht behaupten, daß Rimbaud den Rhythmus endlich befreit hat aus dem taktierenden Geklapper des Alexandrinentums. Theoretisch hat auch Verlaine diesen Wiederaufbau erkannt. Es war vielleicht das Ausschlaggebende, daß er den Knaben Rimbaud neidlos über sich anerkannte. Sein eigenes Bemühen, den bereinigten Rhythmus durch das Werk zu leiten, trug ihm auch die schönsten Gedichte seines Lebens ein; jene »La lune blanche«, »Charleroi«, »Spleen« usw. Aber weil er im Grunde mehr Artist als Mensch war, erreicht die Virtuosität des Handgelenkes stets die Erregung des Blutes. Er beutelt schließlich jedes Erlebnis zum Gedicht aus. Und wo es ihm an metaphysisch schwingender Leichtigkeit gebrach, setzte er Routine ein. Sprache, Symbol und Form –: alles war bei ihm mit der Zeit schon Handwerkszeug geworden. Er stand fast an der Schwelle industriellen Versbetriebes.

Rimbaud hingegen fieberte mit jedem Gedicht von Krise zu Krise. Er ergriff immer Rohstoff und knetete ihn mit den ungeheuren Spannungskurven seiner Nerven durch. Er war unter dem Druck der Vision Seher und Deuter. Er gliederte mit der Heftigkeit seines Ichs das Erlebnis und bewirkte unbewußt die lyrische Gliederung des Werkes. Der formgewordene Ausdruck zentralen Seelenreichs ist Gedicht. Die Bewegung der Seele ist im Rhythmus gekennzeichnet. Typisch für solche Werkgestaltung ist dieses sehr frühe Gedicht (er schrieb es als Vierzehnjähriger), das ich im Urtext hier wiedergebe:

Sensation

Par les soirs bleus d'été j'irai dans les sentiers,
Picoté par les blés, fouler l'herbe menue:
Rêveur, j'en sentirai la fraîcheur à mes pieds,
Je laisserai le vent baigner ma tête nue!
Je ne parlerai pas, je ne penserai rien.
Mais l'amour infini, me montera dans l'âme:
Et j'irai loin, bien loin comme un bohémien,
Par la nature – heureux comme avec une femme.

Es ist, abgesehen von einigen Versen Baudelaires und Mallarmés, vielleicht das schönste Gedicht französischer Sprache. Es ist, wenn man ein Beispiel der deutschen Dichtung heranziehen will, fast mit Goethes einziger Versleistung »An den Mond« zu vergleichen. Wie dieses, solange deutsche Sprache Gültigkeit hat, nicht auslöschen kann aus der Geltung eines meisterlichen Werkes, wird auch im französischen Sprachbezirk »Sensation« nicht verlöschen. Die Künstlerschaft, die in diesem Gedicht sich offenbart, ist enorm. Sie hat eine tausendjährige Erfahrung auf den kleinsten Raum zum Kristall verdichtet. Die geschliffenen Flächen blenden mit einer Intensität, die Blut, Sinne und Nerven insgesamt umfassen. Sie geben mehr wie ästhetische Reize. Sie geben Seelenentfesselung.

Wenn Rimbaud auch unbewußt die raffiniertesten Versmittel zur Hand hat, er handhabt sie doch wie ein Instrument. Sie sind vielleicht schon Blut von seinem Blut geworden. »Alle Hilfsmittel des Einschiebsels, das ganze Klangspiel der Endungen, das Reichste und Feinste, das irgendeine menschliche Sprache anwenden kann, sind endlich in vollem Maße nutzbar gemacht. Das Prinzip des ›inneren Reimes‹, des dominierenden Akkordes, das Pascal aufgestellt hat, ist mit unglaublichem Reichtum der Modulationen und Auflösungen entwickelt. Wer einmal Rimbauds Bezauberung erfahren hat, ist fortan so unfähig, sich ihr zu entziehen, wie der eines musikalischen Satzes von Wagner. Auch der Gedankengang, der nicht mehr durch logische, sondern wie bei einem Musiker durch melodische Entwicklung und den Beziehungsreichtum beigesetzter Noten fortschreitet, könnte zu richtigen Bemerkungen Anlaß geben.« (Claudel) Es kann nicht mehr als etwas Absonderliches gedeutet werden, daß die dichtende Jugend der Jahre nach dem Weltkrieg sich zu Rimbaud hingezogen fühlt wie zu einem Kopf ihresgleichen. Er hat den Sinn dieser Zeit, ihre Dynamik und ihren produktiven Ausdruck, ein Menschenalter zu früh erfahren. Er unterwarf sie sich in der Vision der Ekstase. Er setzte sie in Seelenbewegung um. Diesen Prozeß erstreitet auch die gegenwärtige Jugend. Sie zerstört und erlöst. Sie organisiert und verdichtet die schicksalhafte Erregung des Erlebnisses zu einer kultischen Hingegebenheit an das Leben.

Rimbaud löste mit seinem Werk das tiefe Geheimnis der ewig aufwärtsstrebenden Kurve des eigenen Schicksals. Werk und Schicksal sind in diesem einzigen Künstlertum eins.

JEAN ARTHUR RIMBAUD

Das trunkene Schiff

Die reißenden Flüsse kam ich heruntergeschossen,
da schleifte kein Schiffsknecht das Zugseil mehr;
von den roten Barbaren an Pfähle geschlossen,
lebendige Scheiben für Beilwurf und Speer –:

so froren sie Wasser und Blut in den tropischen Dünsten
des Urwalds und riefen die Mütter herzu.
Ich aber übte mich abseits in Pfadfinderkünsten
und stand mit den Weibern und Götzen auf du.

Ich pfiff auf die mühsam geborgene Ladung und Last,
flämisches Korn und britische Wolle,
zerschnitt den Gefangenen die Fesseln aus Bast
und stieß mich schnell ab von der armseligen Scholle.

Ich ließ mich zehn Nächte lang willenlos hetzen,
vom grünen Gebrüll der Wogen umknallt.
Rasend vorübergedrehte Inselfetzen
kochten die Brandung herauf zu Lawinen geballt.

So ward ich vom Schicksal zum Seemann erhoben
und tanzte mit trotzigem Kinn
auf dem blauen Gestank wie ein Pfropfen dahin.
Und die Wolken trieben im Wasser kieloben.

Das Wasser zerfraß bald die Fugen und Planken.
Eine gallige Säure umspülte die Ruderbank,
zerfetzte die Segel, die bleischwer versanken,
und wusch mein bekotztes Quartier wieder blank.

Ich ließ mich umbrausen vom Hymnus der Wogen,
wo jäh aus der Tiefe heraufschoß korallener Kamm.

Ich habe dem Tau der Smaragde mich hingebogen,
bis auf dem Glitzern der düstere Schatten Ertrunkener
    schwamm.

Ich war auch: wo Lotos, wo Wind-Violinen,
Zwielicht und Mittagsspuk, Nachtviolett,
vom bitteren Scharlach der Liebe beschienen,
berauschender wirkten als Gottes Bacchantenterzett.

Ich sah, wie die Blizzards den Himmel zerfetzten,
sah trichternde Wirbel und der Walfische Spur,
Aufbruch von Schlachten und alle gehetzten
Verbrechen, die vor mir noch niemand erfuhr.

Ich sah eine Glut aus dem fieberverbrannten
Sonnenlicht schießen wie purpurner Teer.
Ich sah, wie bei den großen Komödianten
antiker Theater, ein tragisches Faltenspiel auf dem Meer.

Ich träumte von einer Schneenacht, die aus eisgrünen Zweigen
kußtolles Geziefer ins Wolkenbett warf.
Ich sah einen Krater aus Tiermäulern steigen,
und phosphorne Zähne erblitzten wie Schwertspitzen scharf.

Monat um Monat erfuhr ich das Toben
hysterischer Brünste, um Felsen gezischt,
sah Küsten, die strotzend zum Fixstern erhoben,
plötzlich sich krümmten im Rachen der Gischt.

Ich schlug mich durch Länder, die jungfräuliche Erde waren,
wo Blumen wie Panther mich wütend bespien,
wo Menschenfresser sich bunt um Blutfeuer scharen
und unter dem Wasser die moosgrünen Haie ziehn.

Sümpfe voll schorfiger Schleime mußt ich durchstelzen;
die Blutgier der Vipern durchstach meine Haut.
Bronzene Himmel sah ich in Schwefeldampf schmelzen
und Eisberge stürzen, von hungrigen Wogen zerkaut.

Sonnen, die Quecksilberkugeln glichen,
beschienen gespenstische Holländerwracks.
Schlangen, gepeinigt von Ameisenstichen,
flossen von mystischen Bäumen wie Wachs.

Manchesmal lockten mich Blumen: durch Feuer von Farben zu
       baden,
köstliche Narden versprühten die Wolken von West.
Fische zogen wie Perlen auf silbernen Pfaden.
Des Todes weiße Leichenhaut stieg aus dem Seestern-Nest.

Oft scholl, aus dem Schwall her, mich süß zu verführen,
ein Rauschen wie Orgelmusik und Kastratengesänge.
Ich aber verschloß meines Herzens kindliche Türen
und verfluchte die heimlichen Tränenbehänge.

Ich schwamm wie ein Riff, war furchtbar zerfressen
von blondäugiger Möwen Gezank und Gestank.
Ich schwankte nicht einmal, wenn dunkel besessen
ein Leichnam mir jäh in die Arme sank.

Verknüpft mit dem Schlinggras der Fluten,
schwoll Leere zum Gitter, das fest mich umschloß.
Nie kam da ein Schiff: mein Herz zu vermuten,
mein Herz auf dem seetollen Floß.

Wie Psalmen von purpurnem Weihrauch umwittert,
stieg ich empor in den Blauschein der Bucht,
wo heftig, aus prasselnder Lohe gewittert,
ein Flechtenbusch aufbrach mit giftiger Frucht.

Elektrische Monde durchritten die goldnen Oasen,
auf Seepferde eisern geschnallt,
wenn unter der Glutdolche Rasen
den Himmel hinabzog magnetischer Spalt.

Ich habe mit furchtlos gebogenen Brauen
Himmel und Höllen zerschnitten da vorn auf dem Bug.

Aber manchmal träumte ich schwer von den grauen
verwitterten Mauern der Kindheit und wie man mich schlug.

Ich habe gigantischem Neuland den Namen gegeben,
ich stieß den tyrannischen Bullen des Urwalds vom Thron
und weiß nicht, mit welchem Jahrtausend ein Sohn
mir heraufwächst und fortsetzt mein Leben.

Es haben die Mütter uns viel zu klein
in dieses Leben hinausgeboren.
Wir hören Gesänge der Sterne und Stimmen im Stein
nur halb mit den zwergichten Ohren.

Das tiefste Geheimnis der Zeugung ist mir
verschlossen geblieben. Und bin doch wahrhaftig nicht prüde
    gewesen.
Doch wenn du dereinst von mir in Büchern wirst lesen:
denk an das ärmlichste Tier...

Im Grunde ist nichts zu beklagen. Die schwarzen Gewitter
der Schöpfung umkreisen noch immer uns, ewige
    Wanderschaft.
Mein Leben war Lustrausch. Nun donnre in Splitter,
mein Schiff und mein Schädel, draus Sterbemut klafft.

Seit Fieber der Sehnsucht die Wege mir bahnen,
was soll da noch Ladung und Last?
Ich hasse den Popanz der Fürsten und Fahnen,
und die steinernen Brücken erdrücken mich fast.

Es gibt in Europa nur eines noch, das mich erschüttert:
der Tümpel, auf dem in der Abendglut
ein Knabe mit seinem Schiffchen herumspielt und frohgemut
den Hunger vergißt und die Fischkinder füttert...

In freier Nachdichtung von Paul Zech

Das trunkene Schiff

Eine szenische Ballade

»J'ai de mes ancêtres gaulois [...] l'idolâtrie et l'amour du sacrilège; – oh! tous les vices, colère, luxure; – magnifique, la luxure; – surtout mensonge et paresse.«

RIMBAUD

Dieser Ballade liegt stofflich das Schicksal des Menschen Jean-Arthur Rimbaud, geboren am 20. x. 1854, gestorben am 10. xi. 1891 im Hôpital de la Conception zu Marseille, zugrunde. Er war mit siebzehn Jahren der berühmteste (und genialste!) Dichter Frankreichs. Warf den Krempel Literatur fort und vollzog achtzehn Jahre lang das ungeheure Leben eines Menschen, dem die Welt wahrhaftig zu klein ist. Teile seines dichterischen Werkes sind, wo es mir unerläßlich schien, dieser Ballade einverleibt worden. Die Anekdote weicht nur an wenigen Stellen von den historisch belegten Begebenheiten ab. Aber darauf kommt es hier gar nicht an.

Die Personen

Rimbaud / Mutter (Stimme) / Isabella / Verlaine / Mathilde / Alter Bauer / Strolch / Zugführer / Rangierer / Anatol / Maurice / Priester / Hassan / Labatut / Simeon / Limah / Tschilay / Alter Matrose / Junger Matrose / Arzt / Pater / Leichendiener / Ziegenhirt / Magd / Deutsches Mädchen / Älteres Mädchen / Parkwärter

Araber, Neger, Weiße: Männer und Frauen
Spielpause nach dem zehnten Bild

Ausfahrt

Garten am Flußufer. Der Fluß macht von links her eine scharfe Biegung nach rechts. Die Felswände stoßen hart an den Strom. Rechts Teil der Hausveranda mit Treppe zum Garten sichtbar. Alte Obstbäume, Sternennacht. Mitte des Gartens alter Birnbaum mit Rundbank. Betäubender Duft der Nachtviolen. Wasservögel lärmen.

ALTER BAUER *sitzt pfeifeschmauchend allein im Garten auf der Rundbank. Der Wind blättert in den Bäumen. Von der Hausseite her plötzlich Geräusch von Schritten. Ein Schatten huscht –.* Streicht der verrückte Bengel wieder herum? *(Ruft)* Arthur... Mondpferdchen... he... hat's wieder Prügel gegeben? *(Nichts antwortet. Er schmaucht weiter. Nach einer Weile)* Ich werde wohl doch ein Schloß vor den Ziegenstall legen müssen... sonst kriecht mir der Bengel rein und schläft die Nacht bei dem Viehzeug in der Jauche... *(Steht auf. Schreckt zusammen.)*

RIMBAUD *ein hochaufgeschossener, blonder Knabe von 15 Jahren. Gesicht sieht älter aus. Jäh aus einem Strauch wie ein Tier* Bäh... Bäh!

ALTER BAUER *taumelt zurück, fällt auf die Bank* Laß doch diese verrückten Streiche!

RIMBAUD *reckt sich, atmet tief, blickt zu den Sternen empor* Die Luft schmeckt nach Klee... die Sterne blühen so tief herab, daß man sie pflücken kann! *(Setzt sich mit einem Seufzer.)*

ALTER BAUER Man könnte fast glauben, daß du von dem zweiten Gesicht besessen bist wie unsere Großmutter selig.

RIMBAUD *lachend* Komische Leute seid ihr. Einer sagt: man hat Katzenaugen, der andere meint: man sei nicht ganz richtig hier oben. Schließlich ist man nur noch ein Haufen Fleisch, den die Mütter mürbe klopfen dürfen für das Haushaltungsbuch!

ALTER BAUER Hat's wieder was mit dem Stock gegeben?

RIMBAUD *schroff* Albernes Mädchengeschwätz! Isabella ist

glücklich, wenn sie lügen kann. Ich schneide der dummen Gans doch noch einmal den Zopf weg.

ALTER BAUER Du darfst nicht so böse von deiner Schwester reden. Isabella klatscht nicht. Isabella liebt dich, als wärst du ein vornehmer junger Herr. Wirklich, sie liebt dich!

RIMBAUD *unwillig* Ich weiß überhaupt nicht, was alle diese verrückten Mädchen von mir wollen...! Geh ich in den Garten, schleichen sie mir nach, geh ich auf den Boden, lauern sie mir auf... Gestern gar, als ich unten baden ging, sprang Madeleine aus dem Rohr... Wie ein weißer Laubfrosch stand sie unter den Weiden... Ist das nicht...

ALTER BAUER *lacht unbändig* Madeleine... diese blatternarbige Schafsnase...? Hi... hi... hi... kann mir denken, daß sie verrückt danach ist... dich baden zu sehn...

RIMBAUD *dreht sich auf ein pfeifendes Geräusch um* Du: wer kramt da noch in der Remise herum?

ALTER BAUER Wer soll da kramen? Hast wohl ein böses Gewissen... oder was ganz Verrücktes vor... Daß du es weißt: Der Ziegenstall wird diese Nacht abgeschlossen... Sonst legst du dich da noch in der Jauche hin...

RIMBAUD Hab heut nichts mit der Mutter! Aber die Stube drückt mir den Schädel ein. Die Möbel grunzen da wie Schweine. Der Mond ist den ganzen Abend nicht aus der Kammer herausgegangen. Ich kann nichts lesen und auch nicht einmal nachdenken. Gerade heute abend wollte ich ein langes Gedicht über Elefantenjagd machen. Alles ist aber wie zugeriegelt da oben hinter den Augen. Hier draußen drückt es mich wenigstens nicht so. Die Bäume erzählen sich die fabelhaftesten Geschichten. Unten am Wasser, glaube ich, muß die Nacht noch wunderlicher sein... Ich würde am liebsten im Boot liegen... und nur mit den Sternen da oben mich unterhalten... Aber weiß der Teufel –: ... Mutter hat mir den Schlüssel vom Boot fortgenommen... Sonst säße ich schon längst unten... *(Mit veränderter Stimme)* Hör mal... du alte Wacholderwurzel... wie wär's, wenn du mir... dein Boot leihen würdest...? Eine Stunde nur... kannst darauf warten...

ALTER BAUER Für dich wäre es das beste... du legst dich ins Bett. Und trinkst Baldriantee. Da schläft man gut nach. Und träumt nicht mit wachen Augen so'n dummes Zeug, wie du tagaus, tagein.

RIMBAUD *krault dem Alten den Bart* Du willst mir nicht das Boot leihen... Du...? Hör mal... wir haben herrlichen Blumensamen geschickt bekommen... Astern... sage ich dir, so groß wie Suppenteller und blutrot. Auch gelbe und weiße Sorten... was meinst du dazu... *(Der Alte knurrt.)* Ich könnte dir etwas verschaffen von dem neuen Samen... Wir haben auch noch andere nette Sachen bekommen... *(Der Alte knurrt schon wohlwollender.)* Was meinst du nun, wenn wir miteinander tauschen...? Du gibst mir das Boot eine Stunde... und ich gebe dir die schönen Astern...

ALTER BAUER Na, dann hol man schon den Blumensamen...

RIMBAUD Und das Boot...?

ALTER BAUER Kannst meinetwegen damit nach Amerika fahren...!

RIMBAUD *überlegt erst eine Weile* Hör mal –: Hat's mit dem Samen nicht Zeit bis morgen? Wenn ich nämlich jetzt sofort in die Kammer geh... merkt es meine Mutter, und dann ist's Essig mit den schönen Blumen. Weißt du?: Morgen läßt sich die Sache besser drehen. Ich sag dir, Astern... so groß wie Karrenräder!

ALTER BAUER Sag mal... sag... hast du heute auch wirklich keinen Streit mit der Mutter gehabt? Ich... könnte fast schwören... daß ich dich habe schreien hören... *(Rimbaud lacht.)* ...Na, ob das nun stimmt oder nicht... Du bist doch schon ein großer Kerl und... da läßt man sich nicht mehr prügeln.

RIMBAUD *finster* Ja... man müßte Zähne haben wie ein Tier... und die Ketten zerbeißen...! Wenn die Tiere den Sommerwind auf den Feldern riechen... und die unendliche Grasebene fühlen, wenn sie im Stall liegen und träumen... dann stoßen sie so lange gegen die Bretterwand, bis ein Loch da ist, wo sie raus können.

Hast du schon einmal die jungen Fohlen gesehen, wenn sie, den Wind wie Schaum vor dem Maul, über die Wiesen fliegen? Ich muß immer an die jungen Pferde denken... und an die Prärie, wo nur Himmel und Gras und Wind und Pferde sind... Und dann kann ich nicht mehr still am Tisch sitzen und lieber Herr Jesus beten. Dann würgt es mich hier... *(Er schlägt sich an die Brust.)* Und ich muß heraus aus der Stickluft und fort von den fleischernen Puppen... die meine Mutter und meine Geschwister sind...

Und dafür prügelt mich die Mutter... Ja, dafür prügelt sie mich!

ALTER BAUER *lächelnd* Du bist hundert Jahre zu früh auf die Welt gekommen. Hast nicht fünf... nein, sieben Sinne. Aber –: Da... nimm den Schlüssel... und fahr mir nicht so weit raus mit dem Boot... Ich warte hier... *(Rimbaud springt auf.)* Halt... wenn man dich hier draußen sucht... was soll ich sagen, wo du bist...

RIMBAUD *im Fortspringen* Dann sag, ich sei Krebsreusen legen... nein, sag lieber –: Heidi! Ab!... Nach... Amerika...! Zu den... jungen Pferden! *(Ab.)*

ALTER BAUER *schüttelt den Kopf* Verdammt! Diesem Jungen... darf man keine Kugel ans Bein binden... der muß... Luft haben... weit... weit Luft. *(Geflüster unten am Fluß.)* Mit wem schwatzt der Bengel da noch so lange? *(Man hört Ruderschläge.)*

EIN ÄLTERES VERRUFENES MÄDCHEN *kommt langsam vom Fluß her... flennt leise... will erst die Treppe zur Veranda herauf... dreht sich aber um... geht geradenwegs auf die Rundbank... sieht den alten Mann und schreckt zusammen* Heilige... Mutter... Maria... Joseph... *(bekreuzigt sich.)*

ALTER BAUER *lacht* Du hast es nötig... die Heiligen anzurufen...! Ist der Schatz ausgeblieben... he...? Weine nicht, mein Täubchen. Wird sich schnell ein anderer finden...! Im Krokodil kegeln heute die Burschen. Da kannst du dir noch einen holen...!

MÄDCHEN *setzt sich* Mag nicht den ersten besten mehr!

ALTER BAUER Nanu?

MÄDCHEN Hab einen, den ich richtig liebe. Hast du dir den Arthur Rimbaud schon einmal richtig angesehen?

ALTER BAUER *energisch* Biest verfluchtes! Da laß die Finger weg... sonst hau ich dazwischen...!

MÄDCHEN *schwärmerisch* Die schönsten Augen von allen Männern hat er...

ALTER BAUER Das glaub ich auch...

MÄDCHEN Und unberührt ist er obendrein.

ALTER BAUER Alte Sau!

MÄDCHEN Gestern hat er mir Märchen erzählt... nicht irgendwelche aus einem Buch... nein, selber gemachte...!

ALTER BAUER Untersteh dich bloß nicht... mit dem Jungen anzubändeln!

MÄDCHEN *lacht höhnisch* Ha... fast jeden Abend kommt er zu uns auf den Hof... weiß mehr von der Liebe, wie ihr glaubt... Wie eine Katze schnurrt er um uns herum... Hier einen Klaps auf den Busen... dort einen Klaps auf den Popo... Singen kann er auch schön... Wir haben ihn alle so gern... ich glaube aber, er will keine von uns. Einmal sagte er auch: er will sich nur der schönsten und besten schenken. Aber genommen hat er doch noch keine. Nur küssen läßt er sich... Einmal wäre ich beinah seine richtige Braut geworden. Da unten auf der Wiese, weißt du? Im Heu! Doch da bekam er's plötzlich mit der Angst... *(Wird traurig.)* Nun ist er fort... und man hat das Nachsehn. Oder so alte Knacker zum Küssen, wie du einer bist...

ALTER BAUER *nach einer Weile* Fort? Wie war das doch... mit dem Fortgehn...

MÄDCHEN Na, fort ist er von hier... Ein Brückenbauer will er doch werden... große, unerhörte Brücken bauen... von Frankreich bis nach Afrika...

ALTER BAUER *springt auf... entsetzt* Mit dem Kahn... fort... fort... über den Fluß?

MÄDCHEN Gewiß ist er fort. *(Handbewegung.)* Nach drüben. Ein ganzes Bündel Sachen hat er mitgenommen.

ALTER BAUER *stürzt zum Fluß hinunter* Arthur... Arthur... *(Kommt wieder nach vorn, schreiend)* Arthur... Arthur!

DAS MÄDCHEN *horcht herum... sieht Licht werden auf der Veranda... dreht sich um* Jetzt wird es hier böse... jetzt kommt die Alte mit dem Knüppel. *(Springt ganz rechts über die Hecke.)*

ISABELLA *vierzehnjährig, leicht bekleidet, kommt die Treppe vom Haus herab* Was ist mit Arthur?

ALTER BAUER *auf sie zu* Schrecklich, ...schrecklich... dieser Lausebengel... dieser Lümmel... die Hosen hätte man ihm strammziehen sollen!

ISABELLA Was hat dir Arthur gestohlen... Onkelchen... Sei doch nicht so laut... wenn das Mutter hört... muß der arme Junge... wieder auf dem bloßen Steinboden schlafen...

ALTER BAUER Nichts hat er mir gestohlen... mein Engelchen... nichts hat mir der arme Junge gestohlen... Fort ist er... einfach fortgelaufen...!

ISABELLA *aufs höchste erschrocken* Fort... wohin fort...?

ALTER BAUER Brücken von Frankreich nach Afrika bauen...!

ISABELLA *sinkt um... der Bauer fängt sie auf* O... o... mein armer Arthur...!

Vorhang

Die erste Station

Rangierbahnhof. Langer Güterzug hat keine Einfahrt. Maschine schnaubt. Aus einem Güterwagen, schräg von links nach rechts aufge-reiht, klettert zuerst Rimbaud. Sieht sich vorsichtig nach allen Seiten um. Winkt. Darauf klettert der Strolch heraus.

RIMBAUD Große Stadt. Viele Türme schneiden den Himmel!

STROLCH Du neigst zu Übertreibungen. Etwas Traum blieb auf der Zunge zurück. Noch lange nicht Paris. Nicht einmal halbwegs. Wichtiger ist –: Was fressen? Wo saufen?

RIMBAUD *tastet sich ein Stück vorwärts* Hier!

STROLCH Was?

RIMBAUD Wasser im Graben... *(Bückt sich, schlürft.)* Wunder-voll kühl... Fließt ins Blut wie Saft von Trauben!

STROLCH *schiebt sich ebenfalls nach vorn... drängt Rimbaud fort* Maß halten, mein Junge! Mit dieser Glut in den Därmen wird man von Wasser besoffen.

RIMBAUD Drüben im Feld klumpt fette Kohlrübe.

STROLCH *gurgelnd* In der Not fressen Barone Gras. Geh, pack die Arme voll!

RIMBAUD Wenn die Maschine anzieht?

STROLCH Hast du es so eilig? Hier halten diese Nacht noch ein Dutzend Züge. Paris ist noch weit. Weiter, als unser Magen Rüben fassen kann!

RIMBAUD *verschwindet im Feld... man hört ihn ächzen. Nach einer Weile rufen* Groß wie Kinderköpfe!

STROLCH *geht auf den Güterwagen zu. Macht den Spalt der Tür etwas breiter. Setzt sich rücklings hinein. Läßt die Beine nach unten bau-meln... murmelt vor sich hin* Man müßte den Bengel irgend-wie binden... und zum Betteln abrichten. Ist pfiffig, hat Mutterwitz und Augen wie ein Luchs. Verflucht... da ist Geld zu verdienen. Nun bist du ergriffen von meinen Krallen!

RIMBAUD *stöhnend unter der Last der Kohlrüben... kommt langsam näher... ächzend in Pausen* Bist wie... ein fetter Bauer... der Knechte für sich abrackern läßt... Da! *(Schmeißt die Rüben in den Wagen.)* Mäste dich, bis Sand in die Augen kommt.

STROLCH *zieht die Rüben in den Wagen und macht sich breit* Hättst zu Hause bleiben sollen, wenn dir diese Art Arbeit nicht paßt... Was denkst du, wie man in Paris mit dir umgehn wird? He? Aborte scheuern... mit dem Hund an der Deichsel Lumpenwagen ziehn... und diese Vergünstigung auch nur, wenn du Glück hast. Oder mich als Schutzengel. Man muß sich so etwas vorher überlegen, was nachkommt, wenn man der Mutter Geld stiehlt und ausrückt! Jetzt bist du ein Dieb wie ich... Und hast mir zu gehorchen.

RIMBAUD *aufbrausend* Wer ist ausgerückt? Wer hat Geld gestohlen? Hier... man hat noch eine silberne Uhr in der Tasche... Eigentum... Das langt, wenn ich will, für eine Reise im Personenzug. Ich will aber nicht.

STROLCH *brutale Lache* Wie... du willst nicht? Bübchen will nicht?

RIMBAUD Für Geld kann jeder fahren... Ich bin aber nicht jeder.

STROLCH Deshalb nahm ich dich doch mit, du Lausekopp. Ich bin nämlich auch nicht jeder. Verstehst du? Und weil ich nicht jeder bin, mußt du gehorchen. Aufs Wort. Wie ein Jagdhund!

RIMBAUD Wem muß ich gehorchen?

STROLCH Wem... Wem? Das ist zum Lachen... mir hast du zu gehorchen.

RIMBAUD Ich war zuerst in diesem Wagen... und gehorchen... Du... ich gehorche niemand!

STROLCH Auch in Paris nicht? Du... das überlege dir mal... Da wachsen die Leute nicht unter Pflaumenbäumen!

RIMBAUD In Stuben dumpf und mit vier Ecken... unter Müttern und auf Schulbänken... wachsen sie auf, Knechte wie die Menschen bei uns im Norden. Aber unter tausend ist immer einer, der hält nicht das Maul, wenn die Alten befehlen. Zu diesem einen von tausend will ich mich schlagen und sein Freund sein. Und mit ihm die andern beherrschen.

STROLCH Sieh... Sieh... Ooooo –: Hast dir viel vorgenommen, Bursche... Aber erst bist du mir Tribut schuldig...

Erst muß ich dich blank polieren für Paris. Das Pflaster hat Fallgruben. An jeder Straßenecke lauern Polizisten. Hast du übrigens Papiere? Wirst du auch nicht rot... wenn so ein kleiner Schwindel steigen muß?

RIMBAUD Was für Papiere? Ich kann lesen, schreiben, rechnen. Ich kann Brücken bauen. Ich bin nackt auf blankem Pferd durch die Kornfelder geritten. Ich träume jede Nacht von Afrika und kenne einen Maler in Paris... zu dem gehe ich zuerst.

STROLCH In dieser Kluft? Mit diesen Dreckhänden? Stroh im Haar? Nimm mal Vernunft an... Hör was dein alter Vater dir sagt...

RIMBAUD *jäh dazwischen* Ich mag diese Verwandtschaft nicht!

STROLCH *lachend* Kusch... Kusch! Hör... was dein alter Vater dir sagt... hast du schon einmal Obst gestohlen in Nachbars Garten? Wie?

RIMBAUD *trotzig* Wenns mir gefiel... warum sollte ich nicht?!

STROLCH Und keine Angst dabei gehabt?

RIMBAUD Wovor Angst?

STROLCH Na... vor dem... Erwischtwerden... Peitsche... Backpfeifen... usw.

RIMBAUD Wer hält mich für so dumm?

STROLCH *haut sich auf die Schenkel* Dumm... Dumm... Hihihihi...! Vortrefflich... wir werden den Karren in Paris schon schieben... Und nun noch eins... eigentlich sagt man das ganz leise... aber du wirst ja auch davon nicht rot werden... *(Lacht.)*

RIMBAUD Was meinst du?

STROLCH *lachend... stößt Rimbaud kitzelnd in die Seite* Dummkopf... ich meine... die Mädchen... hast du schon geschlafen bei einer? He... he... zier dich nicht... bei Mädchen schlafen... das ist nicht so aufregend... wie Obst... stehlen...

RIMBAUD Du bist ein Narr... weißt du!

STROLCH Gar nicht... ich denk nur... an unser Fortkommen in Paris... mit den Mädchen kann man nämlich viel Geld machen... und weil du... dich sträubst... Latrinen zu scheuern... Oder einem, der auf der Bank schläft, die Tasche abzufühlen... *(Schritte im Kies von vorn her.)* He... was krabbelt da... *(Steckt den Kopf weit vor und hält Rimbaud zurück.)* Stöhn doch nicht so laut... Bengel!

RIMBAUD Angsthase... der Zug wird abfahren... Muß mal nachsehen... wie spät es ist... *(Beugt sich vor und will das Zifferblatt an der Taschenuhr erkennen.)*... Teufel... geh doch aus der Laterne...!

STROLCH *reißt ihm die Uhr fort* Laß mal sehen... Ich habe Katzenaugen... *(Schritte kommen näher... Gestalten schon zu sehen.)* Zieh die Beine ein, Lümmel! *(Er schiebt die Tür zu.)*

ZUGFÜHRER *mit Rangierer* Bestimmt sah ich Beine aus dem Wagen hängen!

RANGIERER *vor der Tür des Wagens* Hier... hier... stinkt es nach Pennbrüdern... Spitzbuben... Halunken. *(Beide schieben die Tür zurück. Strolch springt mit tollem Saz über beide Köpfe und rennt über die Schienen ins Feld.)* Da soll doch der Deibel zwischenhauen... So ein Biest... hat man so was schon gesehn!

ZUGFÜHRER Hättst besser aufpassen sollen! *(Sieht in den Wagen hinein.)* Wie, da scheint noch eine Ratte zu stecken... Paß auf...! Paß auf! *(Rangierer breitet die Arme. Zugführer klettert hinein... zieht Rimbaud ins Licht.)* Sieh da... haben wir dich, Lumpenhund?! Wer hat dir die Erlaubnis gegeben...?

RIMBAUD *trotzig* Ich...! wer sonst!? *(Sieht sich plötzlich um... will sich losreißen. Brüllt.)* Meine Uhr... meine Uhr!

ZUGFÜHRER Hier geblieben... was ist mit der Uhr?

RIMBAUD *tobend* Der... der...!

RANGIERER *schallend lachend* Mitgenommen? Bist du... doch ein Blödian!

ZUGFÜHRER War das nicht dein Bettelkumpan? Komm mal hier mehr ins Licht... *(Zieht ihn unter die Laterne, die der Rangierer ihm ins Gesicht hebt.)* Bengel... wem bist du fortgelaufen...? Hat man schon so einen Lümmel gesehn? Milchzähne hat er noch... Und will schon alte Leute betrügen...

RIMBAUD Wollt ihr mich nach Paris mitnehmen?

ZUGFÜHRER *und Rangierer lachen* Nach Paris... nach Paris... Weißt du überhaupt, was das ist: Paris? Da werden solche Lümmels, wie du einer bist, im Zoologischen Garten für Geld gezeigt!

RIMBAUD Ich will aber nach Paris! Straßen in neue Unendlichkeit! Aber –: Was wißt ihr davon?! *(Versucht sich loszureißen.)*

ZUGFÜHRER Ins Spritzenhaus kommst du diese Nacht... und morgen früh holt dich dein Vater ab... Mit dem Rohrstock... verstehst du? Eigentlich müßten wir dich schon gehörig durchbläuen! Wo bist du eigentlich aufgestiegen? Siehst aus, als hätte der Zug dich schon um die Erde gefahren.

RIMBAUD *wutzischend* Bist du Beichtvater... der ausfragen will, wohin ich den letzten Haufen gelegt habe?

ZUGFÜHRER Ich spann dich übers Knie, du Rattenbiest!

RIMBAUD Ich beiße euch die Nasen ab... wenn ihr mich anrührt!

ZUGFÜHRER *und Rangierer stoßen Rimbaud nach vorn* Angebunden wirst du...!

RIMBAUD *wirft sich auf die Erde* Bin ein Tier... ein Tier?!

Vorhang

Die zweite Station

Gute Stube einer bürgerlichen Wohnung. Tisch in der Mitte. Lampe hängt von der Decke tief herab. Personen am Tisch: Verlaine, Mathilde, Anatol, Maurice.

VERLAINE *liest aus Manuskriptblättern mit leidenschaftlicher Bejahung. Stumm ergriffen hören die anderen zu*

>»Die reißenden Flüsse kam ich heruntergeschossen,
>da schleifte kein Schiffsknecht das Zugseil mehr;
>von flinken Indianern an Pfähle geschlossen,
>standen sie Scheiben für Beilwurf und Speer.
>
>Ich pfiff da auf mühsam verstaute Fracht –:
>Britisches Garn und Korn von den Flamen,
>ließ dumme Matrosen verbluten und habe gewacht,
>bis Wellen mich wieder zum Spielball nahmen.
>
>Ich ließ mich zehn Nächte lang willenlos hetzen,
>vom grünen Gebrüll der Wogen umknallt.
>Rasend vorübergedrehte Inselfetzen
>kochten die Brandung herauf zu Lawinen geballt.
>
>So ward ich vom Schicksal zum Seemann erhoben,
>trieb blind wie ein Korkstück, von Tiefen umbleckt,
>die vielen ein Leilach von Aasbläue woben,
>und habe mich nie nach dem Leuchtturm gereckt...«

Er macht eine Pause, streicht sich über den nackten Schädel... legt die Blätter auf den Tisch, steht auf und geht nervös im Zimmer herum Ich kann und kann nicht weiterlesen. Könnt ihr das verstehen... Meine Nerven sträuben sich. Meine Augen ver-

kriechen sich. *(Die Personen am Tisch schweigen noch immer.)*
Nein, ihr könnt das gar nicht ermessen. Ihr habt euren Victor
Hugo... Euch geht Shakespeare... alle Großen der Weltliteratur gehn euch im Kopf herum... und werden jetzt plötzlich
kalt und blaß... sind nichts mehr... gar nichts mehr gegen
diesen Kerl... *(Nach einer Weile.)* So sprecht doch wenigstens
ein Wort... sagt: daß dieses Gedicht Dreck ist... ein lächer-
licher Stümper, dieser Kerl aus Charleville... *(In starker Erregung.)* Nein... das könnt ihr ja doch nicht... ihr seid erschla-
gen... zu Brei zerquetscht, wie? Einen Augenblick,
Freunde... es kommt noch besser –. *(Er springt wieder an den
Tisch, reißt ein Blatt hoch, liest:)*

> »Elektrische Monde durchzittern Oasen
> auf Seepferdchen eisern geschnallt,
> wenn unter der Glutdolche Rasen
> den Himmel hinabzog magnetischer Spalt.
>
> Und ich, der mit furchtlos gewölbten Brauen
> Höllen und Himmel zerschnitt vorn auf dem Bug –:
> ich fürchte das Festland Europa mit seinem grauen
> verwitterten Mauerbetrug...!«

*Schmeißt das Blatt wieder hin. Läßt sich in den Sessel fallen, bedeckt
die Augen, erschüttert.*

MATHILDE *tief atemholend* Unglaublich, daß dieses Genie so
lange im Dunkel der Kleinstadt gehaust hat...

ANATOL *steht auf, rüttelt Verlaine, reicht ihm beide Hände* Was ist
Amerika gegen dieses Wunder, das du der Welt entdeckt hast!

MAURICE *reicht ihm gleichfalls die Hände* Hätten dich deine Verse
nicht schon berühmt gemacht, dieser Rimbaud würde dich
unsterblich machen!

VERLAINE Ich habe dem Journal drei Gedichte geschickt...
Morgen erscheinen sie groß auf der ersten Seite. Auf der Re-
daktion sagte man mir, diese Ehre sei noch nicht einmal Herrn
Victor Hugo widerfahren... da seht ihr, wie selbst diese Ba-
nausen von Zeitungsschreibern einfach platt sind...
Habe ich euch zuviel versprochen? Habe ich nicht mehr als
genug gehalten?

126

ANATOL Ein neuer Zeitabschnitt beginnt mit Rimbaud!

VERLAINE Richtig! Und da schreibt mir dieser Mann demütig, er wage es kaum, dem großen Dichter Verlaine diese Machwerke zu widmen... Dem großen Dichter Verlaine... Heulen könnte man... über die Bescheidenheit dieses Rimbaud!

MAURICE Wie alt mag der Mann sein? Ich schätze dreißig!

MATHILDE Mitte dreißig!

VERLAINE Was weiß ich: sechzig, achtzig... oder erst dreißig. Ein wilder Riese ist es. Paris wird zittern. Die Welt wird ihm zu Füßen liegen. Ja, alle werden ihm zu Füßen liegen... was rede ich... es gibt nichts, woran man anknüpfen kann... Worte sind nichts. Mein Kopf glüht. Und mein Herz stottert.

ANATOL Wollten wir nicht zur Bahn, Meister? Um acht läuft gewöhnlich der Nordzug ein.

MATHILDE *leicht vorwurfsvoll* Abend für Abend, eine ganze Woche lang, lauft ihr schon zur Bahn. Hat dir Rimbaud denn nicht den Tag genau angegeben, wann er ankommen will?!

VERLAINE Ärgert's dich, daß du nicht mitkommen darfst? Ich laufe ein ganzes Jahr lang jeden Abend und Morgen zur Bahn, wenn es sein muß! Ein Genie wie Rimbaud kommt nur einmal im Leben an. Diesen Triumph will ich um alles in der Welt aus nächster Nähe erleben.

MATHILDE Ich bin nicht weniger gespannt als du. Vielleicht bedeutet dieser Mann einer Frau noch mehr als dir der Dichter!

ANATOL *droht lächelnd* Sieh mal einer diese kleine Frau an... Meister, halten Sie die Augen auf!

MAURICE *zu Verlaine* Haben Sie nur keine Angst um Mathilde!

MATHILDE *lächelnd* Ein bißchen mehr Angst um mich könnte Meister Verlaine gar nichts schaden. Meister Verlaine ist schon reichlich bequem geworden. Liebeslieder geraten ihm jetzt selten.

VERLAINE Rimbaud wird dir Hymnen dichten wie noch nie ein Romeo auf der Welt! *(Mustert sich im Spiegel.)* Es wird Zeit, Freunde!

MAURICE Ich will mich unterwegs noch rasieren lassen.

ANATOL Einen Fackelzug müßte man arrangieren.

VERLAINE Und der Opernchor soll ein Ständchen singen! *(Alle lachen. Die Männer ab.)*

MATHILDE *allein im Raum… geht ans Fenster, sieht auf die Straße, wo die Männer froh ausschreiten. Geht an den Tisch zurück. Blättert in den Papieren. Das Mädchen tritt ein. Mathilde schreckt auf* Nun?

MÄDCHEN Wann soll ich die Artischocken aufsetzen?

MATHILDE Schon wieder Artischocken? … Ach so… seit acht Tagen bestimmt Herr Verlaine das Menü. Das große Festdiner –: Suppe von gebackenen Erbsen… Krebspasteten… englischer Braten à la jardinière… Artischocken… ja, da haben wir es – – – Artischocken mit geräuchertem Lachs, gebrühten Klößen und Fricandeau mit Sauerampfer… Vol au vent von Tauben… Apfelkompott… Arrakcreme mit Prunell… Fromage de Brie… *(Lacht unbändig.)* Acht Tage lang dieses Höllenmenü…

DAS MÄDCHEN Hochzeitsdiner!

MATHILDE *ein Schatten läuft über ihr Gesicht* Richtig: unser Hochzeitsdiner… Diese Wiederholung zum Empfang eines fremden Mannes –: es könnte eine schlimme Vorbedeutung sein… *(Zum Mädchen.)* Bereite alles für zehn Uhr… Ich möchte wetten… Anatol und Maurice werden sich wieder die Westen aufknöpfen müssen und für Herrn Rimbaud, der auch heute nicht kommt, mitessen! *(Mädchen ab.)* Ein Bräutigam kann nicht aufgeregter auf die Liebesnacht warten, wie dieser arme Paul auf den großen Rimbaud. *(Sie nimmt die Papiere vom Tisch und schließt sie ein. Steht sinnend unter der Lampe.)* Ein Glück, daß dieser Rimbaud keine Frau ist… sonst müßte man glauben, daß Paul nicht nur den Verstand – nein – auch den Leib an dieses Wunder schon verloren hat… Blaue Abendstunde, Zärtlichkeit, Liebesreim… alles haben die Verse Rimbauds schon herausgebrannt aus seinem Herzen!

MÄDCHEN *tritt ein* Ein Bursche, dreckig wie ein Kohlenmann sieht er aus, will Herrn Verlaine durchaus besuchen.

MATHILDE Hast du ihm nicht gesagt, daß Herr Verlaine zur Bahn ist und sehr spät zurückkommt?

MÄDCHEN Alles habe ich ihm gesagt… und auch das: ob er nicht vielleicht einen anderen Herrn Verlaine meinen würde… Dieser hier sei doch der Dichter und verkehre nur mit Künstlern... Da hat mich der große Bengel ausgelacht und meinte... Herr Verlaine, der Dichter, erwarte ihn schon lange...

MATHILDE *erschrocken, beherrscht sich aber* Führe den Menschen herein!

MÄDCHEN *zögernd* Diesen Landstreicher? Er wird alles dreckig machen...

MATHILDE *herrisch* Mensch... laß den Herrn herein! *(Steht, die Hände hinterrücks auf die Tischkante gestützt, aufrecht und mit Spannungen geladen im Raum.)*

RIMBAUD *schwer heruntergekommen, ein halbes Jahr bereits älter, tritt selbstbewußt herein* Guten Abend, meine Dame... Ich wollte eigentlich den Herrn Paul Verlaine begrüßen... Bin Rimbaud aus Charleville. Wenn Sie die Frau von Paul sind, werden Sie orientiert sein.

MATHILDE *starrt bis ins Innerste erschrocken den Menschen an... stottert heiser* Sie sind... Rimbaud...? Der... Dichter... aus Charleville...

RIMBAUD *einen Schritt näher* Jean Nicolas... Arthur... Rimbaud, geboren zu Charleville... am 20. Oktober 1854.

MATHILDE *faßt sich wieder... geht dem Menschen entgegen, streckt ihm die Hand hin... lächelt* Willkommen... Aber haben Sie Paul, meinen Mann, nicht an der Bahn gesehen? Sie sind doch sicher mit dem Achtuhrzug auf dem Bahnhof angekommen?

RIMBAUD *lacht laut* Das ist doch zum Lachen! Da wartet der Meister am Bahnhof... kriegt kalte Füße... und ich bin von Meaux zu Fuß gekommen.

MATHILDE *schiebt ihm einen Sessel hin. Er läßt sich schwer fallen* Von Meaux. Zu Fuß... in diesem Regenwetter?

RIMBAUD *mit leichter Bitterkeit* Das Fahrgeld reichte leider nicht weiter... Madame: im übrigen bin ich das Laufen gewöhnt. Vor einem halben Jahr bin ich schon von Charleville aus zu Fuß nach Paris gekommen... aber die Polizei schob mich wieder ab.

MATHILDE *plötzlich wieder Zweifel* Verzeihen Sie... Sie sind doch der Arthur Rimbaud, der meinem Mann die Gedichte geschickt hat...

RIMBAUD Ich verstehe Sie nicht, Madame! Ich sagte Ihnen doch bereits, daß ich es bin, und grade wegen dieser Gedichte hat man mich doch eingeladen, zu kommen.

MATHILDE *fährt dem jungen Mann lachend über den Haarschopf* Nehmen Sie mir es nicht übel, daß ich lache... aber wir haben uns den Dichter Rimbaud viel älter und vornehmer vorgestellt!

RIMBAUD Ich bin wild gewachsen und wild geworden. Da haben Jahreszeiten wenig Einfluß. Desto mehr aber das Erleben, die Ferne!

MATHILDE *ratlos* Wissen denn Ihre Eltern, daß Sie zu uns...

RIMBAUD Darf ein Mensch, den wilde Träume gebräunt haben, noch Eltern haben? *(Im Flur des Hauses schallen Schritte und Stimmen.)*

MATHILDE *rettet sich aus der Verlegenheit* Da scheint Paul zu kommen... und die Freunde. Entschuldigen Sie mich bitte einen Augenblick. Ich muß die Männer doch vorbereiten...

RIMBAUD *allein im Raum. Schüttelt den Kopf* Meine sechzehn Jahre haben der Frau Eis über den Rücken gefroren. Seltsam, daß man mir Kunst nicht glauben will. Einen Dreck hat das mit dem Alter zu tun. Das Alter ist eine Angelegenheit der Kalkbildung im Blut. *(Geht einen Schritt zur Tür hin.)* Nein, nein! Kunst hat nichts gemein mit dem gemalten Frühling in Ihrem Angesicht, Madame. Laufen Sie nur, klären Sie die da draußen auf... ich müßte sonst laut in Gegenwart Ihres Mannes in Ihr Gesicht hineinschreien –: daß Ihre Jugend das Spiel meiner Großmutter ist; und Ihr Geliebter noch an den roten Fingern der letzten Schulstrafe leidet... Verlaine... mein großer Meister, ich habe Angst um dich!

Vorhang

Die dritte Station

Bank in einem Park, links vom Zuschauer. Durch die Baumlücken des Hintergrundes ist das Häusermeer von Paris sichtbar. Dunkles Licht. Es hat geregnet, die Bäume tropfen noch. Zuweilen dumpfes Geläut.

RIMBAUD *besser gekleidet... aber immer noch ein Halbwilder* Ich mag nicht, daß du mich immer so herumzeigst wie einen sprechenden Hund oder wie ein Kalb mit drei Köpfen.

VERLAINE *wie eine Mutter sanft* Nicht immer gleich so böse... Geliebter... Sieh diese schwarzglänzenden Blätter... Das tropft und tropft... es gibt keinen Vers auf der Welt, der diesen tiefen, unwiderstehlichen Rhythmus hat.

RIMBAUD Ich merke allmählich: Dir wird in der Welt alles Material für ein Gedicht. Wasser, Baum, Tier, Beischlaf –: aus jedem Erlebnis saugst du Versprozente. Bin gespannt, wieviel Zeilen Ballade ich dir eigentlich wiege.

VERLAINE Ich möchte mich verkriechen in dir; weil du wie eine Kirche bist, Arthur. Ich begehre dich, wiewohl du kein Weib bist! Ich knie zu deinen Füßen.

RIMBAUD Das sehe ich; kannst dich kaum noch auf den Beinen halten, Saufbold. Madame Mathilde wird mir aber wieder ein Stück vorheulen. Du miserabler Ehemann!

VERLAINE Die Frauen haben mich noch nie gemocht. Weil sie im Bett immer früher matt werden wie ich. Du hingegen bist raschlebiger. Mathilde liebt dich!

RIMBAUD Meine Mutter liebte mich nicht weniger. Und doch saß sie bis zu meinem vierzehnten Jahre nachts mit der Rute an meinem Bett.

VERLAINE Willst du damit sagen, daß auch unser Haus vergitterte Fenster hat? Daß um zehn die Lampe ausgeblasen wird und Schnarchen vor Mitternacht ein reines Gewissen bedeutet?

RIMBAUD Die Zimmerdecken hängen auch in deinem Hause tief genug herab. Und im Salon die Plüschmöbel tragen die gleichen tiefen Leinwandröcke wie bei uns. Das schmeckt dörflich und nach der Mutter... aber du: manchmal bist du wie ein Reh, das im Winter bis an unser Küchenfenster kam und mir die Spur zu den Wäldern wies. Da ging der Wind so nachdenklich schwarz wie hier. Ich wuchs mit den Bäumen empor. Meine Arme wurden Äste und mein Haar silbernes Laub. Das Tropfen hat aufgehört. Jetzt rumoren die Wurzeln. Ich möchte mich herabwühlen. Glaubst du, daß da unten nicht alles viel strotzender lebt? Ohne Grenze und Gesetz... Lüge und Wahrheit? Wie dünn war der Wein, und ist dir doch in den Kopf gestiegen. Wie unnahbar servierte Madeleine. Und ich habe ihr doch in den Popo gekniffen, ohne daß sie lärmte. Paul, du hast abgeblüht. Deine Träume langweilen dich!

VERLAINE *winkt ab* Unsinn. Ich träume nur noch von deinen Augen. Die Frauen verblassen daran. Man nimmt sie nur zur Lust noch... Aber: Madeleine... das wäre so etwas für dich... eine Nacht lang... Aber nicht mehr!

RIMBAUD *abfällig* Hat mir zu wenig Busen: und ranziges Fett im Haar! Übrigens, ich habe gestern, als mich Madame de Bannvilles gelaust hat, ein Gedicht gemacht.

VERLAINE Das sagst du mir erst jetzt? Her damit! Oh, du Geizkragen.

RIMBAUD Früh genug, mich wieder durch alle Salons von Paris zu schleifen. *(Sucht ein Stück Papier aus der Tasche.)* Hier... lies du...! Ich lese nicht gern, was ich selber geschrieben habe.

VERLAINE *wirft sich mit Entzücken auf das Papier. Liest eine Weile für sich, dann laut*

»Sie saß im Sessel hautnackt blank,
und quer die Arme auf der Brust.
Die kleinen Füße schlugen unbewußt
den Takt der Lust im Fell der Ruhebank.

Ein blauer Schatten stieß vom Laubgewirr
herunter, traf der Brüste Elfenbein
und stand erschrocken irr
wie ein Insekt auf spiegelweißem Stein.

Ich habe meiner Dame heiß
der feinen Knöchel Muskelspiel
geküßt; doch kurz vorm Ziel
gefror ihr Lachen schon zu Eis.
Die schmalen Fesseln zogen sich,
husch, in den schwarzen Plüsch zurück...«

RIMBAUD *reißt Verlaine das Papier wieder fort* Laß...!

VERLAINE *erschrocken* Warum... gerade an der prachtvollsten
Stelle...

RIMBAUD Meine Gedichte sind kein Lebenspulver für Greise,
die sich aufgeilen wollen.
(Zerreißt das Blatt und bläst die Fetzen in den Wind.)

VERLAINE Daß du nicht einsehen willst, welch ein Barbar du
bist! Ein ewiger Bilderstürmer bist! Wenn man ein Kunstwerk vollendet hat, gehört's einem nicht mehr!

RIMBAUD Die Reinheit dieses Waldes ist mir wichtiger. Wenn
ihr mit eurer Polizei nicht so verrückt wärt, würde ich mich
hier nackt ausziehen und jeden Stamm umarmen!

VERLAINE Wenn ich mehr Schnaps im Leibe hätte, würde ich
den Anfang machen.

RIMBAUD Das wäre genau so eine Gemeinheit, wie wenn du
heimlich zu einer Hure gehst und deiner Frau als Andenken
ein Nachthemd von ihr mitbringst.

VERLAINE *verzieht das Gesicht* Du läßt auch keinen guten Faden
an mir. *(Schluckt.)* Weiß der Teufel. Ich kann den Geruch des
Waldbodens nicht mehr aushalten. Laß uns lieber gehen.

RIMBAUD Feigling... Jetzt wirds erst lebendig im Wald. Die
Erde zittert, wie wenn Büffelherden durch die Steppe rasen.

VERLAINE Ich sehe keinen Menschen!

RIMBAUD Was Menschen? Das etwa, was in den Kellern Schuhe
über den Leisten schlägt, schwitzt und hungert? Oder das,
was in den Ministerien sich bückt und avanciert? Was durch

die Alleen flaniert, Opern pfeift und sich Quecksilber einspritzen läßt?

VERLAINE *steht auf, tritt hinter einen Baum, sein Geschäft zu verrichten. Keucht* Du hast Anlagen zum Amokläufer!

RIMBAUD *senkt den Kopf, bohrt mit dem Stock in das nasse Laub* Kein Mensch weiß vom andern; wie er in seinem Wesen ist, kannst du nur von dir selber wissen.

VERLAINE *im Streit mit einem Parkwärter, der ihn aufschreiben will* Zeigen Sie mir mal erst die wertvolle Blume, die ich zertreten haben soll.

PARKWÄRTER Sie haben öffentliches Ärgernis erregt!

RIMBAUD *erhebt sich jäh, dreht sich zu den Streitenden um* Halten Sie, Auge des Gesetzes, diese Bäume für so gehirnlos, daß sie sich nicht wehren, wenn sie angegriffen werden?

PARKWÄRTER Ich sehe, daß Sie beide in aller Frühe schon betrunken sind. Das entschuldigt. *(Trollt ab.)*

VERLAINE *kommt wieder nach vorn* Wenn man die Bäume düngt, seit wann nehmen Gesetze ein Ärgernis daran und mit welchem Recht?

RIMBAUD *sieht zur Stadt hinauf, wo Bonnen mit Kinderwagen schon langsam in den Wald rollen* Paris ist doch kleiner wie ein Dorf im Norden, ich fürchte, es gibt keine Bahn, die mich weit genug fort trägt, wenn ich diesen Guckkasten hier satt haben werde.

VERLAINE *schlingt seinen Arm um Rimbauds Hüfte* Es ist Zeit, daß wir uns bei Madame Verlaine zum Frühstück einladen.

RIMBAUD Und zum Abend bei Herrn Théodore de Bannvilles, oder Victor Hugo. Und mit Anstand den schwarzen Rock tragen, kunstvoll essen, wenig trinken und beständig lächeln –: wann endlich wird der Chausseegraben da sein, wo man diesen Firnis wieder auskotzen kann?!

(Beide langsam der Stadt zu.)

Vorhang

Die vierte Station

Obskure Kneipe im Quartier latin. Podium. Klavierspieler mißhandelt das Instrument. An runden Tischen, mehrere Stufen tiefer, Künstler, Huren, Studenten. Rimbaud, Verlaine, Maurice und Anatol an einem Tisch rechts vorn.

ANATOL *zu Rimbaud* Habe gehört, ganz im Vertrauen –: Madame Mathilde will dich ausquartieren... *(Rimbaud sieht wütend auf.)* Ruhe, lieber Freund! Ich stell dir meine Bude zur Verfügung!

RIMBAUD Kann ich dafür, daß Paul keinen anständigen Schluck mehr vertragen kann? Kann ich dafür, daß er im Bett nicht mehr das Wasser halten kann? Mathilde soll einen Schnittwarenhändler heiraten. Und die Literatur nicht mit Staubwischen und Scheuerwasser belästigen.

ANATOL Sie ist hauptsächlich der Weiber wegen empört, die du nachts in deine Bude schleppst.

RIMBAUD Wohne ich bei dem Dichter Verlaine... oder logiere ich bei einer Pastorenfrau? He?

ANATOL Dir gönnt sie ja den Betrieb. Aber Paul... Paul... verludert. Schwänzt das Amt und läßt das Küchenmädchen nicht mehr in Ruhe. Die Nachbarn zeigen mit Fingern auf Madame Mathilde... Ihr zuliebe solltest du dich ein wenig zügeln.

RIMBAUD Man wußte, wer ich war, als man schrieb, daß ich kommen sollte...

ANATOL In der Tat, der Mensch Rimbaud ist nicht weniger toll als der Dichter... Wenn du nur fünf, sechs Jahre älter wärst...

RIMBAUD Und dreißig Bücher auf dem Markt hätte, wie? Romane für die gebildete Tochter, Romanzen für geile Hausfrauen zwischen dreißig und vierzig... wie? Nichts schreiben ist sittlich. Ich pfeif bald auf den ganzen Bockmist von Literatur! ... Hört ihr ... alle könnt ihr's hören ... *(schreit laut)* ich pfeif auf den ganzen Bockmist von Literatur!

VERLAINE *der im eifrigen Gespräch mit Maurice war, schreckt auf* Erst können ...! Von dieser Geliebten *(lacht zynisch)* kommst du nicht mehr los!

MAURICE Arthur, du blamierst uns ... willst du einen Genever ...? Willst du Absinth ...? Chartreuse ...? Maraschino, Pommard?

RIMBAUD *leert das halbvolle Geneverglas in einem Zuge* Du bist der einzige hier, der die Wünsche meines Blutes fühlt ... Sitzen wir hier auf Konfirmandenstühlchen? Hören wir uns die Lateinaufgaben ab? *(Ruft zu dem buckligen Klavierspieler herauf.)* Wo bleibt mein Niggertanz? Wo bleibt meine schwarze Majurka? Einen Silberfranken extra, wenn das Schwein ohne Spitzentuch tanzt! *(Wirft das Glas mitten in den Raum.)*

MAURICE Laßt Arthur doch den Spaß! Die Welt ist schwarz und dick wie Teer. Wir brauchen eine Luftschaukel. Auf den Sternen hausen bessere Europäer!

VERLAINE *umarmt Rimbaud* Du trinkst ja gar nicht, Geliebter! Ich habe mit Maurice gerade darüber gesprochen, deine Gedichte bei Malvé herauszugeben. Er will dreihundert Franken Gold zahlen!

RIMBAUD Wenn wir für das Geld beide nach Amerika durchbrennen ... meinetwegen soll der Narr die Gedichte haben ... Halt ... sag vierhundert Franken! Wenn der Kerl halb verrückt ist, wollen wir ihn gleich ganz kaputt machen. *(Zieht Verlaine dicht zu sich heran.)* ... Alter Freund ... Du beschwindelst mich schon eine ganze Woche lang.

VERLAINE *ehrlich entrüstet* Aber Arthur ...?

RIMBAUD Keine Krokodilstränen, bitte! Öffne dich, wie wenn du vor dem Küchenmädchen kniest ... Was ist mit Mathilde? Welche Ecke in ihrem Herzen habe ich wieder einmal beschmutzt.

VERLAINE *mit verfinsterter Stirn ... löst sich von Rimbaud* In meinem Hause habe ich das Wort! *(Reißt ein Rotweinglas vom Tisch und trinkt.)* Du bist mein Gast! Wer hat dir wieder dieses Gift zugeflüstert, daß Mathilde ...

RIMBAUD *fällt ihm ins Wort* Sorg lieber, daß Majurka tanzt. *(Zum*

Klavierspieler herauf.) Wirds bald, du lackiertes Känguruh?
Klavierspieler haut auf die Tasten. Frecher Gassenhauer Durch
meinen Schädel donnern Sterne und Mond... *(zu Anatol...*
nimmt seine Hand und drückt sie sich an den Kopf.) Spürst du, wie
da drinnen sich Welten vorüberwälzen? Nicht? *(Schmeißt die*
Hand weg.) Anatol, du bist ein glattrasierter Spießer. Ich bin in
Paris noch keinem anständigen Menschen begegnet. Alle tragen irgendein Gebrechen mit sich herum. *(Das Lokal leert sich,*
da die Mitternachtsstunde vorrückt, immer mehr. Nur in einer Ecke
tanzen noch drei besoffene Studenten mit zwei Huren zu dem wilden
Gassenhauer.)
VERLAINE *hat für neuen Stoff gesorgt. Die Flaschen werden entkorkt*
und ausgeschenkt Arthur, wir wollen uns von dieser roten Seu-
che aufschwemmen lassen, bis die Welt aus der Morgenröte
nicht mehr herauskommt!
RIMBAUD Diesen Witz kannst du dem Figaro für die Sonntags-
beilage verkaufen.
MAURICE *zu Rimbaud* Du ärgerst den Meister noch zu Tode!
RIMBAUD *trinkt in einem Zuge ein neues Glas aus. Dann* Mir fällt
etwas ein... etwas ganz Ernsthaftes... *(Die Freunde rücken*
näher heran.) Was meint ihr: wir lassen uns alle vier von den
Holländern für die Kolonie anwerben, nehmen das Geld, gehen aufs Schiff, und unterwegs, so in der Nähe von Afrika,
springen wir ins Wasser und schwimmen ans Land... Urwald... Affen... Palmen... Niggerweiber *(reckt sich in die*
Höhe) ... kitzelt euch das nicht? *(Die Tänzerin Majurka ist in-*
zwischen erschienen, klettert von dem Geheul der wenigen Gäste
begleitet aufs Podium und wirbelt einen gemeinen Tanz. Maurice
dreht sich um und macht sodann Verlaine auf die Tänzerin aufmerk-
sam.) Was gafft ihr da... nie kann man euch etwas Starkes
erzählen... *(Pfeift mit den Fingern im Mund.)* Heda... alter
Pergamentsack! Stopp! Wir sind gerade in Afrika. Warte mit
deinem Gehops, bis wir wieder zurück sind... *(Die Tänzerin*
läßt sich nicht stören. Maurice und Anatol gehen zum Podium. Ver-
laine rückt an Rimbaud.) Also jetzt machen wir uns beide allein
nach Afrika auf. Fünfzig Gulden Handgeld. Der Agent
wohnt Rue Daudet. Lauert auf uns...
VERLAINE *selig* Prachtvoll, Geliebter... prachtvoll...! Ich spüre

Limonengeruch. Die Menschenfresser krönen uns zu Häuptlingen. Wir schaffen uns die schönste schwarze Madonna an.

RIMBAUD *ironisch lachend* Und braten gemästete Kinder am
Spieß...

VERLAINE *trunken verzückt* ...und leben das Jahrtausend der
neuen Sonnenanbeter... der schwarzen... Urwaldsonne...
o schwarze Madonna!

RIMBAUD *will ihm den Mund zuhalten* Nun machst du schon wieder schweinische Gedichte...

VERLAINE *springt auf den Tisch... brüllt* Hört ihr Leute... ein
Gedicht von Rimbaud... Die Läusesucherin...

RIMBAUD *versucht ihn zu verhindern* Ich schlag dir den Schädel zu
Brei! *(hebt den Arm)* zu Brei! *(Anatol und Maurice stürzen sich
auf ihn. Halten ihn zurück. Die wenigen Leute im Lokal, Klavierspieler und Tänzer und Betrunkene, schlagen einen Kreis. Verlaine
steigt wieder herunter. Klappt zusammen.)* Der Satan bricht
manchmal aus dem Kerl heraus...!

VERLAINE *weinerlich* Mein Geliebter will er sein und schlägt
mich...

ANATOL *zu den Leuten* Er kann nicht mehr viel vertragen. Laßt
ihn... Majurka... tanz! Tanz! Damit wir wieder in Stimmung kommen.

RIMBAUD *reißt mit wildem Schwung die Tänzerin an sich* Ja tanz...!
mit mir! Aber nicht vor diesen besoffenen Schneehühnern...
(Die Tänzerin schmiegt sich an ihn.) Ja... bei dir in der Kammer... die ganze Nacht bis ins Morgenrot... Ich werde dir
die Zunge kitzeln wie noch keiner... Katzenbiest! *(Stürzt mit
dem Weibe dem Ausgang zu.)*

VERLAINE *stößt die Freunde beiseite, will Rimbaud nach* Arthur...
Geliebter... laß mich nicht so allein hier! *(Taumelt, schlägt hin.
Der Klavierspieler haut wie toll auf den Kasten.)*

RIMBAUD *sieht sich am Ausgang nach Verlaine um* Schlaf dich bei
Mathilde aus! Du Regenwurm!

VERLAINE *den Anatol und Maurice aufheben* Jetzt muß ich allein
durch den Regen traben... Und so viele Treppen herunter-
stürzen und darf nicht mit der schwarzen Sonne schlafen
gehn!

MAURICE *beruhigt Verlaine* Wir gehn noch ein Stündchen in den blauen Paradiesvogel, lieber Meister. Rachel... ist da... und wird deine Gedichte sprechen...

VERLAINE *mit seinen Begleitern schon am Ausgang* O meine schwarze Sonne...!

Vorhang

Die fünfte Station

Dachstube. Schräges Fenster zeigt die Türme von Notre Dame. Abge-schabte Möbel. Links schmale Tür zu einer Kammer. Grünliches Licht von außen.

ANATOL *sitzt auf einem Kasten, der gedrückt voll ist mit Büchern, Zeitschriften, Manuskripten. Das Papier quillt hervor* Ich habe Ihnen schon gesagt, Madame, daß Paul diesen Raum noch nie betreten hat. Ich habe ihn auch seit jener Nacht nicht mehr gesehen.

MATHILDE *sitzt auf dem einzigen Stuhl* Arthur weiß bestimmt, wo Paul sich herumtreibt. Warum läßt der Junge sich nicht sprechen?

ANATOL Ich sagte Ihnen ja schon, daß er schläft...

MATHILDE So wecken Sie ihn doch!

ANATOL Vor knapp zwei Stunden ist er nach Hause gekommen. So betrunken, daß man ihn nicht ansehen konnte. Nun liegt er wie tot.

MATHILDE *nachdenklich* Daß Paul so abhängig von diesem wilden Jungen werden konnte... das kann und kann ich nicht begreifen... Kein Mensch mit gesunden Sinnen wird das begreifen...

ANATOL Paul war immer ein gutmütiger Schwächling... auch zu den Frauen, die ihm nachliefen.

MATHILDE Die Frauen... die habe ich ihm immer verziehen... Er gab nicht viel hin... Gewann vielmehr. Denn nach solchen bunten Abenteuern gelangen ihm immer die schönsten Ro-manzen... Auch eine Frau muß der Kunst Opfer bringen! Aber solange dieser wilde Junge hier ist... hat Verlaine nicht eine Zeile mehr geschrieben... rein gar nichts. Verludert und verlaust.

ANATOL Ich weiß, daß Rimbaud lähmend auf jede Fantasie

wirkt. Wir alle sind gelähmt. Aber unterirdisch... da sammeln sich die Energien schon. Man fühlt die Spannungen mit Schmerzen. Eines Tages explodiert das... Verlaine wird sich hundertmal übertreffen...

MATHILDE Ich will alles zugeben, was Sie da sagen... aber das Unmoralische... dieses furchtbare Zigeunertum... muß das auch sein... um ein großes Kunstwerk zu vollenden?

ANATOL Ein Bürger wird überall Bürger bleiben. Auch in der Kunst. Für den Dichter aber hat das Leben keine moralischen Gesetze.

MATHILDE Sie fechten für eine Sache, die ich nie begreifen werde... obwohl ich hundert Nächte schon darüber nachgedacht habe... lassen wir das...! Nur diesen einen Gefallen tun Sie bitte der Frau des Meisters, den Sie hoch verehren... *(Sie nimmt seine beiden Hände.)* Bitte... helfen Sie mir Paul wiederfinden... Sie können es, wenn sie nur wollen...!

ANATOL *entzieht sich in Verlegenheit ihren Bitten* Ich leide mit Ihnen, Madame... Aber... *(Zuckt die Achseln.)*

MATHILDE *nach einer Weile* Das Beste wäre, glaube ich, man schriebe an Frau Rimbaud einen Brief... ganz offen... Mutter zu Mutter... Und wenn sie kein Mensch mit einem Stein in der Brust ist, holt sie den verdorbenen Jungen ab... Er ist doch noch keine achtzehn Jahre... Da wird man gewiß noch Gewalt haben dürfen über seine Söhne...

ANATOL Das wäre das Verkehrteste, was Sie tun könnten, Madame. Denn, erführe Verlaine diesen Streich... ich kann mir nicht ausdenken, was dann passiert.

MATHILDE *nach einer Weile* Dann sagen Sie mir bitte in aller Offenheit noch eins... *(bedeckt ihr Gesicht... schluchzt)* nein, ich kann es nicht aussprechen, man ist doch kein Weib von der Straße... *(faßt sich wieder)* Sagen Sie mir ganz ehrlich... Anatol... auch wenn es das Grauenhafteste ist... was man einer Frau sagen kann... Ist... die Freundschaft zwischen... Paul und Arthur... *(schluchzt wieder)* ...nein... ich kann es nicht aussprechen!

ANATOL *teilnehmend* Ich will Ihnen... was Sie auch fragen mögen, die reine Wahrheit sagen... Ihre Schmerzen erschüttern mich...

MATHILDE *mit gesenkten Brauen und nervös bewegten Händen* Sagen Sie mir in aller Aufrichtigkeit… Anatol… Ist die Freundschaft zwischen Paul und Arthur… körperlich…? Oh… *(Sie sinkt zurück wie zerrädert auf einem Stuhl.)*

ANATOL *fassungslos* Ich versteh Sie nicht… Madame…

MATHILDE *springt auf* Verstecken Sie sich doch nicht so… die Spatzen pfeifen es doch schon von den Dächern… daß Paul mit dem Bengel wie mit einer Frau zusammenlebt!

ANATOL *begreift jetzt… lächelt überlegen* Haben Sie auch nur einen Augenblick an diese nichtswürdige Verleumdung glauben können? Sie, Madame? Die Gattin Pauls?

MATHILDE *bedeckt das Gesicht mit den Händen und stürzt zur Tür* Was habe ich dir getan, Paul, daß du mich so mißhandelst! *(Ab.)*

RIMBAUD *springt aus der Kammer… halb verschlafen* Seit wann balgst du dich mit hysterischen Weibern herum, he? Gibts nicht genug junge, lustig schnurrende Katzen?

ANATOL *steht noch immer fassungslos und sieht nach der Tür, den Schrei der Frau im Ohr* Welch eine Tragödie…

RIMBAUD Nichts geht mehr auf die Nerven als lautes Denken… Wenn dich der Katzenjammer sticht… *(zeigt auf die Waschtoilette in der Ecke)* da… geh und heul dich aus!

ANATOL *dreht sich langsam um… fast vorwurfsvoll* Das war Mathilde… die eben ging!

RIMBAUD *pfeift* Ach so…

ANATOL Sie sucht Paul…

RIMBAUD Na und…

ANATOL Ich log!

RIMBAUD Wenns dich reut *(zeigt nach den Türmen der Kirche)*, bitte, drüben stehn hundert Beichtstühle…!

ANATOL Ich habe deinetwegen gelogen!

RIMBAUD Halte ich Paul an der Kette? Hüpft er nicht frei herum wie ein Rabe unterm Galgen? Warum hast du ihn nicht geweckt? Bei Mathilde hätte er wenigstens ein anständiges Frühstück bekommen. Und reine Wäsche. Diese Frauen sind eigensinniger wie ein Schatten in der Mondnacht.

ANATOL Ich glaube nicht, daß ich etwas versäumt habe… dich vor dem häßlichsten Verdacht zu schützen.

RIMBAUD Weil wir beide in einer Kammer lagen? Einer noch toller besoffen wie der andere? Freund... nun hör mal: eine Gemeinheit muß Stil haben, sonst ist sie wirklich Gemeinheit.

ANATOL Böse Zungen sind abscheulicher wie Schlangengift. Du kennst die Wirkung der Pariser Klatschmäuler noch nicht... Du bist Mathilde zum mindesten Rechenschaft schuldig... Ein Wort, und das Lügengebäude stürzt ein!

RIMBAUD *schlägt auf den Tisch* Ich bin überall und immer mein eigener Herr! Ich habe mich nicht einmal vor Gott, geschweige vor Menschen zu verantworten. Ich kann jeden meiner Wünsche erfüllen ohne den faden Nachgeschmack von Reue... Ich fahr mit jedem zur Hölle, der mich behindert... Zum Lachen... mir diesen Koteimer voll Lug und Gemeinheit über den Kopf stülpen zu wollen...! Paris war nie ein kurzweiliges Wirtshaus... jetzt aber fängt es an, ein Narrenhaus zu werden...

ANATOL Finde ich etwa diesen Rummelplatz ergötzlich?

RIMBAUD Konsequenz –: wer diesen Affenstall häßlich findet, ohne ihn abzuschütteln, ist entweder eine Hure oder ein christlicher Kaufmann. Genug davon... der Wind legt sich schon unter meine Achseln... Der junge Wein duftet. Ich will wieder in die Buchenwälder hinauf. *(Trommelt mit beiden Fäusten an die Kammertür.)* Bruder Rotbart... die Kinder liegen naß in den Windeln. Die Grütze auf dem Herd kocht über! *(Trommelt noch einmal.)* Ich habe Aufträge von einer höheren Welt!

VERLAINE *kommt mit blödem Gähnen... reibt sich die Augen* Es war so schön in der schwarzen Stickluft, mit den sieben Pullen Rotwein im Bauch. Mit Traumländern ohne Verwandtschaften... Bist du noch mein Geliebter... Arthur?

ANATOL Mathilde suchte dich hier...

VERLAINE *verzieht das Gesicht* Brr... das gibt eine versalzene Suppe... Und ich mag sie noch nicht so kurz vor der Fastenzeit...

RIMBAUD *geht zum Fenster... sieht auf die Straße* Dummkopf!

ANATOL Das beste wäre... du löffelst sie aus... diese versalzene Suppe!

VERLAINE *begreift nicht* Was wollt ihr von mir?

RIMBAUD *dreht sich brüsk um* Kniefälle sollst du tun... Mathilde ein neues Kleid kaufen... Im nächsten Sommer mit ihr nach Nizza fahren... und deine Wohnung um ein Zimmer und fünf Kinder vermehren!

VERLAINE *lacht unbändig* Der Drehorgelspieler hat ein neues Stück auf der Walze. Wir müssen uns mehr nach Norden halten!

Vorhang

Die sechste Station

Frühe Morgenstunde. Tenne einer Scheune. Das Tor ist offen und geht auf den Hof, wo der große Misthaufen raucht. Der Himmel brennt scharlachrot und gelb. Federvieh, Ziegen und Esel tummeln sich. Ganz im Hintergrund das weiße Wohnhaus. Zwei Mägde sitzen vor der Treppe und buttern. Der Ziegenhirt karrt Mist. Im Vordergrund der Tenne links liegt Stroh gehäuft. Eine schräge Leiter geht nach oben. Im Strohhaufen hat sich Verlaine so verkrochen, daß nur die Beine sichtbar sind. Rimbaud, Kleidung verwahrlost, steht eine Weile im Scheunentor und reckt die Glieder. Kommt zurück, setzt sich auf eine Kornschwinge und grübelt.

VERLAINE *räkelt sich. Spricht aus dem Stroh heraus* Das letzte Mal, sage ich dir, daß du mich um das Federbett betrogen hast!

RIMBAUD *gelassen kalt* Flöhe und Kuhmagd schenke ich dir gern.

VERLAINE Ob Kuhmagd oder Tänzerin – mit dem schwarzen Schmetterling hat sich jedes Weib den Bauch geschmückt. Aber jeder Falter hat ein anderes Geheimnis. Da lernt man nie aus.

RIMBAUD In der Tat, du wärst besser Beichtvater geworden.

VERLAINE *will vorkriechen, strampelt wie verrückt mit den Beinen* Ich höre Mädchenlachen... Eine von den Milchmädchen hat mir was ins Ohr geflüstert gestern abend. Ich will jetzt ihren lüsternen Atem fühlen. Und den weißen Fleischhaufen ins Stroh schmeißen.

RIMBAUD *unwillig* Die Knechte auf dem Hof haben Peitschen!

VERLAINE *stöhnt* Du nimmst mir aber auch jede Aussicht auf das Paradies. *(Gähnt.)* Ein Glück, daß Brüssel nicht mehr weit ist. Dir scheint der ewige Heuboden auch schon in die Kniekehlen gerutscht zu sein. Oh, leugne nicht. Es träumt sich nicht gut im trocknen Gras von jungfräulichen Erdteilen, wie?

RIMBAUD *eigentlich mehr zu sich selber sprechend* Ich träume überall mit gleicher Heftigkeit.

VERLAINE *aufrecht im Stroh* Verfluchte Philosophie. Ich träume immer das Leben von gestern. Nicht das von morgen wie du. Begreifst du jetzt, daß ich dir manchmal, wenn wir über eine schmale Brücke gehn, gern ein Bein stellen möchte?

RIMBAUD Das ist Großmannssucht, die dir aus dem unverdauten Fusel in die Nase steigt. Ich fürchte dieses kopflose Torkeln nicht. Was du doch endlich wissen müßtest!

VERLAINE Dann gib mir ohne Gnade den Stoß, der mich kopfüber in deinen Himmel befördert. Nur keine Folterkammer.

RIMBAUD Ich habe mit einem Schatten reichlich genug. Dieses halbe Jahr Landstraße hat dich nicht plastischer gemacht.

VERLAINE Diese Einbildung scheint dich so zu bedrücken, daß du in den letzten fünf Tagen kaum ein Wort mit mir gewechselt hast. Man könnte fast glauben, du schweigst, weil du mich wirklich bei der ersten besten Gelegenheit abschütteln willst.

RIMBAUD Ja... ich habe geschwiegen. Denn nirgend sind Ohren, die mich anhören mögen. Ich muß die Stimme zurück nach innen stoßen. Mein Blut merkt tiefer auf als ihr alle. Manchmal glaube ich, ich sitze als Aussätziger auf einem Scherbenhaufen, zwischen Brennesseln vor einer morschen Stadtmauer. Aber auch dieses noch träume ich mit taghell wachen Augen. Ich erkenne mich eigentlich erst heute! Und sehe keine Landstreicher mehr, keine Söldnerheere, kein Raubgesindel und keine Irrfahrten. Die minderwertige Rasse von heute hat alles zugeschüttet...

VERLAINE *hat sich langsam aus dem Stroh geschält, kommt, die Hacheln aus der Kleidung zupfend, nach vorn* Alles Dreck!

RIMBAUD Volkstum stand auf. Nation, wie man so schön sagt, Vernunft, Kultur und Wissenschaft. Diese Wissenschaft! Immer wird das Alte ausgegraben und neu gefirnißt. Für Körper und Seele ist das heilige Abendmahl gut genug. Man hat auch Medizin und Philosophie, Geographie, Kosmographie, Mechanik, Chemie... Brrr... zum Kotzen! zum Kotzen! Ja, weißt du, diese Wissenschaft, – das ist der Fortschritt! Die Welt schreitet vorwärts! Warum sollte sie auch nicht umkehren? Europa, siehst du –: Das ist die Vision der Zahlen. Der Wahnsinn des Mechanismus. Einmal, aber in tausend Jahren –: Da brausen wir dem Geist entgegen. Du lachst? Ich phantasiere nicht. Ich bin auch kein Hellseher. Aber was ich sage, das trifft zu. Ich verstehe, und da ich mich nicht anders als heidnisch ausdrücken kann, rede ich in den Wind, dem nur die Bäume und das Meer untertan sind.

VERLAINE Es ist Zeit, daß du wieder in ein anständiges Bett kommst. Und ein Schreibtisch da ist. Und schönes weißes Papier...

ZIEGENHIRT *Knabe von sechzehn Jahren* Auf, ihr Langschläfer! *(Kommt näher... schreckt, wie er Rimbaud sieht, zusammen. Sammelt sich aber schnell.)* Die Herren Barone wünschen zu frühstücken?

VERLAINE *ironische Verbeugung* Wenn der Herr Graf gestatten: Stutenmilch, Honigsemmeln und Rebhuhneier!

ZIEGENHIRT Soll mir eine Ehre sein! *(Reicht eine Kanne Dünnmilch und ein halbes Brot herein.)*

RIMBAUD *nimmt's an* Die Gegenleistung?

ZIEGENHIRT Der Bauer läßt sagen: eine Klafter Holz sägen, spalten und stapeln. Wer sich drückt, soll Hundezähne kennenlernen.

RIMBAUD *sieht Verlaine an* Ist das nicht ein königlicher Dienst? Huldigungsadresse der Nation an den großen Dichter Verlaine! *(Nimmt einen riesigen Schluck Milch, setzt ab und reicht die Kanne Verlaine. Bricht dann das Brot in zwei Hälften und reicht die eine Hälfte gleichfalls Verlaine.)*

VERLAINE *beleidigt* Wenn mich das Schicksal schon in diese Maske zwang und ich sie so gut trug, daß ich mich wie ein guter Schauspieler fühlte –: Mußt du mich, der du den Wellengang meines Blutes kennengelernt hast in diesem heiteren Freundschafts-Jahr... immer an das Lügenjahrleben erinnern?

RIMBAUD *klopft ihm auf die Schulter* Vielleicht bin ich neidisch auf das, was du mehr hast als ich... Frau... Kinder... Mutter... Schwiegermutter... die heilige Familie! Mensch, fühlst du denn nicht, wie reich du bist?

VERLAINE *schüttelt Rimbaud ab, stampft mit dem Fuß auf* In den Dreck mit diesem rasierten Affenvolk. Jeder Stein ruht wärmer an meinem Herzen!

RIMBAUD *lacht* Und in Brüssel erst... die Mädchen...

VERLAINE *wieder fröhlich* Die bekommen wir für gutes Geld, das wir bei den Pfaffen schnorren!

ZIEGENHIRT *der mit offenem Mund zugehört hat* Ich möchte auch so froh durch die Dörfer und Wälder tanzen wie ihr!

RIMBAUD Wir halten dich nicht zurück. Aber du wirst über den ersten Stein schon stolpern, der einen Helm aufhat und dich nach dem Ausweis fragt.

ZIEGENHIRT Ich habe noch nicht im Gefängnis gesessen... und brauch keine Angst vor dem Gendarm zu haben wie ihr.

VERLAINE Um so schlimmer für dich! Das Brandmal auf der Stirn macht unsichtbar. Man kann durch das Fenster in eine Kammer steigen und dem Bauer die Goldstücke aus dem Strumpf nehmen, ohne daß man blau wird vor Angst.

ZIEGENHIRT *betreten* Das meine ich eigentlich nicht. Ich träume des Nachts schon genug schauerliches Zeug. Die Welt, die helle, lebendige in der Sonne, will ich sehen.

VERLAINE Bleiben wir vorerst bei den seßhaften Freunden. Die bereiten Wanderungen vor. Das Mädchen... von dem du nachts, oder gar am Tag im Kornfeld, so schauerlich träumst –: ist sie blond oder braun?

ZIEGENHIRT *kichert* Hab noch gar kein Mädchen. Ihr seid wohl *(tippt sich auf die Stirn.)* Aber nichts für ungut. Ich glaube, jetzt wird's gemütlich hier... Wollt ihr ein paar Eier saufen? *(zeigt nach rechts.)* Da hinten haben die Hühner die Nester!

RIMBAUD Her damit. Ein Dutzend mehr oder weniger macht den Bauer nicht arm.

ZIEGENHIRT Ich hol euch genug zum Sattessen. *(Ab.)*

VERLAINE Das sind die berühmten Lilien auf dem Felde.

RIMBAUD Hat Zukunft, dieser Bengel, Witz, offene Augen, gutes Herz. Hunger und Landstraßen werden ihn braun fürs Leben beizen. Das kommende Jahrhundert wird seinen Namen tragen.

VERLAINE Stimmt! Dein Spiegelbild, wie du acht Jahre warst!

MAGD *nacktbeinig, viel Busen, wildes Gesicht* Der Bauer läßt fragen, obs bald mit dem Holzspalten was wird.

RIMBAUD *für sich* Schon wieder so ein Mistkratzer! *(Laut und brummig.)* Sehen wir so aus, als ob wir Fraß und Nachtlager schuldig bleiben wollen?

VERLAINE *stößt Rimbaud an. Flüstert* Die ists. Sieh dir mal die kapitalen Schenkel an!

MAGD *kommt näher. Zu Verlaine, indem sie eine Wurst aus dem Rock hochzieht* Da... für das schöne Märchen von gestern abend!

VERLAINE *nimmt die Wurst* Und den Kuß... he? Den willst du mir natürlich schuldig bleiben! *(Schlingt seinen Arm um ihre Hüften.)*

MAGD *wehrt sich nicht* Wenn du bis heute abend hier bleibst.

VERLAINE *zieht sie nach hinten ins Stroh* Bis es wieder dunkel wird, kann die Welt untergegangen sein... *(Gekicher.)* Komm nach oben... Ich erzähl dir schnell eine Geschichte von dem Prinzen, der auszog den schwarzen Schmetterling fangen. *(Neues Gekicher... Küsse.)* I... du glaubst nicht?

MAGD Oh... Oh... *(Beide klettern die Treppe hoch.)*

RIMBAUD *nach innen sprechend, sitzt wieder auf der Kornschwinge* Rettungslos verloren. Sklave der Geilheit... o Paul! Nichts hat mich so enttäuscht wie dein Herz, das eine Gummihaut ist; aufgeblasen von Versen. Wer wird mich verdammen, wenn ich diesen Wind nicht mehr hineinlasse in meine Lungen. Der erste beste Kreuzweg soll uns trennen!

ZIEGENHIRT *kommt mit einem Tuch voll Eier. Legt sie seitwärts auf die Erde. Winkt* Ein Dutzend. Keinem ist was genommen. Aber euch wirds guttun. Oder rechnet ihr überhaupt nicht mit dem Insgrasbeißen?!

RIMBAUD Solange wir noch was zu verkaufen haben...

ZIEGENHIRT Zum Lachen! Verkaufen... Was... habt ihr denn zu verkaufen?

RIMBAUD *sehr langsam und nachdenklich und nicht für den Blödian gesprochen* Ich habe zu verkaufen, was die Juden nie gekauft, was der Adel und die Verbrechen nie vermocht, was die geächtete Liebe und die teuflische Redlichkeit der Massen nie gekannt, nie erfahren haben, und was weder die Zeit noch die hochgeborene Wissenschaft anzuerkennen brauchen –: Die wiederhergestellten Stimmen, das brüderliche Erwachen aller choralen und orchestralen Energien und ihrer augenblicklichen Anwendungen; die einzige Gelegenheit, unsere Sinne von der Dumpfheit frei zu machen! Ich habe zu verkaufen die Körper ohne Preise, auch nicht zu bestimmen nach Rasse, Welt, Geschlecht und Herkunft! Oh, ich habe Reichtümer, die aufplatzen bei jeder Bewegung! Diamantenreste, die niemand bucht. Ich habe zu verkaufen die herrliche Anarchie für die

Massen; die unverlöschbare Genugtuung für den höheren Liebhaber; den trotzigen Tod für die Gläubigen und Demütigen! Ich habe zu verkaufen die Wohnungen und Wanderungen, Sporte und Gaukelspiele, das Wohlleben und den Lärm, die Bewegung und die Zukunft, die sie uns bringen. Ich habe zu verkaufen die Anwendungen des Rechnens, die unerhörten Sprünge der Harmonie. Die glückhaften Entdeckungen und die unvermuteten Worte, den unmittelbaren Besitz, die unsinnigen und unendlichen Aufschwünge zu den unsichtbaren Reichen des Glanzes, zu zauberischen Wonnen, seinen närrisch machenden Geheimnissen für jedes Laster und seine barbarische Lustigkeit für die Menge. Ich habe zu verkaufen die Körper, die Stimmen, den ungeheuren, nie erforschbaren Überfluß, den Götzen der Wollust und alles, was man nirgendwo kaufen kann.

ZIEGENHIRT *hat mit aufgerissenem Gesicht zugehört* Wie eine Predigt ist das... nur von Gott ist nicht viel darin. Deshalb hör ich gern zu!

RIMBAUD *wehrt bitter ab* Du mühst dich ab, mir zu gefallen, und gefällst dir selber nicht. Laß diese Demut. Sie verdirbt das Blut und hat deins vielleicht schon verdorben. *(Laute Pfiffe vom Hof her.)*

ZIEGENHIRT Der Bauer hats eilig. Macht auch ihr, daß es mit dem Holze vorangeht. *(Ab.)*

VERLAINE *kommt pfeifend nach vorn* Du stehst wie ein Verzweifelter!

RIMBAUD *zeigt nach oben* Umgebracht?

VERLAINE Ab durch die Bodenluke!

RIMBAUD *finster* So ungefähr müßte man auch dich abschütteln.

VERLAINE *mit großen Augen, angsthaft* Wie?

RIMBAUD Weil ich über die Tausendmeilenbrücke muß und ich mich vor deinem ewigen Krebsgang langsam ekle. *(Geht auf den Hof.)*

VERLAINE *ihm nach, winselnd wie ein Hund* Ich bin abgeschabt... zerkratzt... zerrissen...

Vorhang

Die siebente Station

Caféhaus an einem großen Platze in Brüssel. Beginnende Dämmerung. Auf der offenen Terrasse links sitzen Rimbaud und Mathilde sich gegenüber.

MATHILDE Wenn schon der Staat ihm alle geschehenen und ungeschehenen Untaten verziehen hat und die Heimkehr endlich gestattet –: durften wir zurückstehen? Blut von seinem Blut?

RIMBAUD Blut von seinem Blut? Sie sind, Madame... Aber gleichgültig diese Meinungsverschiedenheit. Ich frage immer noch: Warum sind Sie hier? In London war unsere Existenz gesichert. Die größere Welt öffnete sich gerade... Paul begann einen Schatten zu werfen. Die Fata Morgana seiner Träume nahm wirkliche Gestalt an. Trotzdem –: In Ihren Armen wird Paul nicht das Leben, aber die Honigländer Kanaans wiederfinden.

MATHILDE Und Sie werden keinen Versuch machen, ihn wieder rückfällig werden zu lassen?

RIMBAUD Ich habe bereits Abschied genommen. Morgen geht von Antwerpen mein Schiff.

MATHILDE Fort plötzlich von Europa? Nein so wars nicht gemeint. Studieren Sie erst ein Jahr wie ein ordentlicher Mensch die Rechtswissenschaften. Und dann vergessen Sie Ihre Mutter nicht. Arthur! Gehn Sie nicht ohne Muttersegen in die Welt! Die bitteren Tränen unter den weißen Scheiteln werden Ihre Träume, wohin Sie auch fliehen mögen, heimsuchen Nacht für Nacht.

RIMBAUD *abwehrend* Ich bin nie einer Mutter Sohn gewesen.

MATHILDE Dann schmiegen Sie sich an ein Wesen, das Sie liebt, Ihre Gedanken zart streichelt und Ihren Tag voll ausfüllt. Abends, unter der Lampe, werden Ihnen schöne Verse kommen. Und ein Engel wird da sein, der sie Ihnen fortküßt mit bewundernden Lippen.

RIMBAUD *hart* Heiße ich Paul Verlaine? Nein, Madame! Mein Tagewerk ist vollendet. Ich stoße Fürsorge mit den Füßen zurück. Die Seeluft wird mir die Lungen beizen. Verlorene Klimate werden mich erdbraun gerben. Schwimmen, Gras zertrampeln, jagen, reiten! Und vor allem: rauchen! Fusel wie kochendes Metall saufen; so, wie es die lieben Vorfahren taten im Kreis um das Feuer. *(Immer entflammter.)* Nach dreißig Jahren, vielleicht, werde ich wiederkommen mit stählernen Gliedern, dunkler Haut, Wut im Auge. Aus meinem Gesicht wird man die Kraft herrischer Rassen lesen. Ich werde viel Geld im Sack haben, faul und gefräßig sein. Die Weiber sind verrückt nach solchen Gesellen, die aus den heißen Ländern kommen. Sie werden mich hätscheln. Ich aber werde mich wie ein Orkan in das politische Leben stürzen. Kaiser werden. Und gerettet sein. Aber jetzt, so wie ich bin, bin ich verflucht. Mir graut vor dem Vaterland. Begreifen Sie, daß es endlich ein Ende haben muß mit dieser Zuchthauskette zwischen den Beinen?

MATHILDE Sie haben das heiße Blut von einem Tier. Vielleicht ist es doch gut für diese Besessenheit, sich so unbändig in den Wind zu stürzen. Und wenn die fremde Welt Ihre Heimat geworden ist, denken Sie nicht böse an uns. Aber auch dies noch bitte versprechen Sie mir... schreiben Sie Paul erst, wenn Sie Afrika bezwungen haben.

RIMBAUD *lächelnd* Nicht schreiben...! Selbstverständlich nicht. Aber eine Mission von braunen Tänzerinnen werde ich zum Hof des Dichterfürsten Paul Verlaine schicken, Madame! Und Ihnen Diamanten zu Füßen legen lassen.

MATHILDE *fast weinerlich* Unser Haus ist das niedrigste in der Straße. Paul muß wieder von vorn anfangen. Wird sich strecken und bücken müssen. Und ein Kind vorfinden, das seine Hand noch nie gefühlt hat auf den bronzenen Härchen. Es ist ein Landstreicherkind. Und soll nun ein ehrlicher Knabe werden. Und zu Ihrem Andenken Jean-Arthur heißen.

RIMBAUD *ironisch lächelnd* Madame, ich bin erschüttert.

MATHILDE Oh, das soll nur sagen, daß ich Ihnen nichts Böses nachtragen will. Obwohl Ihr Verbrechen an uns schrecklicher war wie Brand und Mord. *(Schluchzt ins Taschentuch.)*

RIMBAUD Darf ich mich jetzt empfehlen und alle Grüße an Paul
Ihnen übertragen...

MATHILDE *heftig abwehrend* Oh, das würde das Gegenteil be-
wirken von dem, was Sie, gütig zu mir, beabsichtigen.
Hören Sie: Das Reisegeld, das Ihnen Paul nach London
sandte, gab ich! Und meine Mutter opferte einen Teil ihrer
Rente für Paul. Soll ich nun so schuldig werden: daß Sie
ohne Gruß Auge in Auge, ohne Abschied von Stirn zu Stirn
fliehen?

RIMBAUD *hebt die Schultern* Ich fürchte... Rückfälle. Purzel-
bäume toller als vorher!

MATHILDE *lächelnd in Scham* Heute nicht mehr, mein Freund...!
Diese drei Nächte nach langer Trennung haben Paul ehrsam,
gütig und klein wie ein Kind gemacht. Ich habe die Hoch-
zeitswochen noch einmal mit ihm gelebt.

RIMBAUD Und danach ihn in den schwarzen, tadellosen Bürger-
rock gesteckt! Ja, tausendmal ja! Sie haben recht. Ich werde
Paul den Abschied leichtmachen. Es soll ein Begräbnis und
ein Leichenschmaus werden. Die drei Schaufeln Erde werden
dem lebenden Leichnam nachgeworfen werden. Haben Sie
auch schon Maß für den Glasschrank genommen? Freunde
und getreue Nachbarn zur Besichtigung eingeladen? Es lebe
der Hausgötze!

MATHILDE Ich habe Zusagen, daß Paul wieder im Ministerium
beschäftigt wird.

RIMBAUD Ein fabelhaftes Mausoleum!

MATHILDE Man wird sich endlich wieder was für die Wirtschaft
anschaffen können... *(springt auf, sieht Verlaine kommen)* Sehen Sie, Arthur, so wie er jetzt geht, braucht man sich nicht
mehr zu schämen.

RIMBAUD *sieht auf die Straße, lächelt* Nein, kein Landstreicher
mehr. Ehrbar, würdig! Der künftige Regierungsrat. Nur den
Vollbart muß der Barbier noch formen, spitz nach unten aus-
laufend. Ich empfehle Pomade aus Ziegenbocktalg!

VERLAINE *Gehrock, braune Lederhandschuhe, unnatürlicher Gang,
kommt auf die Terrasse. Pathetisch* Ah... sieh da... mein fürst-
licher Freund... der Zigeuner! Speisekarte schon durchgese-
hen, Weine geprüft?

MATHILDE *stürzt auf ihn zu, umhalst ihn* Du bist so lange geblieben... Lieber!

VERLAINE *etwas unbehaglich in Rimbauds Gegenwart... macht sich los* Mütter sind doch die langweiligsten Frauen. Die meine besonders. Am liebsten wäre sie gar nicht abgefahren... Du bleibst doch zum Essen... Arthur?! Natürlich bleibst du! *(Umarmt ihn.)*

RIMBAUD *kalt* Was heißt hierbleiben? Um fünf geht der letzte Zug nach Antwerpen!

VERLAINE *zieht Rimbaud an den Tisch zurück. Setzt sich an seine Seite* Unsinn! Du fährst mit uns. In Charleville laden wir dich ab. Deine Mutter ist benachrichtigt. Sie wird mit Isabella an der Bahn sein.

RIMBAUD *fährt wütend auf* Wer hat nach Hause geschrieben, daß ich käme?

MATHILDE *begütigend* Ich, mein lieber Freund. Es darf Ihnen Heimat und Mutterhand nicht gleichgültig sein. Lassen Sie sich segnen, ehe Sie weiter in die Welt reisen.

RIMBAUD Madame, ich hab nie Gedanken anderer Leute meinem Willen vorgespannt. Wozu legen Sie mir diese Steine in den Weg?!

VERLAINE *seine Frau unterstützend* Selbst wenn du nicht die Mutter sehen willst... der Zug geht weiter. Sagt dir Paris auch nichts mehr? Wie? Du hast dich trotz allem der Literatur verpflichtet. Das Buch, das herrliche Buch, von der Liebe, muß heraus auf den Markt! Und wenn du nicht mehr an den Kais und in den Markthallen herumlungern willst, – man könnte dich in einem Handelshaus unterbringen.

RIMBAUD Oder ein Jahr die Rechtswissenschaften studieren lassen. Damit man mein und dein unterscheiden lernt. Nein! Ich habe keine Lust, dich zum zweiten Male zu blamieren. Dir blühen alle Freuden einer gesitteten Menschheit. Und hast Mathilde, diesen Schutzengel mit allen Empfehlungen Gottes. Auch dein Bauch hat Anlagen, häuslich zu werden. Schreibe mir, wieviel Pfund du jeden Monat zugenommen hast. Und ich werde dich heiligsprechen dafür.

VERLAINE *unbehaglich* Du malst das Porträt eines Grünkramhändlers. Äußerlich: vielleicht bin ich das. Aber die wilde,

schöne Welt meines Blutes –: mein Gedicht – ... Arthur...
mein Gedicht: sagt dir das heute auch nichts mehr?

RIMBAUD *hebt die Schultern* Vielleicht...

MATHILDE *vorwurfsvoll* Fühlen Sie denn nicht, daß Paul Sie über
alles hebt, selbst wenn Sie ihn so grausam und ohne Grund
verspotten? Haben Sie wirklich kein gutes Wort mehr für ihn?

RIMBAUD Niemand hat ein Recht, von mir enttäuscht zu sein, so
wenig ich die Pflicht habe, irgendeinem Hoffnungen zu machen. Auch dir nicht, Paul. Dein Leben schneidet ab, wo ich
anfange! Das erfährst du von mir nicht erst heute!

VERLAINE *heftig mit sich kämpfend* Bin ich ein gerupftes Tier? Liege
ich mit gebrochenen Gliedern draußen im Nebel bei Kröten
und Molchen? *(Schlingt in jäher Aufwallung seine Arme um Rimbaud.)* Bruder... Kamerad... Oh, jetzt fühle ich dich wieder
deutlich... Fort mit allen Mauern, fort mit allem Bürgersinn:
ich schmecke Wald... Herbergsnächte. Ja, jetzt halte ich
dich... Du bist stärker als Weiber. Hast Horizonte...

RIMBAUD *schüttelt ihn ab* Der Bratenrock ist die einzige Haut, die
dein Gesicht menschlich macht. Füll dich aus mit Amt, Weib
und Kind und singe des Abends unter der Lampe Volkslieder
zur Guitarre. Aber beschmutze mich nicht mehr mit deinen
unheilbaren Geschwüren.

MATHILDE *umschlingt Verlaine* Du hast mich doch wieder, Paul.
Mich... Mich...! Und deine Mutter.
Nimm uns das Glück nicht übel, daß du bist...

RIMBAUD *erhebt sich* Ja... sieh dir Mathilde nur genau an. Sie ist
schön. In ihren Augen brennen die Wunder aller Erdteile so
nah, daß du nur die Hand zu heben brauchst.

VERLAINE Du bist in deinem Blut geborgen. Aber ich bin es noch
nicht. Deshalb muß ich reisen. Mit dir. Mit dir! Die alten Gleise
weitermarschieren, beladen mit dem alten Laster, das seine
Wurzeln in mein Blut hineingetrieben hat seit dem Alter der
Vernunft, das zum Himmel wächst, mich schlägt, auf den
Boden wirft und mitschleift. Oder weißt du: welches Tier soll
ich anbeten, auf welches Götzenbild mich stürzen? Welche
Herzen brechen? Welche Lüge glauben? In wessen Blut waten?

MATHILDE *versucht ihn zu beruhigen* Oh, Paul, kann man so schnell
heilige Schwüre vergessen?

RIMBAUD So ist es, Paul: Nur im Ehebett gedeihen die großen Dichter, die das Publikum liebt!

VERLAINE *in wilder Raserei* Das Lied ist aus! Wie komme ich dazu, immer nur der alte ich zu sein? Ein Büromensch mit meinen Fiebersprüngen? Ein Orgeldreher mit alten abgeleierten Walzen? Ein Tanz, nach dem sich kein Hund mehr dreht, der mich selber anödet wie ein Grabchoral? Soll ich ewig in dem einen einzigen Buch nachschlagen? Soll ich mich vervielfältigen lassen wie ein Öldruckbild und in die Dienstmädchenkammern aufhängen?

MATHILDE *kämpft in Tränen mit Verlaine* Ich habe das Schönste, was Gott mir geschenkt hat, für dich noch aufgespart, Paul... Meine Liebe hat erst angefangen, dich zu umschließen...

VERLAINE *reißt sich los* Betrogen hast du mich um mein schönstes Leben... Wie Blutegel hängt ihr Weiber euch in meine Gedanken. Ich will nicht mehr zurück zu euch... Belogen, betrogen habt ihr mich, wie kein Pfaffe die Welt gemeiner belügen kann... *(Zu Rimbaud):* Und du... Freund... Bruder... herrlicher Geliebter... willst mich hier hilflos liegenlassen... Arthur... oh... brich deine Fäuste auf mein lästerliches Maul entzwei... zerreiß mich in Stücke... Ich will nicht mehr winseln, daß du mich lieben sollst... Ich will den Reisesack tragen und nicht müde werden. Betteln will ich für dich... und mich auf die Erde legen, wenn du im Stroh schläfst... Aber jage mich nicht so fort... Arthur... du weißt vielleicht nicht... wie armselig du mich machst...

RIMBAUD Nur nicht aufmucksen, Freund... Die Welt rollt weiter, kugelrund. Und morgen pfeift der Wind dir ein neues Lied! *(Winkt Mathilde Abschied und eilt mit schnellen Schritten der Stadt zu.)*

MATHILDE *küßt Verlaine* Du wirst, du mußt vergessen!

VERLAINE *stößt sie brutal beiseite. Mathilde taumelt und bricht ohnmächtig zusammen. Brüllend rast er auf die Straße, Rimbaud nach* Arthur... so warte doch, du... warte... Verflucht... Ha, Verräter... *(zieht eine Pistole, schießt zwei-, dreimal.) Menschen laufen von allen Seiten zusammen.*

Vorhang

Die achte Station

Zellengefängnis in Mons. Frühlingstag. Durch das vergitterte Fenster bricht tiefblauer Himmel, Sonne, Duft, Vogelklang. Zweig einer Weide hängt fast in die Zelle herein.

VERLAINE *stark gealtert. Schädel kahl. Die graue Sackleinwand umschlottert den Körper. Spricht, den Kopf an das untere Gitter gedrückt* O du hier am Gitter, verweint und bleich... *(Schlüssel rasseln. Tür springt auf. Der Priester tritt ein und zieht die Tür hinter sich zu... steht an der Tür und sieht auf Verlaine.)* Was hast du nur angefangen?

PRIESTER Gelobt sei Jesus Christus! *(geht ein paar Schritte vor.)*

VERLAINE *rührt sich nicht von der Stelle* In Ewigkeit, Amen!

PRIESTER *geht auf Verlaine zu und berührt seine Schulter* Sieben Tage noch, mein Sohn, und Gott schenkt dir die Welt wieder.

VERLAINE *ohne sich zu bewegen* Haben Sie Antwort von Arthur...?

PRIESTER Von Stuttgart... Sehr weit von hier liegt das... Herr Rimbaud ist Hauslehrer... bei deutscher Familie...

VERLAINE *immer noch mit starrem Blick hinaus* Was er schreibt... was er schreibt... sollen Sie mir sagen... Nicht was er ist... was ihn beschäftigt.

PRIESTER *ausweichend* Auch deine Mutter schrieb... hörst du, mein Sohn? Deine alte Mutter!

VERLAINE *dreht sich scharf herum* Vielleicht hat auch Mathilde geschrieben, wie?

PRIESTER *begütigend* Gott hat Mathilde in neuer Ehe glücklich werden lassen!

VERLAINE *ruhig* In... neuer... Ehe... Nein: Ich will keinen Stein auf dieses... dieses Glück werfen.

PRIESTER Durch deine Mutter kommt Botschaft von Gott, daß die Brüder vom heiligen Joseph dich aufnehmen wollen.

VERLAINE Ich bin Gott und der heiligen Jungfrau untertänig wie kein Wesen über und unter der Erde. Aber ich bitt euch: baut keine Mauern mehr um mein Gesicht. Laßt es genug sein mit diesen zwei Jahren, da ich zu den Verdammten niedergefahren bin.

PRIESTER Und bist erlöst worden von allem Übel und aller Missetat.

VERLAINE *winkt ab* Eins bleibt ungesühnt zurück. Da ist selbst Gott nicht mehr allmächtig. Schrieben Sie auch dieses an Arthur... daß ich nicht wert bin, ihm den Staub von den Füßen zu küssen? Wie? Sie haben nicht geschrieben! Wenn auch Ihre Augen undurchsichtig sind... oh, schütteln Sie nicht den Kopf... ich fühle die Gedanken hinter Ihren Augen... Sie haben Arthur dieses nicht geschrieben. Sie haben einen Eisberg zwischen unsere Herzen geschoben...

PRIESTER Ich schrieb Herrn Rimbaud, daß die Brüder vom heiligen Joseph dich aufnehmen wollen... daß Gärten und Wiesen und Teiche um das Kloster gelagert sind... und daß es dir wohl gehen wird unter den Flügeln des heiligen Joseph...

VERLAINE *strafft sich gespannt hoch* Die Antwort... Priester... der du die Lüge als der Sünden größte verdammst... die Antwort, Priester!

PRIESTER *stockend* Rimbaud antwortete uns: (*Verlaine packt beide Schultern des Priesters, aufs äußerste erregt.*) Das Kloster sei die Welt... die dir von Kindesbeinen an verliehen ist... als das Himmelreich auf Erden...

VERLAINE *läßt die Arme sinken... blickt starr zu Boden* Wenn das die Wahrheit ist, dann ist gewiß, daß Arthur mir die Tat... doch nicht vergeben hat... oh... (*bedeckt das Gesicht mit beiden Händen.*)

PRIESTER Aber Gott hat sie dir vergeben... was kümmert dich der Menschen ungütiges Herz... Darf ich den Brüdern vom heiligen Joseph schreiben, daß du die Gnade aufnimmst mit frohem Herzen?

VERLAINE *wehrt ab* Laß mich... Priester...! Dein Gott ist die grausamste Rute, die Menschen je haben schmecken müssen...

PRIESTER Was ist dein Leid, gemessen an den qualvollen Bitter-
keiten des Herrn, der dich erlöst hat?

VERLAINE Nein, Priester. Sie kennen doch nicht die letzten Ab-
gründe der Qual... Der Tod kann eine frohe Erlösung
sein... aber das Weiterleben... wenn man fühlt, daß man
einem Menschen gestorben ist... Das ist tausendmal furcht-
barer als der blutige Donner über Golgatha. Knieten unter
dem Kreuz nicht Johannes und Magdalena? Ich aber bin aus-
gestoßen wie ein aussätziges Tier!

PRIESTER Wir wollen beten, mein Sohn, ... auf daß deine Seele
nicht rückfällig wird!

VERLAINE Noch ist nicht Nacht in dieser Grabkammer...

PRIESTER Ich werde auch zu dieser dir erwünschten Stunde
kommen... wenn du mich rufst...

VERLAINE *mit in die Weite gespannten Augen* Ja... wenn die Nacht
mir die Augen hell macht... *(Priester verläßt langsam die
Zelle.)*

Vorhang

Die neunte Station

Schroff zum Neckar abfallendes Waldufer. Auf den breiten Strom fällt Mond. Das Wasser silbert. In den Bäumen blättert Wind. Rimbaud mit Fräulein kommt den Uferweg geschritten. Rimbaud trägt vornehm-bürgerliche Kleidung. Das Mädchen leuchtet weiß.

RIMBAUD *Stimme ist männlicher geworden, ruhiger, fest* Habe ich dir mehr versprochen, als man eine Nacht lang halten kann?

MÄDCHEN Du hast mich geliebt... diese Gnade dauert ewig!

RIMBAUD Ich war nicht der erste... Welcher Grund zwänge mich, der letzte, der ewig Geliebte zu sein?!

MÄDCHEN Du hast Spuren zurückgelassen... die, wenn du fliehst, nur dieses Wasser da auslöschen kann!

RIMBAUD *bleibt an einem Strauch stehn* Durch mein Herz gärte ein Gedicht... Und du sahst aus wie eine Frau... Da rann das Gedicht hinüber in dein Blut. Wo bleibt mir noch Verpflichtung?

MÄDCHEN Wenns in der Stadt mit Fingern auf mich zeigen wird...

RIMBAUD *aufbrausend* Wirst du dem Priester beichten, daß ich ein Tier war. Hörst du: ein Tier, schwarz behaart und mit einer Faust voll Zähne im Maul.

MÄDCHEN Soll ich verleugnen, daß ich dich geliebt habe? Nein! Vor Gott nicht... und vor mir selber erst recht nicht. Hinausschreien werde ich es in den hellsten Tag –: Ja, ich habe dich geliebt. Alles war so schön... so sonntäglich und voller Blumen. So deutlich, so zartsam, so sonderbar.

RIMBAUD Wenn die Welt stehenbliebe nach solcher Nacht, wie jene unter den Kirschblüten..., die du doch meinst, dann hätte vielleicht auch Liebe eine Dauer... So aber rase ich mit der Welt von Stern zu Stern. Dem immer Größeren, ins Tausendfache Wachsenden nach.

MÄDCHEN Das soll bleiben: Deine Welt. Aber du bist meine Welt... die einzig und ewige; bist mir mehr als die Welt...

denn nur deinetwegen ist die Welt mir etwas, was man über sich fühlt.

RIMBAUD Träume davon. Keine Wirklichkeit ist so hochgebaut wie ein Traum.

MÄDCHEN Ist das dein letztes Wort?

RIMBAUD Mein letztes! Aber: Damit du nichts Böses träumst, geh schnell über die Steinbrücke nachhaus. Das Geländer ist so hoch, daß dich das Wasser unten nicht verlocken kann.

MÄDCHEN Eher will ich auf die Straße gehen... strichauf, strichab... als dir diese Tür lachend aufzustoßen. Du Vieh! Eiskalter Satan... Satan... *(läuft in wilden Sprüngen der Stadt zu.)*

RIMBAUD *setzt sich auf einen Stein. Der Mond bescheint sein Gesicht... Tiefe Trauer... Mit gedrückter Stimme* War auch nicht mir eine Jugend geschenkt, schön und edel wie eine Heldensage? Wie ein indisches Märchen auf goldene Blätter zu schreiben? Hatte ich nicht viel zu viel Glück? Welche Verbrechen, welcher Irrtum sind schuld an meinem Absturz in die herzlose Nacht? Habe ich diese Strafen verdient? Ihr, die ihr behauptet, daß Tiere vor Kummer heulen können und Fische so schreien, wie kein Mensch auf der Folterbank schreit, ihr, die ihr wißt, daß Kranke sich verzweifelt die Kehle aufreißen, die Toten furchtbare Träume haben und die Gräser am Meer die Sterne umarmen –: versucht doch einmal, ob ihr meine Grausamkeit und meine Tränen ausdeuten könnt! Ich selber kann mich nicht mehr erklären als der Bettler, der sein Paternoster hat, sein Ave Maria und das ewige Loch im Bettelsack.

VERLAINE *aufgeputzt wie ein Räuber aus den Abruzzen, kommt torkelnd von links langsam näher... ein riesenhafter Schatten läuft vor ihm her* Arthur... Arthur... aus welchem Strauch soll ich dein Gesicht lesen...

RIMBAUD *unbeweglich* Bläht sich das elende Geziefer noch einmal auf?

VERLAINE *findet ihn endlich... setzt sich zu ihm auf den Stein* Ich habe dich auf der Bank unten an der Fähre gesucht, mein lieber Bruder.

RIMBAUD War das unsere Abrede?

VERLAINE Freilich... oder warst du gestern betrunken?

RIMBAUD So wenig wie du heute!

VERLAINE Habe ich wirklich getrunken?

RIMBAUD Nein... Dein Schatten nur hat das Gleichgewicht verloren.

VERLAINE Immer mein Schatten...

RIMBAUD Wenn endlich gedenkst du abzureisen... Ich habe Verpflichtungen... Ich bin für Geld eine Respektsperson. Du blamierst mich. Ich werde mein Brot verlieren. Ich habe dir gestern ein für allemal erklärt, daß ich weder als Mönch noch als Landstreicher in deine Dienste treten kann. Die alten Arien kitzeln meine Zunge nicht mehr. Und die neuen –: Die höre ich mir lieber im Spital an, wenn die alten Weiber, zu klapprig für den Strich, moralisch werden.

VERLAINE Aber ich leide... um deinetwillen leide ich... Ich schrei mich kaputt vor Qual. Ich leide wahrhaftig. Ich bin wie ein Pilger mit bloßen Füßen zu dir gekrochen. Und du... du speist mich an. Du trittst mich wie einen Wurm in den Dreck zurück. Ich bin mit der Verachtung aller Kreatur beladen. Selbst die Hunde pissen mich an... Ich bin in alle Ewigkeit verdammt. Bin verratzt, bin besoffen... bin unrein! Kein Mensch geht durch die Welt, der sich umsieht nach meinem Gesicht.

RIMBAUD Mein letztes Wort gestern war: ich gebe dir dreißig Franken für die Heimreise... Ich kann auch heute nur dieses und nichts anderes wiederholen... dreißig Franken zum allerletzten. Ich zahle bar.

VERLAINE Laß mich doch endlich mit deinen verrückten dreißig Franken in Ruh! Gestern, im ersten Sturm des Wiedersehens, vergaß ich, dir das kostbarste Geheimnis meines Lebens zu beichten.

RIMBAUD Du hast zwei Jahre lang den Beichtvater in der Zelle wie eine Wärmflasche gehabt... Und bist nicht fertig geworden mit der Ausbeute deines Lebens?

VERLAINE Es gibt Beichten, die man nicht einmal Gott selber anvertrauen darf...

RIMBAUD Stehe ich etwa eine Sprosse höher? Das gäbe einen schlechten Reim.

VERLAINE Ich hatte einen Geliebten...

RIMBAUD Bildlich gesprochen natürlich... Immer schön in der Wahrheit bleiben, mein Freund!

VERLAINE *mit dem Schluchzen eines Tieres* Ich war die Geliebte eines Lumpen, der die wahnsinnigen Jungfrauen bis auf die Knochen verderbt hat...

RIMBAUD Ha: Jetzt wird der Bauch geöffnet... Magen und Gedärme demonstriert... Immer schön in der Wahrheit bleiben, mein Freund.

VERLAINE Ich hatte einen Geliebten. Ein böser Geist war er. Kein blasser Mitternachtsspuk. Kein Hirngespinst. Nein, kein wirklicher Mensch. Ein Kind war ich fast, als mich seine seltsamen Zärtlichkeiten verführten. Ich habe Ehre, Vater und Mutter vergessen, um ihm zu folgen. Welch ein Leben! Das wahre Leben ist nicht von dieser Welt. Deshalb mußte ich hingehen, wo er wollte. Ich mußte einfach. Viele Nächte lang packte mich der böse Geist. Wir wälzten uns auf der Erde. Ich rang mit ihm, bis Kot kam. Manchmal sprach er mit zartsamen Silben vom Tode, der die Reue bringt, von unglücklichen Seelen, die wirklich existieren, von unmenschlichen Lasten, von Abschieden, die das Herz zerreißen. In den Spelunken, wo wir uns besoffen, heulte er, wenn er unsere Tischnachbarn, diese Haufen Elend, diese Märtyrer des Unglücks, betrachtete. Er hatte das Mitleid einer Mutter, die ihre Kinder züchtigt. Er ging mit der Scheinheiligkeit und den Hintergedanken eines jungen Mädchens in die Katechismusstunde. Er tat, als wüßte er auf allen Gebieten Bescheid. Handel, Kunst, Medizin und Politik waren ihm geläufig. Und deshalb folgte ich ihm. Weil ich mußte! Ich dürstete von Tag zu Tag mehr nach seiner Güte. Unter seinen Küssen, im Taumel seiner Umarmungen – ja, das war ein Himmel. Ein düsterer Gewitterhimmel, in den ich eintrat und wo ich wohnen wollte: arm, taub, stumm, blind. Ich hatte mich schon an ihn gewöhnt und sah uns als zwei gute Kinder, die ohne Sorge im Paradies der Traurigkeit lustwandeln. Wir verstanden uns, tief bewegt arbeiteten wir Schulter an Schulter. Einmal, nach einer Liebkosung, die mich sehr erschütterte, sagte er: Wie komisch dir das vorkommen wird, wenn ich nicht mehr dort sein werde, wo du bist. Wenn du nicht mehr meine Arme unter deinem

Nacken fühlen wirst, noch mein Herz, um darin zu ruhen, noch diesen Mund auf deinen Augen. Eines Tages werde ich wieder fort müssen, sehr weit fort. Dann muß ich andern helfen; das ist meine gottverfluchte Pflicht. Freude werde ich nicht daran haben. Aber man muß – man muß –, teure Seele.

RIMBAUD *erschüttert* Ja, man muß... man muß!

VERLAINE Er mußte mir versprechen: mich nicht zu verlassen. Er gab mir dieses Versprechen eines Geliebten wohl an zwanzigmal. Er tat es ebenso leichtfertig wie ich, als ich ihm sagte: oh, ich verstehe dich!

RIMBAUD Und wem willst du dieses Märchen von einem Geliebten aufbinden? Oder wo diesen fabelhaften Traum in die Wirklichkeit hinüberretten mit allen Wildheiten, aller Kraft und dem schwarzen nichtsnutzigen Blut? Wo sind die Himmel, daß sie sich spannen um dieses schäumende Luftgehäuse?

VERLAINE *mit sanfter Stimme* Oh, mein Geliebter –: hätte er nicht zuweilen den Koller, wären wir gerettet. Aber auch seine Sanftmut ist Gift. Ich bin sein Sklave. Ich bin wahnsinnig! *(Schluchzen.)* Vielleicht wird er eines Tages auf sonderbare Weise verschwinden. Aber ich muß es wissen, wenn er seine Himmelfahrt beginnt. Ich muß ihn fliegen sehn. Dazu bin ich hier... bin hier!

RIMBAUD Dieser Übergang... diese Nutzanwendung auf meinen sauberen Rock ist eine infame Schurkerei. Solange wir die Literatur mit diesem perversen Gestank besoffen machten, wars lustig. Aber jetzt... jetzt –: Ich habe diesen Fastnachtszauber satt bis an den Hals.

VERLAINE Arthur... Geliebter... Ich bin ausgehöhlt, wie ein Tiger hinter dem Gitter zwei Jahre ohne Fleisch!

RIMBAUD Was kümmern mich Leichensteine... Der Würmerfraß unter dem Hügel! Dein Gehirn, aufgelöst in Alkohol und Gestank! Der Schuß auf der Gasse, das war ein Kreuzweg. Du, zurück zu deinem alten Ich... und ich vorwärts, wo man das Unglück leicht vergißt. Hunger... Durst... Schreie... Tanz... Tanz... Tanz...! *(springt auf und reckt die Arme.)*

VERLAINE *umfaßt seine Knie* Arthur... wohin... wohin...

RIMBAUD *kalt* Wohin? Tritt überall ein! Gib Antwort auf alles! Man wird dich so wenig töten, wie du ein Kadaver bist!

VERLAINE *schluchzend* Mutter... Frau... Kind... Gott... nichts... nichts... nichts mehr!

RIMBAUD *schüttelt ihn ab* Vieh!

VERLAINE *langsam ernüchtert* Vieh... Vieh...? *(sucht seinen Knotenstock am Boden.)* Vieh...? Das Vieh hat Krallen... Giftzähne hat das Vieh! Den Bauch reiß ich dir auf! Dein Herz, dein schwarzes, zerreiß ich jetzt! *(Schlägt in wilder Raserei auf Rimbaud ein.)*

RIMBAUD *duckt sich, stößt den Angreifer zurück. Entreißt ihm den Stock. Schlägt zu* Wurm du... elender Wurm!

VERLAINE *blutet aus klaffender Kopfwunde, taumelt, stürzt, wimmert* Oh... nicht so... sterben... ungewiß... wohin...

RIMBAUD *zerbricht den Knotenstock und schleudert die Stücke in den Strom. Staubt den Rock ab* Ich habe nie mit diesem Volk etwas zu tun gehabt. Ich war niemals Christ... Ich verstehe eure Gesetze nicht. Ich habe keine Moral. Ich will keine haben. Ich bin ein Tier... Und ihr... Alle ihr... seid im Irrtum! *(Schlägt sich ins Dunkel der Gebüsche.)*

VERLAINE *versucht sich ächzend aufzurichten... wimmert* Mit... mit... ich will mit... hörst du... Arthur! *(Starker Wind. Mond wird von Wolken verschluckt.)*

Vorhang

Die zehnte Station

Cypern. Wirres Durcheinander von Felsen. Weder Haus noch Baum. Steinbrüche. Schwarze, nur einen Schurz um die Hüften, fronen bei 60 Grad. Man hört das Meer donnern.

RIMBAUD *Mitte zwanzig, athletisch, braun gebeizt, Tropenanzug. Aufseher in diesen Steinbrüchen. Sieht müde auf das schweißige Gewirr der Arbeit* Dieses gelbe Licht ist nicht mehr auszuhalten. Ich werde den Dreck hinschmeißen und mit der nächsten Karawane Kamerun oder den Kongo für mich entdecken. Den Wald muß ich wieder riechen. Die weißen Nächte schmekken. Und zu den starken Tierweibern mich legen.

HASSAN *ist ein Vorarbeiter und dient Rimbaud wie ein Hund mit den tiefen Augen der Seele. Kommt aus der Kolonne und bleibt seitwärts vor Rimbaud stehn. Da der sich nicht rührt, rüttelt er ihn an der Schulter* Herr... Die Träger bringen Wasser... Alle Leute viel Durst. Sag Pause an. Viel Durst...

RIMBAUD *zieht die Uhr... zeigt sie dem Vorarbeiter* Fehlt noch eine Viertelstunde... Europa rechnet mit Sekunden... wenn Geld auf dem Spiele steht. Wozu seid ihr schwarz und billig wie Unkraut auf den Bahndämmen!

HASSAN Viel Durst!

RIMBAUD *steht auf. Hebt die Hand* Her mit dem Wasser... hierher... Und ihr alle... hierher. *(Vorarbeiter bläst auf einer Muschel das Signal.)* Seit ich wieder allein bin in meiner Haut, stachelt mich das Elend, das ihr leben müßt. Warum bin ich höher gehügelt als ihr? Warum kriecht ihr auf allen vieren, wenn ich winke? Warum reißt ihr mich nicht in Stücke?!

HASSAN *lächelt* Weiße Männer haben Geld!

RIMBAUD *wütend* Dreck! Vor der Peitsche habt ihr Angst.

HASSAN O nix Angst... nur Zeit, bis diese Arme um Erde... so weit *(bezeichnendes Spiel)* herum sind... gewachsen!

RIMBAUD Schlechter Trost... Schmeckt nach Bibelspruch und Weihwasser! Es gibt keine Freiheit jenseits eurer Fäuste.

HASSAN Brüder noch nicht hell... nicht hell... hier oben! *(zeigt auf die Stirn.)*

RIMBAUD Schlaflied aller Sklaven! Doch du... du ahnst das kommende Reich... Darum will ich dich kneten... auflokkern... die Saat in dein Blut streun... Wie spricht man von den Weißen bei euch, wenn die Peitschen mit den Wächtern um die Wette schnarchen... Wie spricht man von den Weißen...?

HASSAN Von Hunden sprechen Brüder besser!

RIMBAUD Ist gefährlich... die Bretter der Hütten sind dünn... und dennoch klingts berauschend. Könnte ich tauschen mit euch. Der erste Peitschenhieb... Der Schrei zündete den Blitz! Aber ihr –: taub... blind... geduckt... geduldig –: Ich ersticke an dieser dicken Atmung. Die Kette beißt mit Eiszangen in mein Fleisch. Und mein Blut. Laßt mich nicht so schmählich verrecken. Schließt den Kreis!

HASSAN Alle Brüder treu dir sein. *(Schlägt sich an die Brust.)* Hier... hier!

RIMBAUD Wie ihr das wißt... ja... ja... tausendmal ja –: Da sitzt die Armut, die Dummheit, die euch an diesen Glutkessel mit Blut festgekittet hat. *(Alle Arbeiter im Kreis jetzt um Rimbaud. Die Trinkflasche wird Rimbaud zuerst gereicht. Er winkt ab. Die Arbeiter saufen mit tierisch glänzenden Augen. Glieder schwellen wild.)*

HASSAN Wann wird heller Tag kommen... Trommeln von Meer zu Meer. Du weißt... Du weißt, wann das wird sein...

RIMBAUD Wenn die schwarze Wolke platzt... *(zeigt auf den Arbeiterschwarm)* die da...! die da...! Geladen mit dem Urblitz... Ich spüre schon den Brandgeruch auf der Zunge. Das ist nicht mehr fortzuwischen. *(Er hebt die Hand.)* He da, ihr Weinfässer der Qual... Reckt die Hälse her zu mir... ehe die Haut meines Schädels einschrumpft. Heran! Schließt den Kreis. Spannt den letzten Tropfen Blut in den Kreis. Könnt ihr mich nicht hören? Ich habe Mutterwitz. Ich stehe auf dem Sprungbrett zur Vollendung. So reißt doch die Hände hoch... Eure Fäuste will ich sehen. *(Die Arbeiter recken die*

Arme ... grölen: »Herr, wir hören!«) Ja, weit aufmachen sollt ihr eure Ohren. Ich will alle Geheimnisse entschleiern, Geheimnisse der Natur, der Religion, Geburt, Tod, Zukunft. Die müde Legende von der Erschaffung der Welt, das Nichts. Alles kann ich. Ich bin Meister in Blendwerken. Außer mir ist niemand da. Ich bin Meister. Ich will meine Schätze nicht verhökern. Aber wollt ihr Feuerwasser ... weiße Mädchen für die Nacht? Einen Ochsen am Spieß gebraten? Wollt ihr, daß ich mich in Rauch auflöse? Auf den Steppen der Korallen den Königsring suche? Wollt ihr? Ich bringe Gold, Heilung. *(Der Ring schließt sich enger.)* Vertraut euch mir an. Der Glaube macht stark, führt, heilt. Kommt! Auch eure Kinder und Kindeskinder schließt ein. Ich will euch belauben. Ich verlange keine Gebote. Nur euer Vertrauen. Mein Leben schaukelt auf euren Atemzügen. Das Feuer läuft über von all den Verdammten! Laßt uns in die gehügelten Fernen wandern, die Geburt der neuen Arbeit grüßen, die neue Weisheit, die Flucht der Tyrannen, den Zerfall der Kaiserreiche, das schreckliche Ende des Aberglaubens ... Laßt uns die ersten wirklichen Weihnachten auf Erden anbeten herab von den Bergen zu allem Volk. Der Gesang der Fernen ... Dom des Himmels ... Zug der Völker, ... wann erblitzt das aus euren versteinten Schädeln? Laßt uns das Leben nicht verfluchen, Brüder! Die Zeit des Evangeliums ist vorbei. Das heidnische Blut kehrt wieder!

ALLE ARBEITER *umringen Rimbaud, heben ihn auf die Schultern* Auf ... Marsch ... Marsch ...

RIMBAUD *mit dröhnender Stimme* Das heidnische Blut kehrt wieder!

ALLE ARBEITER Wir kehren wieder!

Vorhang

Die elfte Station

Terrasse eines Handelshauses in Aden. Bluthimmel draußen dämmert in Nacht hinüber. Straße füllt sich mit Eingeborenen. Lieder klingen auf. An rundem Tisch bei Eisgetränken und Tabak: Rimbaud, Labatut. Später Hassan.

LABATUT *Kolonialmensch, gebräunt wie rauchiges Eichenholz. Narben im Gesicht, heisere Willensstimme* Ich biete fünfhundert Franken fest... vom Umsatz zweieinhalb Prozent.

RIMBAUD *ohne Leidenschaft* Bardey und Compagnie bieten tausend. Und vom Geschäft 5 Prozent.

LABATUT Bardey und Compagnie werden noch vor dem Regen die Bude schließen. Was dann? Ich biete 700...

RIMBAUD Es braucht nicht Bardey sein. Aber auch nicht Labatut. Ich habe Beziehungen zu Menelik, König von Schoa... Darauf rüstet jede Bank in Paris oder London eine Expedition.

LABATUT Paris ist weit... und London braucht das Geld für Soldaten. Ich biete 900... und 4 Prozent vom Geschäft.

RIMBAUD Menelik, König von Schoa, tauscht gegen Gewehre... abgetakeltes Zeug aus preußischen Arsenalen, zehn Franken das Stück –: Gummi, Weihrauch, Straußenfedern, Elfenbein, Leder, Gewürznelken...

LABATUT *fällt ihm ins Wort* Ich biete 1000 Franken. Schlagen Sie ein!

RIMBAUD 1500... nicht einen Heller weniger!

LABATUT 1200... Schlagen Sie ein!

RIMBAUD Ein... tausend... fünf... hundert...

LABATUT *mürbe gemacht* Die Gewehre...?

RIMBAUD Zehn Franken das Stück. Schiffsladung 2300 Tonnen ab Genua!

LABATUT *zieht einen Vertrag... schreibt* Eintausendfünfhundert Franken... in Worten... eintausend...

RIMBAUD und 5 Prozent vom Geschäft... Menelik, König von
Schoa...

LABATUT *fällt ihm ins Wort* ... ist Ihr Freund... Weiß es. An den
Gewehren haben Sie 10 Prozent verdient. Alles weiß ich.
Hier, Ihre Unterschrift.

RIMBAUD *unterschreibt* Jean-Arthur Rimbaud... Konsulatsnum-
mer 17. Auf drei Jahre zurückgestellt vom Militär. Hand-
schlag?

LABATUT *wirft seine Tatze über den Tisch* Hebräersymbol!

RIMBAUD *reicht das Papier zurück* Diesen Hintergedanken...
schlagen Sie ruhig sich aus dem Kopf. Ich habe die Gewißheit,
daß wir immer eine minderwertige Rasse waren. Welch ein
Jahrhundert der Hände! Ich werde meine Hand nie hergeben
dafür.

LABATUT *ironisch* Die Hand der Rechenfeder wiegt hundertmal
die des Pfluges auf... wie?

RIMBAUD *wegwerfend* Und ist dennoch Dreck!

LABATUT Sie haben ein größeres Vermögen?

RIMBAUD Diese Frage!

LABATUT *anreißend* Man könnte Sie auffordern: Teilhaber zu
werden!

RIMBAUD *lächelnd* So billig kauft man Grünlinge!

LABATUT Ich bin weder barmherzig, noch betrüge ich aus
Prinzip. Hier spricht nur Eisverstand. Ich verachte Menschen!

RIMBAUD Jeder hat seine Vernunft, seine Verachtung, seine
Barmherzigkeit. Ich bleibe ruhig auf meinem Platze. Auf der
obersten Sprosse dieser Himmelsleiter des gesunden Men-
schenverstandes. Ich bin Kaufmann, Herr!

LABATUT *grimmig ihm die Hand reichend* Halsabschneider!

RIMBAUD *lacht* In drei Jahren habe ich um 100000 Franken rei-
cher zu sein!

LABATUT Wozu? Nicht Weib, nicht Kind... Und doch dieses
Tempo?

RIMBAUD Noch hat man weiße Zähne. Tiergebiß. Afrika kocht
das Blut zu Extrakt. Später... mit vierzig... fünfzig Jahren
im Genick... Zahnwürmer im Maul... Wasser in den
Knien... reichts noch für eine Glücksnacht im Ehebett. Aber

dieser Ausgang kostet eben Geld. Darum, wenn Sie wollen –: Halsabschneider jetzt!

LABATUT *lacht* Und Liebesnächte nebenbei unter Palmen umsonst...

RIMBAUD Wenn die Bäume stark genug sind und die Luft Vanille zerstäubt. Nein, mein Herr! Heute glaubt man nur an Wind und Regen. Dafür pulvert man sich hin. Nicht Weiber. Die hat man später, für weniger Nerven, Hirn und Muskel. Ihr Champagner übrigens hat einen fatalen Nachgeschmack. Wie Briefträgerzigarren! *(Speit aus.)* Dazu dieses Musikgeheul im Viertel der Weißen. Die Stadt ist schamloser wie die Linien um Ihren Mund, Herr Labatut. Man ist Gott heilige Reinheit schuldig. Wann befehlen Sie die erste Expedition? Ich habe dreihundert Träger im Lauf der Nacht zusammen. Hören Sie die Trommeln? Afrika steht auf!

LABATUT *schlägt sich auf die Schenkel* Dennoch: Dummkopf! Dummkopf!

RIMBAUD Wer?

LABATUT Sie! *(Lacht unbändig.)*

RIMBAUD *denkt nach* Die fünfhundert Franken, die ich zu wenig gefordert habe?

LABATUT *lacht* Tausend... Tausend... So reißen Sie doch endlich die Augen auf... Tausend zu wenig!

RIMBAUD Falsch! In Ihrer Rechnung vergaßen Sie die dreihundert Träger. Die haben Sie gefälligst von mir zu mieten.

LABATUT *zischt* Der Spaß durfte nicht kommen... durfte *(schlägt auf den Tisch)* verdammt nicht kommen!

RIMBAUD *lächelnd* Sie haben sich in der Maske vergriffen. Man hört Ihr Geheul fünf Straßen weit. Und gerade –: Ein Weib ging vorbei! *(Zeigt hinter sich.)*

LABATUT Bin hier reichlich genug von Beutelschneidern eingeklemmt!

RIMBAUD *aufreizend* Labatut... ein Weib ging vorbei. Ein Weib! Prinzessin Sarda!

LABATUT *springt auf* Wo... So reden Sie doch: wo!?

RIMBAUD *pfeift scharf* Sofort!

HASSAN *mit einem Satz über die Brüstung* Herr?

RIMBAUD Herr Labatut wünscht mit der Prinzessin Sarda zur

Nacht zu speisen. *(Hassan will wieder über die Brüstung.)* Halt... mein Freund. Dieses noch: Morgen Punkt zehn stehn zweihundert Leute am Speicher XV. Wir laden Sicheln nach Galla! *(Hassan auf einen Wink die ordentliche Treppe zur Straße hinab.)* Sie gestatten doch... Herr Labatut... daß wir morgen Ihre siebentausend Sicheln verladen... Hören Sie noch immer nicht die Trommeln?

LABATUT *wieder guter Laune* Kerl, ich gebe freiwillig sieben Prozent vom Geschäft.

RIMBAUD *spuckt aus* Schamloser Handel... Ich finde schon mein Glas nicht mehr... Die kleine Affäre hat mehr Nerven gekostet, als ich veranschlagt habe!

Vorhang

Die zwölfte Station

*Zeltlager der Ogaden in Nähe des Flusses Wabi. Palmen. Dornenge-
strüpp. Feuerhaufen vor den Zelten. Schakale heulen, Wachen klirren.*

RIMBAUD *in weißem Burnus vor einem Zelt vorn links, starrt in das
Feuer, das Hassan dauernd unterhält* Die Zähne fangen an
schwarz zu werden. Man trägt Gold mit sich herum und weiß
nicht, wofür... Hassan! noch ist die Regenzeit fern... und
doch kriecht vom Boden das Fieber hoch und bohrt Eisnadeln
in das Blut? Oder pulverst du etwa Giftschlangen ins Feuer?

HASSAN *bekümmert* Herr muß ruhen... viel ruhen... bei Palmen
und Musik von Weißen.

RIMBAUD *lächelnd* Und ein schönes Fräulein haben... und von
silbernen Schüsseln essen... wie?

HASSAN Ja... zuviel Arbeit... zuviel!

RIMBAUD Nein... noch zehn... zwanzig Jahre, Hassan! Bis die
Zähne ganz schwarz geworden sind, weißt du... *(zeigt auf
den Mund)*, hier... vom Gold, das man mit den Zähnen fest-
halten muß... bis es ein Berg geworden ist. Wir haben noch
keinen Berg zusammen, Hassan. Wir haben kaum angefangen! *(Schreiend)* Warum schmeißt du kein Holz ins Feuer...
bin ich ein Götze, daß du mich immer so anstarren mußt? Ich
habe Eis in den Knochen... Bruder Hassan... Wir werden
uns beeilen müssen... sonst schwemmt uns der Regen fort!

HASSAN *horcht angestrengt nach Süden* Jetzt reiten sie durch Wasser... horch! *(Klatscht vor Freude in die Hände... schmeißt ein
ganzes Bündel Dornen auf einmal ins Feuer. Die Lohe schießt haus-
hoch.)*

RIMBAUD *reibt sich die Knie* Es ist doch eine ganz milde Nacht...
Was sagtest du doch eben! Richtig... sie reiten durch den
Fluß... In einer Stunde werden wir aufbrechen. Glaubst du,
daß ich auf dem Türkenschimmel die Strecke durchhalten
werde?

HASSAN Herr besser auf Kamel reiten... Schaukelt wie Schiff auf Wasser.

RIMBAUD Immer diese Besorgtheiten... dieses boshafte Muttertum... ich will nicht bemuttert werden, Hassan!

HASSAN Alle Brüder lieben weißes Herr... Hier, Brust aufreißen für weißes Herr!

RIMBAUD Du bist im Fieber, Hassan! Du witterst Raubzeug... Verkriechst dich vor Feigheit in den Mantel meiner Müdigkeit...

HASSAN Oh, ganze Nacht wachen ich. Herr ruhig schlafen.

RIMBAUD Könnte ich schlafen, wäre deine Wache mir mehr wie das Gebet der Mutter am Wiegensaum. So aber gespenstert wieder eine Fata Morgana im Blut. Und der Schlaf ist ein Steinhaufen. Man ist verdammt und muß tief nachdenken... Frost... Finsternis... Qual... bis zum letzten Aschenrest. *(Melancholischer Gesang von Negerfrauen kommt aus den hinteren Zelten.)* Hörst du... die Totenvögel lärmen...

HASSAN O Herr... nix Totenvogel... Niggerfrauen so froh sein... Hochzeit machen!

RIMBAUD Wo soll ich die Zeit hernehmen, mich mitzufreuen! Einst... wenn ich daran denke, war mein Leben ein Fest. Alle Herzen taten sich auf. Die süßesten Weine flossen. Aber ich fand sie bald bitter und stieß sie wieder fort. Ich floh über alle Berge. Und ergab mich euch. Ihr Fürsten des Elends, Brüder der Armut... Aber hört nicht mehr auf mich... auf keinen meiner Rasse dürft ihr mehr hören. Hörst du, Hassan? Auf euch kommt es jetzt in der Welt an. Auf euch, hörst du, Hassan? Ich aber brenne ab. Sieh, wie die Glut prasselt und hochschlägt! Ich brenne wie Zunder... Fort... fort aus meiner Nähe... *(Hassan springt ins Zelt, klappert mit Flaschen.)* Wasser... Wasser... Hassan... warum bringst du mir kein Wasser?

HASSAN *zurück aus dem Zelt, kniet am Feuer... zählt Fiebertropfen in die Kürbisflasche* Viel Wasser trinken... Fieber gut werden... Niggerfrauen tanzen kommen... Alles gut werden.

RIMBAUD *trinkt wie ein durstgequältes Tier... Setzt die Flasche langsam ab* Horch, wie das Blut wieder zurückläuft... Hassan, es klopft wieder unter der Haut... *(Reckt sich.)* Ich verscharre die Müdigkeiten in meinen Bauch. Ich werde doch auf dem Türkenschimmel durch die Wüste reiten. *(In den hinteren Zelten ist Bewegung aufgebrochen. Neger eilen hin und her.)* Ich höre verflucht schon wieder die Totenvögel. Wo sind die Trommeln hingeklungen? Hassan! Die Weißen landen mit Kanonen. Nun müßt ihr euch taufen lassen, Kleider anziehn... arbeiten...

HASSAN Kundschafter zurück, Herr. Alle Straßen frei. Alles wieder gut sein.

RIMBAUD *langsam in die alte Kraft hinauf wachsend* Ja, wieder gut werden! Hassan... wir werden die Meilen diese Nacht verdoppeln müssen. Der alte Geschmack kitzelt wieder meine Zunge... Von den Bäumen tropft die Erde dick und fett... Jetzt dürfen wir uns nicht mehr lumpen lassen! *(Pferdegetrappel draußen vor dem Lager. Stimmenwirrwarr wie Paukenschall.)*

HASSAN Die Büchse, Herr! *(reicht ihm die kostbare Waffe.)*

RIMBAUD *packt sie mit beiden Händen* O du heilige Fahne im Wind! Wünschelrute zu unbekannten Straßen des Glücks *(reckt sie hoch über den Kopf.)* Es wird wieder hell in der Welt! *(Araber in weißen Burnussen und Neger rasen von allen Seiten heran und umringen Rimbaud mit freudigem Gelärm.)*

EIN ARABERFÜRST *reckt sein Gewehr empor zu Rimbaud* Herr... das Land liegt weit vor dir offen.

RIMBAUD *senkt die Arme. Hängt das Gewehr um. Schreitet auf den Fürsten zu, der die Arme ebenfalls sinken läßt und das Gewehr umhängt... Verbrüderung. Dann* Jetzt ist die Stunde der Wiedergeburt Afrikas... Brüder, laßt mich euer fröhlichster Kamerad sein!

Vorhang

Die dreizehnte Station

Urwald im Abendlicht. Vordergrund laubgeflochtene Niggerhütte; ist
ein spitziger Kegel von dreifacher Mannshöhe. Kriechloch halbkreis-
rund, verhangen von buntem Fell. Hinter der Vorderhütte gestaffelt ein
Dutzend gleiche Hütten zwischen Stämmen und Schlinggewächs.
Rimbaud und Simeon treten von rechts her auf.

RIMBAUD *mit Reitpeitsche den Boden fegend* Ich frage noch mal:
  mit welchem Recht brechen Sie hier ein... und verwirren,
  was geordnet durch mich auf schnurgerader Allee in die Zukunft marschiert?! So antworten Sie doch!

SIMEON *aalglatter, doch nicht bigotter oder pfaffenhafter Missionar.*
  Eichenbraun gebeizt von Trope und Kampf das Gesicht. Oberlippe
  und Kinn ohne Bart. Sprache steinhart Mein Anspruch leitet
  sich aus grauer Vergangenheit her... Solange Sie nur Handel
  üben und von Schwarzen die Muskelkraft organisieren –:
  segne ich Bundesgenossenschaft. Auch von Subvention ließe
  sich reden. Aber... wenn Sie Seelen aufputschen, Schafsge-
  hirne mit dem schlechten Fusel Freiheit umnebeln... muß ich
  Krieg erklären. Meine Kirche verpflichtet bis zum letzten
  Atemzug. Jedoch –: In Freundschaft gesprochen: wo behindern wir Sie? Unsere Methode bei Schwarzen ist ausprobiert.
  Mit Zucker gängeln wir wildeste Kreaturen. Selten sind
  Rückfälle. Und wo im Hinterhalt Blut spritzt –: immer schob
  sich ein Dritter, nicht vorausberechnet, zwischen. Daß wir,
  zum Heil der Zivilisation, solcherlei Zwischenfall im Keim
  schon abdrosseln... ist das so schwer zu verstehn? Missionare
  sind wir. Das ist alles!

RIMBAUD Disput mit Ihnen lohnt nicht. Man hat nicht die Schu-
  lung von Jesuitenklöstern wie Sie, bald ein Jahrtausend. Aber
  Handgelenk, Phosphoraugen im Dunkel. Blut! Blut! Das ist
  unsere Waffe gegen Sie auf diesem Erdteil.

SIMEON Es kann hier doch keine Rede sein von einem Wettlauf um den Thronsessel. Wir kultivieren... und Sie, und der Stand, dem Sie zugehören, münzt die Ernte in vollfette Goldwährung um. *(Lächelt diskret.)*

RIMBAUD *aufbrausend* Verringert durch die Ansprüche, die Sie an unsere Kassen stellen... nein... mit Ihnen fechten besser Frauen, die geil nach Beichtstühlen sind.

SIMEON Fälschen Sie doch nicht Tatsachen... Fest steht: Sie haben durch Taufe Gewalt der Kirche anerkannt. Beugen Sie endlich das trotzige Genick!

RIMBAUD *bleibt dicht vor der Hütte stehen. Sieht Missionar groß in die Augen* Ich wehre mich... verstehen Sie...: Ich wehre mich. Die Obrigkeit Roms war dem Zwölfjährigen schon Dreck. Wie heute: alle Obrigkeit! Auch: alle Autorität, wenn Sie wollen.

SIMEON In Ihren Personalakten ist auch dies haarscharf eingetragen. Man warnt! Ich bin jedoch nicht für Zwang. Trotzdem es ein leichtes wäre, mit 1000 Soldaten dieses Rebellennest in die Wüste zu stäuben. Ich frage nur: geben Sie bis zum dritten Morgen die Station wieder frei?

RIMBAUD Und die Schlußfolgerung? Lassen Sie ruhig alle Reserven springen! *(Schreit.)* Die Drohung... die Drohung!

SIMEON Nur die Unterschrift noch!

RIMBAUD Und diese Verpflichtung lautet?

SIMEON Mich und meine Assistenten, wo es auch sei... mit keinem Mittel... Wort oder Tat... zu behindern.

RIMBAUD Sozusagen: Tauschhandel! Nein, mein Freund... Abschlüsse Ihrer Bibel halten keinem Revisor stand. Ich verzichte ein für allemal –: mit Ihnen Geschäfte zu machen!

SIMEON Wollen Sie zum zweiten Male Kain über Abel werden?

RIMBAUD *zuckt zurück; scharf fragend* Wann war ich Brudermörder zum ersten?

SIMEON In Paris fault in Spitälern Verlaine!

RIMBAUD *wegwerfende Handbewegung* Episode aus meinem Knabentum zwischen sechzehn und siebzehn... nun: Begraben... verwest... und Paris liegt paar tausend Meilen hinter uns. In Meilen – und Lebensjahren. Ihre Spekulation auf Gedenksteine wird von diesem Laub hier oben wie Rauch verschluckt. Ich bin in langjähriger Ehe einig mit jedem Geschrei dieser Wälder! Hören Sie den Donner der Wurzeln durch die Tiergeschlechter? Nein! Sie hören nicht einmal die Grille.

SIMEON Ihre alte Mutter...

RIMBAUD *wild* Jetzt werden Sie unverschämt!

SIMEON *in verhaltener Ruhe* Ihre Schwester Isabella...

RIMBAUD *in eisiger Wut; pfeift. Drei Neger erscheinen gewaffnet aus den hinteren Hütten* Ich müßte hoch in den Baum Ihre Schlangenzunge hängen. Das Gesetz dieser Erde befiehlt nicht mildere Strafe. Aber – *(verhalten)* daß ich einmal Kind war und von Gesichtern Ihresgleichen die Legende von den drei Weisen aus dem Morgenlande erfuhr – schützt Sie vor Vollzug des Urteils. Der Bann aber lautet: Nie wieder in diesem Reich einen Fuß vorgesetzt. Solange ich atme. *(Winkt die Neger heran. Sie umschließen Simeon.)* Dem Herrn Missionar –: Bis zum Banja-See Begleitung! Eure Köpfe haften für das Leben dieses... Barbaren in weißer Haut! *(Dreht sich um.)*

SIMEON *im Fortgehn* Ich werde wiederkommen... und Ihnen die Sakramente, nach denen Sie brüllen werden wie ein Tiger im Fangeisen, nicht verweigern. Diese Rache merken Sie sich!

RIMBAUD *hebt in Raserei die Peitsche. Will ihm nach. Limah, aus der Hütte tauchend, reißt von hinten seinen Arm zurück. Neger mit Simeon ab.* Siebenköpfiger Teufel! *(Schmeißt die Peitsche fort. Dreht sich zu Limah um.)* O du dunkle Koralle! *(umschlingt sie.)*

LIMAH *gertenschlankes Negermädchen. Geschmückt mit goldenen Arm- und Beinspangen. Violettseidenes Schamkleid. Sonst herrlich nackt. Schnurrt wie ein Katzentier. Flüstert* Du... wilder... Hirsch... mein! *(Zieht Rimbaud auf die breite Platte eines abgesägten Baumes dicht vor der Hütte hinab... Fährt kosend durch sein Haar.)*

RIMBAUD *Limah an sich gedrückt, in den plötzlich in die Nacht hinüber gedunkelten Sternhimmel sprechend* Es gibt nur ein Glück auf der Welt... Urwald... und dich, zitternde Gazelle... mein Traum, die langen Menschenjahre lang –: warum bist du so spät mir erschienen? Nun ist so groß meine Dankbarkeit, daß ich darunter zerbrechen muß... So schwer meine Liebe... daß ich gebückt gehen muß, wie die müden Lasttiere durch das Schlinggebüsch. Sieh, wie die Straße heranglänzt... auf der wir wandeln dürfen ohne Raum und Zeit! Limah... du Heimat und Musik durch das ausgehungerte Blut!

LIMAH *schmeichlerisch... doch mit großen, fernen Augen* So traurig ist... daß so wenig weißes Wort besitze... Liebliches Wort... wie schöner Nachtvogel oben.

RIMBAUD Dennoch blühst du brennender wie Schillerfalter und Purpurdistel. Ich träume am Fruchtsaum deiner Brüste meine Jugend in den unvergänglichen Sterngarten hinüber... und darf ausruhen... eine Stunde im Leben! Das wirft keinen Schatten, den man greifen kann und abrichten für die staubigen Straßen Frankreichs.

LIMAH *streicht mit nervösen Händen an seinem Körper herum* Weiß nicht... Wort... nicht Wort...

RIMBAUD Willst du mich fragen, Limah?

LIMAH *lächelnd* Ja... fragen... richtiges Wort. Viel fragen!

RIMBAUD Heute... ja, heute... will ich antworten.

LIMAH *noch tierhafter schmeichelnd* Wann... wieder allein... mit... Mund und heiße... Nacht?

RIMBAUD *streichelt ihr Haar... ihre Schultern bis zu den Brüsten* Bin dir ein Jahrhundert lang Liebe schuldig. Und habe nur wenig Stunden erst abgetragen. Warum wohl zögere ich? Warum betäubte mich so lange der Geruch deiner Achseln, du erdiges, krautiges Tier?!

LIMAH *fast singend* Komm... komm!

RIMBAUD *rasend das Mädchen emporgerissen. Will in die Hütte mit ihr...* Der Wald soll über uns zusammenstürzen! Mit Mond und Stern und allen Tiergebissen!

HASSAN *eilt von links mit Depesche heran* Herr!

RIMBAUD *ärgerlich das Mädchen aus den Armen lassend, doch mit der Hand noch ihr Haar kosend* Mußte dieser Augenblick dich aus dem Boden herausstoßen? *(Zu Limah)* Gieß dich über das Lager mit aller Fülle, schwarzer Göttertrunk! Ich schöpfe dich aus wie noch nie! *(Limah strahlend ins Zelt springend.)*

HASSAN *reicht die Depeschen* Himmel voll Donner... wird Regen morgen sein. *(Blickt verstohlen nach der Hütte Limahs.)*

RIMBAUD *überfliegt die Dokumente* Regen... Regen... Europa frißt Elfenbein wie Brot. Dummköpfe! Pflückt man Stoßzähne vom Teestrauch? Schuppt man Gold von Fischleibern? *(Ballt ärgerlich die Papiere zusammen.)*

HASSAN *in Gedanken* Nix Gold... nix Elfenbein... Limah... mehr...!

RIMBAUD *aufstaunend* Was Limah?

HASSAN *erschrocken* Limah schön...

RIMBAUD *reißt den Kopf des Negers zu sich in die Augen empor. Prüft lange* Noch nie gefangen den schönen Schmetterling?

HASSAN *stammelnd* Viel lieb haben... Braut... süße!

RIMBAUD *gibt ihm einen Stoß* Ich will nicht würfeln auf Sieg... Nimm dir die Nacht, bis die Sterne golden vom Baum klumpen! *(Hassan mit jähem Sprung in die Hütte.)* Sie wird dich hirnloser, glücklicher machen wie mich... den nur Sekunden betäuben. Wann wird diese Unruhe nie mehr sein? O ewige Trunkenheit... wann... wann...?

Vorhang

Die vierzehnte Station

Hügel mit hartem Dorngestrüpp bewachsen. Zwei, drei magere Palmen. Weißes Zelt rechts in einen Felsspalt geklemmt. Zwei riesenhafte Neger, speerbewaffnet, als Wächter davor. Hinter dem Zelt klafft Eingang zur Höhle. Heraus dringen Klagelieder der Negerweiber. Der Himmel brennt dunkelgelb. Aus der Ferne kommt Hall von Trommeln und das Peitschen von Gewehrschüssen.

RIMBAUD *blickt mit dem Fernglas zu Tal. Tropische Kleidung. Bart verwildert* Dieses Tal ist reif für eine größere Schlacht. Heute schätze ich nur fünftausend Gewehre und acht Feldkanonen. Aber auch dies werden die Herren Engländer schwer verdauen.

TSCHILAY *hockt auf geleerter Konservenkiste neben Rimbaud. Fünfzigjähriger, doch massiv. Tropenuniform. Messer und Revolver im Gürtel* Die Schwarzen sind bockbeiniger geworden. Liefern schlecht ab. Wenn da gut Zureden nicht mehr hilft...

RIMBAUD Es geht nicht mehr um Baumwolle, Elfenbein und Goldstaub allein... mein Lieber. Die Schwarzen haben inzwischen dem erbärmlichsten Dickhäuter gezeigt, daß sie Seele haben... und hier oben eine anständige Menge Gehirn. Das liebt Vetter John Bull nicht. Darum knallt es jetzt öfter. Mit Hilfe Ihrer Gewehre natürlich.

TSCHILAY Ich bin Geschäftsmann, Herr. Ich verkaufe jedem, der gut zahlt.

RIMBAUD *hat das Glas abgesetzt, dreht sich scharf um* Und Ihre Sympathien?

TSCHILAY Hat das Inselreich gewiß nicht... aber jeder, der eine weiße Haut hat und die Schwarzen für sich arbeiten läßt.

RIMBAUD Den Nachsatz sagen Sie besser sich... geheim über das Kassabuch gebeugt.

TSCHILAY *unverschämt lächelnd* Sie wollen natürlich höher hinaus. Kandidieren für das Kaiserreich Sahara. Vorzügliche Spekulation. Muß man Ihnen lassen! Aber der Kriegsschatz –: wieviel Millionen klirren schon im Kasten?

RIMBAUD Dafür habe ich Europa nicht hingeschmissen!

TSCHILAY Freilich: Sie sind noch jung... quasi Volontär im Wichtigsten, im Geldverdienen. Aber die wenigen Gewinne sind dafür auch vier-... fünfstellig... Man hat doch seine Gedanken hinter scharfen Augen... und sieht mit Spannung auf Ihr Weiterkommen. Oder sind Sie weniger anspruchsvoll? Dann hätte ich mich zum ersten Mal getäuscht im Leben und müßte diese Reise verfluchen.

RIMBAUD Ich bin ein frachtenbeladenes Schiff... Kurs unbekannt. Bin lange auf der Fahrt und trage Welten über die noch unbekannten Meere.

TSCHILAY Also hier nur sozusagen: Station. Da werden Betriebsmittel ergänzt. Luft eingepumpt. An Mädchen die Nerven erfrischt... Einfach bewundernswert!

RIMBAUD Ich habe fünf Millionen Schwarze aufgerufen, die meine Brüder sind. Folgen mir bloß zehntausend, soll ich enttäuscht auskneifen?

TSCHILAY Nein, morgen werden es dreißigtausend sein. In der Tat –: Der Glutkessel kocht. Und Sie rühren schonungslos noch höhere Temperaturen unter.

RIMBAUD *späht mit dem Glas wieder in die Ebene hinunter, wo die Schüsse jetzt lauter und häufiger fallen. Der Himmel geht in ein leuchtend Dunkelorange über. Die Klagelieder in der Höhle nehmen an Trauer zu* Die Staubwolken färben sich dunkler. Die Raubvögel schmecken Blut. *(Setzt das Glas ab. Wendet sich Tschilay zu.)* An die unendlichen Sterne ist unser Schicksal geknüpft. Die Bahnen der hellsten Fixsterne schneiden diesen Erdteil. Hier entscheidet sich Sein oder Nichtsein der Welt.

TSCHILAY *ironisch* Das neue Kaiserreich marschiert!

RIMBAUD Ich darf mich rühmen: diesen Stamm mündig gemacht zu haben. Auch die Verfassung des Reichs werde ich in Bahnen lenken, vor deren Wucht Europas Staatsmänner erröten sollen!

TSCHILAY Sie denken diesen Staat fünfzig Jahre zu früh.

Europa produziert noch mit Hilfe der Pfaffen Menschen im Überfluß. Das muß erst zerfleischt werden. Dann, vielleicht beginnt... Asien. Und nachdem Afrika.

RIMBAUD *scharf* Sie zweifeln? Nach Vorgängen wie gestern –: Schwur der zwanzig Häuptlinge von der Goldküste herunter bis zum Kap? Mann... gehen Sie endlich in sich. Kotzen Sie das verlogene Mitgefühl für unsere abgewirtschaftete Rasse aus. In den Tropen wächst der sechste, und manchem auch der siebente Sinn. Packen Sie zu! Pfropfen Sie neue Erkenntnisse auf Ihren europäischen Gehirnbogen. Vor allem...: erklären Sie mir das Gesetz, aus dem Sie Folgerungen wider meinen Plan ziehen.

TSCHILAY Afrika muß erst durch alle Kriegsschulen des Kontinents sich zum Feldherrntum gesteigert haben, muß die Missionare in den staubigen Museen herumzeigen und Zeitungen bis in das letzte Zeltlager organisieren.

RIMBAUD Das hieße aus Vergangenheiten –: Zukunft türmen, alle Stiefel über einen Leisten schlagen und Niggerblut um drei Grad kühler machen. Nein, Freund. Dieses Taschenformat künftiger Welt habe ich in der Abc-Schule zwischen Kirschkernen und ausländischen Briefmarken auf dem Schreibpult liegen lassen.

TSCHILAY Ich gebe zu, daß Sie auf diesem Erdteil in fünf Jahren weitergekommen sind, wie Englands Spezialisten in zwanzig nicht kommen werden... Wer aber wird den Schwung, den Sie rasend hetzen, fortbewegen, wenn... ja wenn...

RIMBAUD Ich hops bin und meine Knochen irgendwo bleichen im Sand?

TSCHILAY Ja, wenn auch Sie hintenüberstürzen. Dreißig, vierzig Jahre früher als die soliden Bürger in der Heimat. Energien Ihrer Stoßkraft sind nun einmal nicht übertragbar. Ist nicht Napoleon bestes Beispiel?!

RIMBAUD Erdrosselt an seiner eigenen Nabelschnur, wollten Sie doch sagen, nicht wahr? Nein und immer noch nein! Ist das Menschenschicksal dieses Giganten auch nicht losgekommen vom Schatten auf der Erde, der Turm zerfallen, der wurmstichige Purpur zurückgegeben den eingeborenen Fürsten –: Der Geist aber blieb entzündet in Bauern und Kleinbürgern.

Um diese Achse dreht sich Europa noch eine kleine Weile, ehe es untergeht.

TSCHILAY Wo untergeht? Im Sturm etwa, der sich von dieser Wüste hebt, ehe Roggenfelder sind. Eisenhütten und Kohlengruben?

RIMBAUD Es entfesselt sich wildere Dynamik, gespeist von Kräftekreisen, die weder Kohle noch Eisen sind... Was frommts mich aber: Plomben in die Fäulnis eurer Denkwerkzeuge zu gießen... Schwamm drüber. Ich frage Sie nur noch: wenn König Hiram 70% in Gold und Edelsteinwert anzahlt... liefern Sie die achtzehntausend Tonnen Gesamtladung sofort?

TSCHILAY Sofort!

RIMBAUD Zahlbar?

TSCHILAY Bei Abgang der Schiffe!

RIMBAUD König Hiram wird Ihre Dienste häufiger erbitten. Fiebern Sie nicht: in einer Stunde spätestens vor dieser schwarzen Majestät den zivilisierten Buckel krümmen zu dürfen? Das Gesicht, in das Sie hineinsehen werden wie in grelle Sonne, wird noch im Gehirn Ihrer Nachkommen größtes Erlebnis der Erde sein.

TSCHILAY Das schmalzgebackene Gesicht schenke ich Ihrem König Hiram gern. Auch den Hausorden aus Messingblech. Für die Aufträge aber –: ich habe erstklassige Zündnadelgewehre, Tornister, Feldflaschen, Eisenbahnen, Konserven, Silbertroddeln... na, Sie wissen ja... was ich nicht alles habe... Für Jahresaufträge mache ich auch vor der schwarzen Majestät den Buckel krumm. Geschäft ist Geschäft... Letzter Vorschlag –: Macht mich zum Generalkriegslieferanten, und ich propagiere das Kaiserreich von Zentralafrika. *(Ungeheuer aus der Ebene schallt mit dem Gewehrfeuer der Kriegsgesang der Neger herauf.)* Sind das etwa Jubelchöre? *(Steht auf... äugt mit dem Fernglas scharf nach unten... setzt es wieder ab):* Herr Kriegsminister... oder welche Würde bekleiden Sie bei der schwarzen Majestät...? ich fürchte: König Hiram kriegt von den Engländern gehörig eins auf das gesalbte Haupt.

RIMBAUD Unsere Gewehre tragen fünfhundert Meter weiter.

Unsere Truppen baun mit den eigenen Leibern Schutzwälle. Dennoch denke ich an Rettung für Sie. *(Dreht das Gesicht halb über die Schulter.)* Hinter dem Zelt ist Eingang der Höhle, drin lagert Vieh. Die Priester und des Königs Frauen. Beliebts einzutreten?

TSCHILAY Wenn Sie die beiden Wachhunde auf Eis legen und mit der Fackel voraufgehen... gern! Man setzt sich nicht ohne Not öffentlicher Besichtigung aus. Die Engländer haben Stricke aus edlem Hanf, die legen sich um den Hals wie Blumendraht. Ich steh bei Mister Tnowden mit drei Kreuzen schon ein halbes Jahrhundert auf der Liste.

RIMBAUD Gewiß nicht für prompte Lieferung. Oder kaufen Sie hintenherum auch von englischen Intendanturbeamten das Zeug, das Sie uns andrehen? Ein Grund mehr, daß Sie hier oben bleiben!

TSCHILAY *erschrocken* Sie rechnen mit dem Durchbruch der weißen Bulldoggen?

RIMBAUD Durchbruch? Die Falle wird zuklappen! Ihre Rolle dann: Sie vermitteln bei der Regierung in London die Zahlung der Lösegelder für Ihre Henker. Bleibt Ihnen da nicht der Speichel weg vor Glück? *(Reißt Tschilay heran, zeigt auf die Ebene.)* Da... sehn Sie das Kohlfeld auf den Speeren? Sehn Sie John Bull, mit langer Zunge hinter den Kamelen traben? *(Tschilay wendet sich erschüttert ab. Rimbaud reißt ihn wieder zurück.)* Kerl, wenn Sie keine abgeschnittenen Köpfe sehen können... was wollen Sie in Afrika? Überzeugen Sie sich gefälligst von der Wirkung Ihrer Messer und Totschläger. *(Trommeln und Kriegslieder schallen heran.)*

TSCHILAY *reißt sich los, bedeckt das Gesicht mit den Händen, stammelt* Dieses Gemetzel... *(Richtet sich wieder auf... schreit Rimbaud ins Gesicht.)* Diese Entfesselung dunkelster Barbarei halten Sie für einen heiligen Krieg? Herr, ich bin ein ehrlicher Kaufmann, der Geschäfte macht. Ich mache gern Geschäfte... auch mit Ihrem Brotherrn König Hiram... Aber muß ich dabei sein, wenn die schwarzen Bestien Europa die Gedärme aus dem Bauch reißen? *(Das Geheul der dem Berg sich nähernden schwarzen Krieger mit der unermeßlichen Beute kommt näher. Der Himmel färbt sich dunkelblutrot.)* Soll ich etwa den

Feuertanz um den Marterpfahl mit diesen Hyänen Hand in Hand mitmachen? Herr, ich pfeife auf die Lieferung!

RIMBAUD *lächelnd* Sie werden liefern!

TSCHILAY *hochgestachelt von dem rasenden Radau der Kriegsgesänge und Trommelwirbel* Ich bin ein ehrlicher Kaufmann... wer von diesen betrunkenen Bestien garantiert... Bezahlung meiner Waren... mein Leben... *(Zieht Messer und Revolver und will fliehn.)*

RIMBAUD *schlägt ihm beides aus der Hand und hält ihn am Kragen* Du wirst nüchtern am Marterpfahl Blut saufen sehn... und liefern... liefern!

(Ein Gewoge von schwarzen Kriegern ergießt sich auf den Berg.)

Vorhang

Die fünfzehnte Station

Achterdeck des Postdampfers Pinguin. Sturm auf dem Meer. Wolken-
fetzen fliegen über das Schiff. Manchmal bricht blutroter Mond aus den
Wolken. Langsam ballt sich ein Gewitter zusammen. Wellen klatschen
krachend gegen die Schiffswand.

RIMBAUD *liegt in Decken eingehüllt auf einer Bahre, die von vier Ma-*
trosen auf Deck gehoben wird, und unter einen Aufbau, der gegen
das Wetter etwas schützt, gestellt. Ein junger Matrose bleibt zurück
bei dem Kranken, der schmerzhaft aufstöhnt, dann Das war wie in
der Hölle da unten. Ein Tier würde die Wände mit dem Kopf
eingerannt haben... Menschen aber sind verdammt, zu beten... oder sich das Fleisch von den Knochen zu reißen. Sau-
hund von einem Arzt –: zu sagen, ich sei fertig für diese Welt.
Das Bein... dieser lästige Klumpen Geschwulst... was hat
das mit meiner Existenz zu tun? Wird abgesägt, wenn es
durchaus sein muß... Ich würde keinen Augenblick zögern,
selber die Säge zu nehmen... und dann los –: ritsch – –
ritsch... ritsch... Knochen durch... Platz für Holzbein! Nur
in dem Brutkäfig so still liegen... da... mach ich nicht mit...
da muß ich schreien, bis man mich hört... O... dieses herrliche Gewoge der Luft... Schlacht der Elemente... da werf
ich mich hinein... Alle meine Nerven spannen sich auf
Sieg... Ich habe ein Vorkaufsrecht auf Sieg... Was siehst du
mich so mitleidig an, Kerl? Ich habe noch nicht die letzte
Karte in das Getümmel geschmissen... und doch schwört
Afrika auf meine Fahne... *(Das Fieber packt ihn... er beugt den*
Rumpf vornüber und streicht mit beiden Händen das kranke Bein.)
Gott und Gott verflucht... diese Stacheln im Fleisch...
Hilfe... Hilfe...! *(Bricht in Schluchzen aus. Der Matrose biegt*
den Körper des Kranken zurück. Streicht die Decken grade.)
ALTER MATROSE *durchnäßt vom Wetter kommt hinzu, sieht auf den*

Kranken. Nimmt die Pfeife aus dem Maul, spuckt aus Tropenkoller... armer Teufel... Jetzt hat er den Dreck: für andere Leute in der Hölle schwitzen. Die Pfeffersäcke saufen daheim Sekt und lachen sich eins... Gib ihm einen ordentlichen Grog. Das hilft...

JUNGER MATROSE *bei Rimbaud wehrt den Schwätzer mit hochgehobenen Händen ab:* Tu nich so wie 'ne alte Betschwester... Das kann der arme Kerl schon gar nicht vertragen... kenn ihn doch... Weißt nicht mehr, wie wir in Aden vorigen Winter anlegten und den blödsinnigen Spaß mit den schwarzen Weibern hatten? Wer hat uns da rausgehauen, als die verdammte Polizei kam... he? Der... der da wars...! Stramm stand die ganze Bande vor ihm. Gibts noch so einen Kerl da unten? Dreck gibts.

RIMBAUD *richtet sich halb auf, sieht mit verfieberten Augen den zweiten Matrosen an, schluckt heftig, hebt die Faust* Zuckt die Säge schon in der Faust? Wart, bis ich abgekratzt bin... dann kannst du kreuz und quer sägen... Gold suchen... Hab viel Gold ins Bein genäht... Siehst du nicht, wie dick es ist... Gold... Gold ist drin! *(Stöhnt, läßt sich wieder nach hintenüber fallen.)*

ALTER MATROSE Glotz doch nich so auf das Bein... Ist doch kein Gold drin...! Aber der Teufel hat sich da häuslich niedergelassen... Und den treibt man nur mit Grog aus. Gib ihm Grog. Hörst du? Gib ihm zu saufen, bis er nich mehr japsen kann. Das hilft. *(Steckt die Pfeife wieder ins Maul und torkelt fort.)*

RIMBAUD *etwas ruhiger jetzt* Arme Menschen, die ihr euch müht... Ich verlange keine Gebete... Ich mag eure Fürsorge nicht... Nein, ich mag nicht! Ich hoffe, nicht mehr leiden zu müssen... euch anzuekeln mit meinen Geschwüren... *(Der junge Matrose wischt ihm den Schweiß von der Stirn.)* Kommst wohl grad von der Mutter her, wie? Hast weiße Hände... bist wohl ein Mädchen... Willst du, daß ich verschwinde? *(Eine mächtige Welle schlägt über das Schiff. Die Spritzer schlagen bis zu der Bahre.)* Oh, es ist Regenzeit. Und die Sonne schwimmt rot hinter dem Wasser. Bah, ich will der Treulosen alle Gesichter schneiden, die man sich nur denken kann. Wie... kein Laut mehr? Sicher sind wir schon aus der Welt heraus. Der

schwarze Vorhang ist verschwunden. Ach, mein Schloß...
der Wald... die Berge –... mein Weidenhain... Abende...
Morgen... Nächte... Tage... Ich bin müde... Ich sterbe
vor Müdigkeit... Das ist das Grab... Ich gehe zu den Wür-
mern. Schrecken der Schrecken. Satan... Spötter... willst
du mich mit deinen Reizen auflösen? Wie, willst du mich in
den Wind zerstäuben? Ich erhebe Einspruch... ich erhebe
Einspruch! *(Richtet sich auf.)* Ach zum Leben wieder empor-
steigen! Die Augen auf die Mißformen werfen. Auf die Grausamkeit der Welt! *(Der Mond leuchtet eine ganze Weile blutrot aus
dem Gewölk.)* Ha...! *(Er reckt die Arme zu dem Gestirn empor.)*
Dieses Gift... dieser tausendmal verfluchte Kuß der Sonne!
*(Alter Matrose kommt mit einem irdenen Topf, aus dem der Grog
dampft, und reicht diese Medizin dem jungen Matrosen, der zu
Häupten Rimbauds steht.)* Die Tropennacht kitzelt mein
schwarzes Blut... Wir fahren zurück!

JUNGER MATROSE *reicht Rimbaud den Grog* Trink, Kamerad!

RIMBAUD *nimmt den Topf mit beiden Händen... labt sich an den wür-
zigen Dämpfen, die hochsteigen... zieht sie tief ein* Nichtige,
schleichende Qual –: jetzt spüre ich... wie du abblätterst...
in den Staub zurück mit dir! Jetzt revoltiere ich gegen den
Tod! *(Trinkt in ungeheuren Zügen.)* Oh... oh... *(Setzt den
Topf ab und läßt ihn in die Hände des Matrosen zurückgleiten.)*
Oh... oh... jetzt kommt wieder das Aufwachen! *(Der Himmel verdüstert sich. Donner rollen fern. Die See bäumt hoch.)*

JUNGER MATROSE *hat den Topf neben sich gestellt* Sie sollten jetzt
lieber ein wenig ruhen... die Augen fest zumachen, Herr!

RIMBAUD *sieht ihm fragend ins Gesicht* Ich bin auf der Suche nach
neuen Blumen, neuen Gestirnen, neuem Fleisch, neuen Sprachen... ich will übernatürliche Macht erlangen...

JUNGER MATROSE Auf der Stirn steht noch das Fieber, Herr...
dicke Tropfen... und das Meer ist jetzt auch nicht unser
Freund...

RIMBAUD *richtet sich auf* Weg mit dem Mitleid. Mich ekelt das
Elend. Das Zähneknirschen, das Zischen des Feuers, die ver-
pesteten Seufzer werden ruhiger... Alle unreinen Erinnerun-
gen verblassen. Schnell... schnell... die Welt ist gut... ich
werde das Leben segnen! *(Der Sturm rast mit ungeheuren Gewal-*

ten. Blitze zerpeitschen die Nacht. Der Donner erschüttert das Schiff... Wasser ergießt sich auf Deck... Die Matrosen versuchen beide, Rimbaud zurückzuhalten. Erst mit sanfter Gewalt... dann energischer.)

JUNGER MATROSE Wenn der Kapitän doch nicht nachgegeben hätte...! Jetzt haben wir die Last mit dem Mann... Auf die Matratze gehört der... mit solchem Fieber und mit Riemen festgeschnallt, wenn er tobt... Mein Gott, mein Gott! Nun tut er einem noch leid obendrein!

RIMBAUD *schreiend* Gebt mir doch die Arme frei, Brüder... gebt mir die Arme frei... Ihr seid im Irrtum, sage ich euch... Das Schiff ist in meiner Gewalt... Ich halte das Steuer... Das Tor der Welt schließt sich auf. Seht die Bäume hoch wie Sterne im weißen Licht. Brüder... es gibt keine Hölle und keinen Himmel mehr... Alle sind wir das große unendliche All...

JUNGER MATROSE *verzweifelt* Wir wollen ihn in die Kombüse schleppen... zum Koch... da kann er sich beruhigen...

ALTER MATROSE Quatsch... solchen Menschen muß man tun, was sie von uns verlangen... die sind nicht mehr von dieser Welt... die sind schon Teufel... oder Engel... was weiß ich...

RIMBAUD *mit dem verbundenen und geschienten Bein auftretend, als ob es gesund wäre... die Augen auf den von Blitzen zerspaltenen Himmel gerichtet... wie ein Somnambuler drängt er nach vorn... die Matrosen müssen ihn dorthin stützen* Seht... da steigt die Küste... Schneevulkane... Goldene Ströme... Völkerwanderung... ich... ich will die Menschen anführen... *(Die Schiffsglocke läutet... die Sirene heult... dunkle Gestalten, in Regen und Nebel nicht mehr erkennbar, rennen auf dem Schiff hin und her.)*

JUNGER MATROSE Das Boot wird ausgesetzt...

ALTER MATROSE Grünschnabel... bei diesem Hundewetter läßt man kein Boot ab...

JUNGER MATROSE Wozu dann Alarm?

ALTER MATROSE Maschine wird einen Knacks haben... Verdammt, das Schiff poltert wie ein Haufen Teller...!

JUNGER MATROSE Was machen wir bloß mit dem?

ALTER MATROSE Anbinden hier an die Eisentreppe... Nach unten kriegen wir ihn doch nicht mehr...

RIMBAUD *in höchster Raserei* Seht ihr nicht meine Fahne... Hoch die Fahne der ewigen Menschheit... Mir nach... ihr alle... Mir nach! *(Die Matrosen können ihn kaum halten.)*

JUNGER MATROSE Hörst du nicht? Mann über Bord!

ALTER MATROSE Verflucht noch mal... wir müssen den Wahnsinnigen hier festbinden... bis das Wetter ausgetobt hat. *(Hebt ein Seil vom Boden... schlingt es um das Geländer der Treppe, die nach oben zum Kartenhaus führt... Der junge Matrose hilft mit der einen Hand... Schließlich haben sie Rimbaud festgebunden. Stülpen ihm noch einen Südwester auf den Schädel. Die Sirene heult unaufhörlich... Die Blitze machen die Nacht zum Tag. Ein ungeheurer Stoß erschüttert das Schiff. Die Matrosen stürzen, werden von einer Welle über Bord gespült.)*

RIMBAUD *hebt in höchstem Fieberdelirium den Kopf in das gleißende Licht* Wohin? Zum Kampf? Oh, wie schwach bin ich geworden... *(Reißt mit gespanntem Körper an den Stricken.)* Die anderen gehn vor... Werkzeuge... Waffen... Zeit...! Feuer... Feuer auf mich! Du... oder ich ergebe mich! Feiglinge... ich töte mich! Ich werfe mich vor die Pferde! *(Eine ungeheure Sturzsee spült über ihn hinweg.)*

Vorhang

Die sechzehnte Station

Einfaches, zweistöckiges Landhaus in Roche. Front des Hauses mit weinberankter Veranda liegt links schräg. Der Weg geht vorn von links nach rechts. Vor dem Hause und weit dahinter Strauchwerk, Zier- und Obstbäume. Es ist ein heller Sommerabend.

ALTER BAUER, *derselbe des ersten Bildes... aber greisenhaft zittrig und schneeweiß, sitzt auf der Treppe zur Veranda, nickt* Ja, wie eine rote Wildkatz... kein Baum war ihm zu hoch... kein Spaß verrückt genug... und nun auf Krücken... junger Mensch auf Krücken.

STIMME *einer greisen, verhutzelten Frau im ersten Stock am Fenster* Und was sagte er... als er dich gestern so plötzlich wiedersah...

ALTER BAUER Nur angesehen hat er mich... und den Kopf geschüttelt... und ich mußte ihn auch nur immer ansehn... und das Blut blieb mir im Herzen stehn wie Eis... Und da wollte ich sagen: Das ist doch unser Arthur nicht... unser lieber Taugenichts?!

STIMME Heute, beim Frühkaffee, sagte er zu Isabella... und lachte dabei –: »Weißt du, Schwester, eigentlich ist dieses ganze Dorf hier eine alte Rumpelkammer. Die Menschen sehen alle so abgenutzt aus... so altmodisch... fast könnte man glauben... daß der Tod hier seit hundert Jahren nicht mehr eingekehrt ist und saubergemacht hat.« Findest du das... nicht sonderbar?

ALTER BAUER *gähnt* I... wo...! Recht hat... der gute Junge... Recht hat er... man kommt doch auch gar nicht vom Fleck hier... nun bin ich bald achtzig... und bin nicht einmal bis nach Paris gekommen, und... dieser Bengel... kennt sich in der Welt aus... als wärs unser armselig Dorf...

STIMME Glaubst du... daß er jetzt hierbleiben wird... und vernünftig werden... Geld hat er... so viel... daß man sich ein Rittergut dafür kaufen kann...

ALTER BAUER Er wird schon hierbleiben müssen... das Gift... von den verfluchten schwarzen Heiden frißt ihn bei lebendigem Leibe auf...

STIMME Oh... dieses Mal wirst du unrecht haben... heut früh ging er fort... lustig wie ein junges Fohlen... die Krücken flogen nur so!

ALTER BAUER Und die Kinder hätten so gern hinter ihm her gebrüllt: Oh... Meister Humpelbein... Humpelbein... Und standen doch wie festgenagelt an den Zäunen... und starrten ihn an wie ein schreckhaftes Fabeltier... siehst du... die Kinder... die haben eine feine Witterung dafür...

STIMME Wofür?

ALTER BAUER Daß da einer vorübergeht... der schon keinen Schatten mehr auf der Erde hat... Das ist ein Zeichen mehr... für... mein Wissen!

STIMME Du solltest dir nicht so früh schon mit Schnaps den Bauch vollschütten... und ehrliche Frauen zum Narren machen...

ALTER BAUER Oh... mein Kopf... ist vielleicht... zu hell... darum trinke ich. *(Steht plötzlich auf und wankt auf die Straße hinaus.)* ... Wart, wart, mein armes Rehkälbchen...

RIMBAUD *ächzt abgespannt und schwerfällig auf den Krücken heran* Nicht nötig... alter Meergreis... kannst selber kaum die wackeligen Stöcke... regieren... *(Der alte Bauer läuft neben ihm her.)* Ich kann sie wenigstens fortwerfen, wenn sie mich allzu sehr ärgern... Dir aber sind sie angewachsen... *(Lacht trotz fürchterlicher Schmerzen.)* War heut ein bißchen viel Weg... Dafür habe ich auch beinah einen großen Hasen gefangen... *(Sind am Treppenfuß der Veranda.)*

ALTER BAUER *stellt sich vor Rimbaud, macht den Buckel krumm* So – – nun häng dich hier mal schön rauf... wiegst ja doch nicht viel mehr wie ein Osterlamm. *(Rimbaud läßt sich auf die Veranda tragen... wird am Sessel, der gleich am Eingang steht und Aussicht auf das Feld gibt, abgesetzt. Alter Bauer nimmt die Krücken und stellt sie beiseite.)* Also... wie war es nun mit dem Hasen...

RIMBAUD *bis zur Brust sichtbar... und das vorgestreckte Holzbein*
Zum Abendessen... wenn Isabella dabei ist... dann erzähl
ich es euch... zum Lachen wars!

ALTER BAUER *steht am Eingang der Veranda... mit dem Gesicht zu
Rimbaud* Weißt du noch, wie wir beide einmal einen Fuchs
aus dem Bau gegraben haben...

RIMBAUD *lächelnd* Und das Biest mir den Arm bis zum Ellen-
bogen aufriß!

ALTER BAUER Und es obendrein noch gehörig was auf den Hin-
tern gab von Muttern...

RIMBAUD *nachdenkend* Mir ist... als hätte ich das alles nur geträumt... auch die Felder... die ich heute sah... die habe ich
irgendwann einmal nur geträumt. Auch du... du bist nie
wirklich gewesen... oh, ich kenne dich wohl... Mit deinem
Boot stieß ich ab in den hellen Tag... der mein Leben erst
wirklich gemacht hat. Deine guten Wünsche blähten die weißen Segel auf... Und daß du jetzt wieder freundliche Gestalt
bist... ich fühle... der Traum erzählt den Schluß der Legende...

ALTER BAUER Das Boot... das dich fortwehte von hier, liegt
jetzt morsch und zerhackt hinter der Scheune...

RIMBAUD Genau wie dein unnütz verbrauchtes Leben... Heute
muß ein großer Donner das Schiff bewegen... das ich mir
wähle... abzustoßen von diesem elenden Armleute-Riff...

ALTER BAUER Du solltest dir diese Reisegedanken endlich aus
dem Kopf schlagen... Genug gesehen... erfahren... gelit-
ten!... Denk auch... daß du dem Land eine Familie schuldig
bist... Enkelsöhne der Mutter...

RIMBAUD Kein garstiges Lied... aber für meine Kehle noch zu
früh... Schreie sind noch dadrin... die taugen nichts für Ohren, die an dörfliche Glocken... Muttersprache und Spukge-
schichten am Kaminfeuer gewöhnt sind... Seit ein paar Tagen habe ich herrliche Einfälle... was für ein Stümper bin ich
doch bis jetzt gewesen... Kannst du schweigen... immer
noch so wie früher... Wie? *(Alter Bauer beugt sich vor.)* Die
Schwarzen müssen das Kinderspielzeug erst aufbrauchen, das
ich ihren Häuptlingen geschenkt habe... Für morgen habe
ich mich beim Kaiser von China angesagt. Enten mit ihm

jagen gehn im Silbermond unter den Kirschbäumen... Aber das verstehst du ja doch nicht, was das heißt, mit dem Kaiser von China auf die Entenjagd gehen, wie?

ALTER BAUER *kopfschüttelnd* Nun habe ich schon ganz weißes Haar... und noch immer machst du... schrecklicher Satansbengel, dich über mich lustig!

STIMME Über uns alle macht er sich lustig und kann doch vor Tränen nicht mehr aus den Augen gucken...

RIMBAUD *langsam mit nachdenklichem Tonfall* Nichts... hat sich seit gestern... und vorgestern... geändert... Mutter.

Vorhang

Hafen

Marseille. Kleines Zimmer im Hôpital de la Conception. Fenster geht auf einen Garten unter südlichem Himmel mit halbtropischen Bäumen. Tisch mit Blumen und Medizinflaschen. Bett links an der Wand, Strohsessel davor.

ARZT *welcher mit grauer Schwester am Bett steht. Rimbaud schläft fieberfrei* Heute ist es genau ein Vierteljahr... da schnitt ich ihm das rechte Bein ab. Jetzt müßte man auch das linke absägen... Aber –: Wozu? Das schlechte Blut ist nicht mehr reinzuwaschen. Tut mir leid, der arme Kerl, aufrichtig leid! Sein Gehirn geistert grenzenlos ins Unvernünftige. Unserem Wissen aber sind, wie diesem Zimmer, Grenzen gesetzt. Deshalb frage ich: wozu bemüht man sich noch? Vier... höchstens sechs Wochen... dann ist es aus mit diesem seltsamen Tausendfuß. Dann hat das Gift das Herz fest in der Faust. Und macht einen Stein daraus. Die beste Medizin ist da noch: Beten! Tag und Nacht muß der Mann beten. Dabei vergißt er Schmerzen und erlangt obendrein noch die Seligkeit... Warum war Pater Erasmus noch nicht bei ihm? Ist der Kadaver auch nicht mehr zu retten... die Seele entschlüpft allemal dem Messer! Mög sie der Pater einfangen und die Belohnung dafür bei Gott liquidieren. *(Lacht roh.)* Sie wenden sich ab, Schwester? Böse Musik für Ihre Ohren, was? Wozu ist man Arzt! Bei uns sind Menschen geringer wie die Fliege da an der Wand. Aber Scherz beiseite. Sie werden linksseitig rot. Das kommt vom Herzen. Legen Sie sich ein Stündchen aufs Ohr. Das Fieber des Kranken ist gebändigt für diesen Tag. *(Dreht sich um, stelzt steif hinaus.)*

SCHWESTER *wirft sich hin... betet stumm... Erhebt sich, bückt sich über den Kranken... streicht ihm über Stirn und Augen. Flüstert* Wie kann, wie könnte ich Schmerzen verlachen? Leben und

Tod unterscheide ich nicht mehr... und habe die Worte des satten Leibes verlernt.

ISABELLA *reife Frau... dunkelblond... blühend wie die Felder zwischen Marne und Aisne. Sommerlich, aber einfach gekleidet, tritt ein... bringt dunkelrote Blumen mit. Legt sie auf die weiße Bettdecke... sieht jetzt erst die graue Schwester, umarmt sie stumm weinend* Des Arztes Mund ist voller Hoffnungen, und doch sagen seine Augen das Gegenteil... Jetzt kann ich verstehen, daß Arthur solchen Widerwillen gegen den Oberarzt hat... *(Setzt sich in den Sessel.)*

SCHWESTER Trafen Sie vorhin mit dem Arzt zusammen?

ISABELLA Er stand auf dem Gang und besprach sich mit dem Leichendiener... Ein böses Vorzeichen...

SCHWESTER Jeden Tag sterben hier sechs Menschen dem Arzt unter den Händen weg... Überall... oben und unten, vorn und hinten sieht man nur den Leichendiener. Das ist doch ein ganz gewöhnliches Zeichen in diesem Hause!

ISABELLA Ist Arthur schon einmal wach gewesen, seit ich fort war?

SCHWESTER Möchte ihm Gott noch länger diesen guten Schlaf schenken! Der Arzt meint, man möge den Pater Erasmus holen. *(Isabella schreckt zusammen.)* O nein... nicht weil Gefahr wäre... darum soll der Pater nicht kommen... aber um von Gott tausenderlei Dinge zu erzählen, und Pater Erasmus weiß von Gott mehr als wir alle... darum soll er zu dem armen Kranken kommen... Sie geben doch Ihre Einwilligung?!

ISABELLA *mit gedunkelter Stimme nachdenklich* Ich will dem Pater kein Hindernis sein... Und Arthur... das ist immer ein gläubiger Mensch gewesen...

SCHWESTER Es geht um die Seele... Eine kranke kann vor Gott nicht hintreten. Ich rufe den Pater. *(Ab.)*

ISABELLA *nimmt die bleiche abgezehrte Hand des Kranken und schluchzt Küsse... Bleibt eine Weile so... dann erhebt sie sich und trocknet dem Kranken die Stirn* So nahe schon am Ziel... und doch nicht gelandet... O mein Bruder... In jeder Nacht, in all den Jahren, war ich eine Stunde wach... und lebte für dich diese Stunde... Wie eine heilige Braut trug ich mein Herz, das dir gehörte... scheu und ängstlich durch die Welt...

Wenn dich je einer verstanden hat... deine Verachtung des Alltags... deine Flucht in die unerhörtesten Fernen... dein heimliches Kaisertum... ich... ich habe dich verstanden, als hätte unser Blut miteinander Gedanken ausgetauscht...

RIMBAUD *hustet... wirft sich herum... schlägt die Augen auf... sieht und erkennt Isabella... lächelt wehmütig* O Schwester –: ich habe dich im Traum schon gefühlt... umarmt... Du hast eine gute Stunde gewählt... es geht endlich vorwärts mit mir... Paß auf... diesen Winter werden wir in Paris, in Brüssel zusammen tanzen gehn... und im Frühjahr... da nehm ich dich mit... Nach Indien... China und Japan... Freust du dich nicht, Schwesterlein. Wie, du freust dich nicht? Hab dir schon so oft die Reise versprochen, gelt? Und immer sitzenlassen... Oh... ich bin ein schlechter Mensch... Immer Versprechungen, Versprechungen... und nichts hält der böse Kerl, wie?

ISABELLA *schluchzend* Ja, Arthur... dieses Mal fahre ich mit dir in die Welt der goldenen Morgenländer...

RIMBAUD Aber nicht weinen darfst du wie jetzt... hat dir der Giftarzt wieder sein teuflisches Lachen in die Ohren getuschelt? Schwester... glaub nicht... was diese Schlange flüstert... Alles Lügen... Verführungen... Betrug... Ich fühle besser wie sie alle... die Jahreszeiten des Lebens in meinem Blut... Ein dürrer Ast ist abgebrochen... ins Feuer damit! Aber der Baum hat wieder Säfte und wird herrliche Blüten treiben und Frucht... purpurne Frucht!... *(Schmerzen springen ihn plötzlich wieder an... er verbeißt sie mit Gewalt und kann doch ein Stöhnen nicht unterdrücken.)*

ISABELLA *weiß im Gesicht... nimmt seine Hand und streichelt sie unaufhörlich* Armer Bruder... es wird noch viele Wochen dauern, bis der Baum wieder grün wird...

RIMBAUD Ich sah mich, wie noch keinen Baum auf Erden, hoch in den blauen Himmel des Südens wachsen... Sterne bauten goldene Nester in meinen Zweigen... und die Engel Gottes gingen ein und aus...

ISABELLA Ich habe ein geweihtes Bild dir mitgebracht von der Heiligen Jungfrau in Liesse... *(Nimmt das Bild aus der Handtasche und reicht es ihm herüber. Er betrachtet lange das Bild... lächelt und reicht es ihr zurück.)* Die Mutter hat sieben Messen lesen lassen...

RIMBAUD Nicht darauf kommt es an, Schwester... Gott ist nicht in Bildern und Gleichnissen... nur im Traum... da wird er gegenwärtig... Im Traum ist alles... was die Erde uns nicht hingeben will... Im Traum, da bin ich nicht der Krüppel, der hier fiebert... Im Traum, da liegt die Welt tief unter mir... und es erfüllt sich alles, was ich begehre... Aber träumt man denn... Ist ein Traum nicht das wirkliche Wachsein... und dieses hier Wachsein ist doch nichts als ein böser... o ein abscheulicher Traum?

ISABELLA Die bösen Träume... ja... das ist das Leben... das wir so hinleben... und auf die Erlösung warten...

PATER *kommt mit einem Aufwand von angeschminkter Frömmigkeit... spricht einen Segen über das Krankenbett... streckt die Hand hin, daß der Kranke sie küsse... doch der sieht darüber hin, und Isabella tut für ihn den Dienst* Das Fieber ist noch nicht von ihm gewichen?

ISABELLA Das ist wohl nicht Fieber... und auch nicht helles Wachsein... das ist schon weit... weit fort von der Erde... *(Schluchzt.)*

PATER *beugt sich über Rimbaud* Willst du... daß ich die Gnade des Himmels über dich ausgieße... Ich bin von Gott gesandt, mein Sohn...

RIMBAUD Gott ist meine Kraft... und ich lobe Gott... *(Der Pater gibt Isabella einen Wink, daß sie sich entferne... Isabella küßt des Kranken Stirn... schluchzt in ihre Hände hinein und eilt hinaus.)*

PATER Im Schoß der alleinseligmachenden Kirche...

RIMBAUD *ihm ins Wort fallend* Knecht oder nicht... nein... ich kann nicht... ich bin zu verspielt...

PATER Wir wollen beten... damit du den Weg findest...

RIMBAUD *wieder fiebernd... mit allmählich rot aufbrennender Stimme* Ich muß wieder reisen... die Entzückungen abschütteln, die sich in meinem Gehirn angesammelt haben... Einmal... über dem Meer,... das ich liebte, als ob es mich von einer Befleckung hätte reinwaschen müssen, sah ich das tröstende Kreuz sich erheben... Nie in einer Kirche aus Stein und Priesterwort habe ich solch ein Kreuz gesehen... Und alle kamen anzubeten... alle Völker der Welt... Und keiner war, der seine Stimme hob... auf daß die anderen nachbeten... Wann wird dieses Kreuz wieder hochgewölbt sein über mein müdes Gesicht...?

Nichtige... schleichende Qual... Welcher Teufel hat die Ketten geschmiedet, die mich jetzt festbinden an die schwärzesten Fratzen der Erde...! O welche Schwäche des Gehirns und der Hände... Nichts habe ich unversucht gelassen, mich loszureißen. Kein Sophismus der Narrheit – der Narrheit, die man einsperrt – ist von mir vergessen worden. Ich könnte sie alle aufzählen... ich habe ihr System... Und muß doch das Fieber essen mit unseren wäßrigen Gemüsen... He... du Mann auf der schiefen Leiter... merke wohl... daß du nicht abstürzest... komm... komm... ich breite dir die Arme, weil du mein Feind bist! *(Er richtet sich halb auf... greift mit den Armen nach dem Pater, der entsetzt zurückweicht und das Zeichen des Kreuzes macht.)* Rasch... rasch... ein wenig rascher... Da unten, jenseits der Nacht... sind künftige... ewige Vergeltungen.

PATER *besinnt sich... dann mit Entschlossenheit dem Kranken beispringend* Um des Gekreuzigten willen... der sich zu den Sündern setzte und mit ihnen aß... auch dir wird Gott den bösen Rückfall ins Heidentum... *(Rimbaud umklammert jetzt mit seinen dürren Armen und Händen den Hals des Paters.)* Gott... Gott... der Teufel ist wahrhaftig in diesem verfluchten Menschen... *(Stöhnt und versucht sich loszureißen.)*... in dieses Tier gefahren!... Gott... Gott...!

RIMBAUD *die Arme etwas lockerer, so daß der Pater wieder atmen kann* Ah... sieh mich doch an... ein Mensch, der... sich verstümmeln will... ist doch ins Fegefeuer verdammt, nicht wahr? In die Hölle mit ihm...! so lautet die Vollstreckung des Katechismus... Dafür hat man mich zum Sklaven der Taufe gemacht... unschuldig... ausgeliefert... allen Betrügern der Kindheit... *(Schraubt sich wieder fester um den Pater.)* Du... ja... du... du... bist das ärgste Übel... von allen... *(Schauerlicher Ringkampf... Ächzen des Kranken und Wutzischen des Paters.)* Vergiftet... vergiftet... ich sehe mich wieder... die

Haut von Kot und Pest zerfressen... die Haare... die Achseln voll Würmer...

ARZT *schnell herein... reißt den Pater zurück, der erschöpft in den Sessel fällt und zusammensinkt wie ein leer geronnener Luftsack* Jetzt wird Zwangsjacke nötig... hätt's dem armen Schlucker gern erspart... *(Gibt ihm eine Morphiumspritze... legt ihn langsam hintenüber.)* Besser wär natürlich, man könnte ihn einschlafen lassen... heute schon... Aber der Staat... der Staat... das zarte Gewissen der Bestie Staat! *(Wendet sich an den Pater... hält ihm Riechsalz unter die Nase.)* Tief Atem holen, bitte! Dem roten Wildschwein hat man einen vernünftigen Ring durch die Nase gezogen... Keine Gefahr mehr, Herr Gottgesandter... Füllen Sie ruhig wieder den Rock mit Würde aus... Wer wird gleich in die Knie brechen, wenn heißer Atem eines Gehirnlosen Feuer fängt...

PATER *richtet sich auf, glättet den Rock, streicht sich mit dem Taschentuch die Stirn trocken... holt tief Atem* Ich habe im Lauf meines hohen Amtes zwanzig Mörder aufs Schafott begleitet... Alle sind Gottes Kinder geworden... Wasser stand mir in den Augen, als sie unter dem Messer der Ewige in Gnaden zu sich nahm... dieser jedoch... ist wahrhaftig mit Beelzebub im Bunde... Ich habe gerungen mit ihm wie um das Heil meiner eigenen Seele...

ARZT *lächelnd* Sie irren... Kinder und Wahnsinnige erleben Gott leibhaftig... Da schwächt euer Hineindrängen nur ab... Warten Sie doch ruhig paar Tage, wenn ich ihn erst oben in der Stahljacke und hinter den Gitterstäben habe –: ...da werden Sie Gebete füttern können, wie man Tauben mit Zuckerbrocken lockt!... Sie kennen diese Spezies noch nicht? Jedes Jahr hat man ein halb Dutzend hier... Afrika schwemmt sie heran. Die Sphinx, wissen Sie... die läßt sich nun einmal nicht von uns Christenhunden in die Augen sehn...

ISABELLA *tritt ein und bleibt, als sie die Männer sieht, an der Tür fragend stehn* Ich... ich...

ARZT *bezeichnende Handbewegung* Nichts mehr zu fürchten... erquicklichen Schlaf... wenn Sie aber durchaus wachen wollen...?

PATER *drückt sich weitab vom Bett vorbei, den Kranken nicht aus den Augen lassend* Und ich werde im Kloster... Seelengebete anordnen... *(Ab.)*

ARZT *noch schnell einen Blick auf den Kranken werfend* Sie wissen: dreimal, die Klingel ruft mich. Ich habe Sensendienst bis gegen Mitternacht... *(Ab.)*

ISABELLA *setzt sich und nimmt des Kranken Hand... die sie küßt und sich auf den Schoß legt und streichelt* Wo ist noch Hilfe zu schöpfen... Bruder... Bruder! Wenn nur einer der tausend Träume, die du geträumt hast... sich erfüllen würde... dann du liebe, gute Seele... wäre die Ewigkeit für uns nicht verloren...

RIMBAUD *im Schlaf* O Fruchtbarkeit des Geistes... Unermeßlichkeit des Universums... erregt von der ewigen Geburt der Venus... Ha... das Meer... das Meer... So zieht doch die Ruder endlich ein... Der Himmel soll uns langsam in die Sterne hinauftreiben... Sieh... an den Berglehnen brausen die Blumenfelder... Diana säugt die Hirsche... Bacchanten der Dörfer schluchzen. Aus beinernen Schlössern dringt Musik. Und der Mond brennt... und heult... heult... *(Er wirft sich plötzlich hoch... sieht Isabella, die ihm beistehn will, groß in die Augen...)* Feuer auf der Zunge... Wasser... *(Isabella gibt ihm schnell und mit fiebernden Atemzügen zu trinken... er wirft das leere Glas auf die Erde...)* Wie traurig war das Geflüster der Mutter... Kind... liebes Herz!

ISABELLA *stützt ihm, da er sich nicht legen will, den Rücken* Soll die Mutter kommen... Arthur... soll ich telegrafieren...

RIMBAUD *schluchzend* Wenn Gott mir wieder das Leben schenkt... o Schwester... ich will ein frommer... gütiger Mensch werden... Beten... die Armen... beschenken... ein Weib... nehmen und mit frohen Kindern in der Sonne sitzen...

ISABELLA Ach... ja... wenn Gott dir wieder das Leben schenkt... Arthur... dann wirst du immer bei uns sein... und alles so schön und friedlich werden...

RIMBAUD *aufgeschreckt plötzlich vom Geheul einer Sirene im Hafen* Ah... der Pinguin... der Pinguin... Warum hält man mich hier fest... Reisen... Reisen... ich muß die Koffer packen...! *(Will aufstehn... Isabella kämpft furchtbar.)* Warum hilfst du mir nicht, mich anzukleiden... Ich werde wortbrüchig... wortbrüchig... das Schiff... das Schiff... *(Isabella zieht in ihrer Not die Klingelschnur.)* Das Schiff...! Oh... jetzt bin... ich... gerettet...

LEICHENDIENER *in langem schwarzem Rock erscheint... kommt langsam näher. Isabella mit großen Schreckaugen* Gehorsamst zur Stelle...

ISABELLA *Rimbaud mit ihrem Körper deckend* Nicht Sie... nicht Sie...

LEICHENDIENER *mit hoher Stimme* Zweimal ging die Klingel... das heißt... hier –: Leichendiener...

RIMBAUD *röchelnd* Gerettet. *(Stirbt.)*

ISABELLA *schluchzend* Gehen Sie... Gehen Sie...

LEICHENDIENER *lächelnd auf Isabella zu... löst sie von dem Toten... drückt ihm, nachdem er ihn gebettet hat... und die Hände gekreuzt, die Augen zu* Ich komme immer zur rechten Zeit...

ISABELLA *entsetzt auf den Toten sehend... taumelt... bricht mit Schreien »Arthur« zusammen* Welch... ein schrecklicher... Tod...!

Vorhang

PAUL ZECH

Prinzipielle Bemerkungen zu der szenischen Ballade »Das trunkene Schiff«

I.

Zuvor dieser Stoßseufzer –:

Wer in Deutschland von der Lyrik zum Drama strebt, hat maßlose Hindernisse, die außerhalb seiner Persönlichkeit lagern, zu überwinden. Der Kampf gegen die literatur-kritischen Registerrichter frißt mehr Nerven, als ein Normalmensch ungestraft abgeben kann. Die Literaturgeschichte zeigt erschütternde Beispiele tragischen Untergangs auf. Auch heute noch fliegen Steine und Kot um das Haupt der Bekenner. Die aus offenen Wunden blutenden Opfer solcher Kämpfe: hundert gegen einen, waren gestern Dauthendey, Rilke, Dehmel; und heißen heute: Musil, Mombert, Wolfenstein, Blaß usw. Weil sie Spannungen innerer Gesichte mit den formalen Mitteln des Dramas zu bannen wagten, anstatt Lyrik (in diesem Fall!) zu lügen, wie es von den Groß-Siegelbewahrern gefordert wurde, gesellte man sie den Nichtkönnern zu. Wenn's hoch kam, unter sanfter Flötenmusik des Mitleids. Im allgemeinen jedoch mit einem bei Dilettanten nicht einmal so scharf geübten Hinauswurf. Das »Schuster bleib bei deinen Leisten« ist die widerwärtigste Unduldsamkeit, die Menschen dieser Zeit gegen Menschen künftiger Zeit äußern können. Es ist eine durch die Jahrhunderte vererbte Eigenschaft jener Machthaber, die eine Aristokratie aus ihrem Gildentum, aus ihrer Unzeitgemäßheit machen. Sie hat nur im Nebel politischer und kultureller Unfreiheit so wuchern können. Im stahlzeitlichen Fortschritt auch der unteren Menschenschichtungen gehört sie als Schaustück in die Folterkammern der Museen. Sie wird aber, ganz besonders auf dem Gebiet der Schaubühne und ihrem Drum und Dran, bestimmt nicht eher versanden, bis die Schaubühne, eingeschnürt von ihren geistigen und materiellen Widersachern, dem mechanischen Hör- oder Seh-Spiel ausgeliefert ist. Was bestimmt nicht die von der Zeit umgewertete Entwickelungsrichtung bedeutet. Wer das Theater davor bewahren will, Instrument der vertrusteten Industrie zu werden, muß gegen eine schulmäßige Ästhetik sein, die von Shakespeare über Lessing zu Schiller und Kleist ihre Maßstäbe holt und mit solchen, heute längst verbogenen Lehren Wertungen diktiert und von diesem Dreh heraus: Leder und Stahl über einen Leisten schlägt. Zumal jener Lyriker wird sich heute eine freie Fahrbahn erkämpfen müssen, der die Erregungen innerer Gesichte nicht mehr mit dem Vers dynamisch bezwingt, aber mit der dramatischen Form zum stärksten Ausdruck steigern kann. Lyrik, Epik und Drama sind der äußeren und inneren Form nach nichts anderes, als die verschieden temperierten Erregungsgrade der schöpferischen Spannung. Wie im Verlauf der Jahre sich körperliche und physische Wandlungen im Individuum mehr oder weniger heftig vollziehen und das Außen und Innen des Menschen umschichten, muß sich logischerweise auch die schöpferische Substanz einem elastischen Tempo unterwerfen, und die Entäußerung des Ichs zum Kunstwerk so formen, wie es dem Rhythmus der jeweiligen Kräftekreise entspricht. Es gibt keinen »ewigen Lyriker«, es gibt keinen »ewigen Dramatiker«. Wer der einen Kunstform, ohne daß er von der Gewalt des Ichs dazu gezwungen wird, sklavisch dient, degradiert sich zum Götzendiener des Handgelenks. Aus der virtuosen Geschmeidigkeit des Handgelenks entwickelt sich spezialisierte Industrie. Kunst-Industrie und Kunstrichter = Dogma; hier schließt sich der Ring. Seine pressende Gewalt bewirkt den Zerfall der Kunst.

II.

Dieser Stoßseufzer, zuvor, mußte ausgespien werden.

Denn auch hier ergibt sich der Fall, daß jemand, bevor er sein erstes Bühnenwerk (anno 1915 »Die Kugeltänzerin«) schrieb, mit einem Aufwand von drei Versbänden und einem Prosabuch Undramatisches veröffentlichte. Daß es auch damals so etwas wie »Junge Generation« gab, bestätigen die »Neopathetischen« Klubs bis zum »Gnu«. Dafür wurde der Siedler in diesem Richtungsgefild auch vom Ulk verulkt, von Gesinnungsgenossen bemerkt und von den Rezensenten verdammt. Was den Registerrichter aber nicht abhielt, ihn ein für allemal auf den Gebrauchs- und Musterschutz »Lyrik, Jahrgang 1910/14« abzustempeln. Die wahre Wertschätzung auf dieses Patent hin erfuhr er aber erst, als sieben Jahre später das vierte dramatische Werk seines Lebens zum erstenmal in aller Öffentlichkeit einem verehrten Publikum vorgesetzt wurde. Denn jetzt war er mit eins von Gnaden der Theaterreferenten (was die Sachreferenten für Lyrik aufhorchen ließ!) der »bekannte Lyriker« mit der ganzen Hoffnungslosigkeit dieser Innung zum Drama. Mit anderen Worten: er erfuhr ein höchst ehrenvolles Begräbnis. Da man aber nur einen Scheintoten eingesargt hatte, vollzog sich am gleichen lebenden Leichnam in längeren Intervallen die gleiche Prozedur. Wiewohl der »bekannte Lyriker« sich inzwischen auch in weiterer Prosa versucht hatte und an Versen kaum noch Geschmack fand. Da ihm aber auch die ehrenvollsten Begräbnisse keinen Spaß mehr machten, schrieb er, um sich endlich den erlösenden Knock-out zu verdienen, u. a. die »Szenische Ballade vom trunkenen Schiff«.

III.

»Bateau Ivre« (Das trunkene Schiff) ist der Titel eines Gedichtes von Jean Arthur Rimbaud (1854–91). Ich setzte es gegen 1908 in deutsche Verse um, weil weltanschauliche Substanz, Tempo und Format des Werkes den gärenden Spannungen des eigenen Bluts entsprachen. Mehr noch: dem Aufbruch und dem geistigen Wesen der ganzen Generation um 1908/10, den Kämpfern Schickele, Georg Heym, Hiller, Blaß, Wolfenstein, Becher. Den Zerfall des alten Europa, Revolution für ein besseres Menschentum und Abkehr vom Handgelenk der Vorderen erfuhren wir rapid im Tumult innerer Gesichte fast ein halbes Menschenalter später als dieser genialische Knabe. Und formten aus der Not des Herzens und den Spannungen des tätigen Geistes: Das Erlebnis zum Werk. Das Schutzpatronat dieses »L'Enfant maître« kann jene Generation, die lange vor dem Ausbruch des Krieges gegen den Krieg war und doch hineingepreßt wurde, nicht auslöschen. Das wilde Atmen seiner künstlerischen Leistung und die tropische Atmosphäre seiner dynamisch unerhört vorwärts bewegten Aufbrüche haben tiefe Spuren im Werk der Vorkriegsjugend hinterlassen. Georg Heym beispielsweise und Benn und Becher haben, wenn auch mit schöpferisch schwächeren Mitteln, dort begonnen, wo auch Rimbaud begann. Sie haben ihn breiterer Wirkung erst verständlich gemacht, haben mit ihrem Werk sein Werk über sich gehoben und seine ungewöhnliche, einem vollen Jahrhundert vorausgeeilte Persönlichkeit historisch so fundiert, daß sie als lebendige Bildung eines fortschrittlichen Begriffs (und nicht nur im Raum der Kunst!) bis in dieses Stahlzeitalter der Zwanzigjährigen noch gilt. Vielleicht in noch steilerer Kurve schon die zweite Thronerhebung hinter sich hat. Nichts spricht gegen, aber alles für diese im Krieg erst herangewachsene Jugend, die aus der Konfession Rimbauds sich den Mut holt, Erregungen innerer Geschehnisse gegen die aufgeregte Zeit zu formen. Rimbaud wird noch ein weiteres Jahrhundert, vielleicht ewig, tätiges Symbol einer tätigen Jugend sein. Weil er, der ganzen Zusammensetzung seines Blutes nach, gegen jede Belastung kämpfte, Tradition verachtete und als Zweckmensch nirgend Autorität anerkannte, weil er sich kinderfrüh schon von allem frei machte, was nicht aus seinem Ich heraus die Bahn seines Lebens bewegte –: ist in ihm das Heldische sichtbar genug zu einem Energienzentrum geballt. Er ist ein äußerster Pol voller Schwingungen zu einer neuen Weltbildung. Kraftwellen, die von ihm ausgehen, sammeln Weltanschauung. Eine, die bislang anhanglos die Welt durchmaß, weil es dem Sender an Empfängern gebrach. Darin liegt die Tragik seiner Sendung, nicht die seiner Persönlichkeit. Womit nicht gesagt wird, daß der tragische Ablauf seines Lebens zu schwach gewesen ist, ihn zum Symbol zu erheben. Die Gestaltung dieses Lebens zum Symbol einer kämpfenden Jugend habe ich gerade mit dem Bühnenwerk, das den Namen seiner höchsten Kunstleistung trägt, versucht.

IV.

Gegen die zwei, von Götzen zum Gottbegriff erhobenen Weltkreise stößt das Leben Rimbauds vor –: gegen das verbürger-
lichte Europa und gegen den falschen Propheten »Kunst«. In
beiden Lägern war er von Geburt her Siedler wie der Nachbar X
und der Nachbar Y. Mit dem wesentlichen Unterschied aber,
daß er sie mit einer Heftigkeit durchlebte, die dort mit dem Erlebnis schon fertig war, wo Normalmenschen gerade beginnen.
Dieses ungewöhnliche Tempo ermöglichte ihm den Absprung
zu einer Zeit, als Körper und Geist noch von ihr nicht dezimiert
wurde. Dabei ist nichts von einem sogenannten Wunderkind in
ihm und an ihm sichtbar. Bei einem Wunderkind rinnt Blut aus
einer einzigen Erregungsfläche. Rimbaud ist in allen Flächen
gleich heftig durchblutet. Ja, in der Heftigkeit der Durchblutung
liegt seine Kraft begründet. Die Kraft, die das Unwesentliche
abstößt und das Wesentliche zu letzten Steigerungen zwingt.
Unwesentlich ist Europa. Wesentlich ist die Welt. Nichts ist die
Masse. Alles das Ich. Hier setzt die Maxime seiner dynamischen
Entfaltung ein. Sie durchdringt als Zersetzungszelle nicht ein
Geschehnis, sie zersetzt mit einer konzentrierten Gewalt alle. Sie
ist gleicherweise gegen das leere Mühlengeklapper der Schule
tätig als auch gegen den hohlen Despotismus von Haus und Heimat. Sie bindet sich an keine Standesregel, kann heute Fürst unter Fürsten, morgen Bettler unter Bettlern sein. Alle Exzesse
zivilisierter Welt umbranden das tägliche Leben. Heute Not-
zucht, morgen Alkohol, übermorgen Seefahrt und Niggertanz.
Mit starken Wurzeln ist er im Leben aller heimisch, entwurzelt
die Umwelt und häuft Neuland. Hinter seinem Riesenschritt
dreht sich die Welt zurück. Leere umkreist sein Gehirn. Es setzt
sich gegen die Leere durch und durchdringt sie. Das Ich bleibt
oben. Es zerbricht an der Unzulänglichkeit der Menschen. Es
sucht den Körper heim und wandelt sich in der Befreiung wieder
zum Neu-All. Goethes, die Seele erlösender, Aufschrei war der

Legende nach »Mehr Licht«. Aus Rimbaud fuhr auf feurigem Wagen ein neuer Elias ins lebendige Leben: »Ich habe die Sommermorgenröte umarmt!«

Das war seit zwanzig Jahren sein erstes Gedicht wieder. Es setzt genau dort ein, wo das letzte abbrach. Er brach es ab in dem Augenblick, wo das Zwischenspiel Verlaine sich erfüllt hatte. In Verlaine sah er Kunst zur letzten Vollendung erhoben. Er übersteigerte sie und deckte damit ihre Begrenzung auf. Er erkannte sie als ein heidnisches Überbleibsel auch in der letzten Form, die er ihr gab. Er trennte sich von ihr angesichts der Alpen und dem riesigen Tempo der Straßen von London mit der gleichen Erbitterung, wie er sie einst an sich riß und vergewaltigte –: »Absurde! Ridicule! Dégoûtant!« Seine Mission auf der Welt ist die eindeutige aller um ein Jahrhundert zu früh geborenen Menschen: »Raum!« Von der jungen Generation zum Kampfruf erhoben, entfesselt er die Entscheidungsschlacht. Um Kunst und Welt.

ERWIN PISCATOR

Zu meiner Inszenierung
von Zech
»Das trunkene Schiff«
in der Berliner Volksbühne

Film- und Projektionsbild als Mittel der Bühnendekoration.
Projektionsbilder von George Grosz,
Bühnenbauten von Edward Suhr

Zech nennt sein Stück eine szenische Ballade und deutet damit an, daß es ihm wesentlich auf eine Darstellung wichtiger Lebensabschnitte seines Helden ankommt.

Regietechnisch war notwendig, die Bilderfolge dramatisch zu beleben, deren Inhalt kurz folgender ist:

Das geniale Phänomen Arthur Rimbaud kommt siebzehnjährig als Dichter glühendster Visionen nach Paris zu Verlaine, der ihn in die geistige Welt Frankreichs einführt. Der ältere, weichere Dichter verfällt in unentrinnbarer Abhängigkeit dem stärkeren Rimbaud. Die Freundschaft der beiden großen Bohemiens endet mit einem gewaltsamen Bruch, hervorgerufen durch den Ekel Rimbauds vor der Literatur, der dekadenten, verlogenen Kultur Europas und ihrer geistigen Vertreter. Er wendet der Literatur und Europa den Rücken und wird Kolonisator selbstentdeckter Afrikaländer. Wird Freund und erster Aufrüttler der Schwarzen, lebt ein arbeitsvolles, abenteuerliches Leben, dem ein frühes qualvolles Ende im Spital von Marseille ein Ziel setzt.

Um diesen schnell hinfließenden Stationen eines ungeheuren Lebens zu rascher dramatischer Folge zu verhelfen, wurde beabsichtigt, auf einer kleinen Drehscheibe ein Leinwandprisma aufzustellen, auf das von allen Seiten auf die große Drehscheibe gestellte Projektionsapparate den szenischen Hintergrund in Illustrationsbildern werfen sollten. Der Schauspieler sollte auf der Drehscheibe zu seinen Auftritten herangerollt werden, die ganze szenische Abwicklung sollte so ohne Unterbrechung, in jeder nur denkbaren Variation vor sich gehen. Alles Maschinelle sollte selbsttätig vor dem Zuschauer erstehen. Diese Konstruktion, die für eine große Reihe moderner Stücke, besonders für Brecht, Paquet, Kaiser, Toller, anzuwenden ist, konnte aus technischen Gründen noch nicht zur Durchführung gelangen und muß erst bei einer späteren Inszenierung erprobt werden.

Im »Trunkenen Schiff«, dessen Szenenbilder außer von der Projektion ursprünglich von einem Film begleitet werden sollten, der als Basis der Rimbaudschen Gedankenwelt die Geschichte Europas aufzeichnet, stellte ich in die Mitte der Bühne eine dreigeteilte Leinwand, deren rechte und linke Hälfte aufklappbar ist.

Nur in dem von Edward Suhr gebauten Schiffsbild konnte der Film verwandt werden. Auf der mittleren Projektionsleinwand sieht man das Meer, vom ruhigen Dahinfließen bis zum stürmischen Wellengang. Durch den Film und zwei Schleier vor und hinter dem Bühnenbild wird die schnelle Fahrt des Schiffes gezeigt, ohne daß das Bühnenschiff selbst sich bewegt. Die Phantastik des Meeres und die Fieberphantasien Rimbauds auf dem Schiff greifen ineinander über und werden eins in Tempo, Ausmaß und Bewegung. Hier auf dem Filmbild ist nur die mittlere Leinwand verwendet. Auf dem Bild in Aden, wo Rimbaud im Café mit dem Großkaufmann Labatut verhandelt, sehen wir die eine Wand frontal, die rechte vorgezogen und die linke zurückgeschlagen. In Zeichnung und Farbe wird auf der mittleren und rechten Seite das nahe Milieu (Café, Terrasse), auf der linken Seite das fernere Milieu (Afrikasee) von George Grosz sparsam und prägnant dargestellt. Die Silhouetten hinter der mittleren Leinwand deuten die Straße vor dem Café an, ohne daß das zeichnerische Prinzip verlassen wird, ohne daß sie praktisch auf die Bühne gestellt wird. Im Gefängnisbild (Verlaine im Gefängnis von Mons nach seinem Verzweiflungsschuß auf Rimbaud) sind beide Seitenwände zusammengeklappt, so daß der Raum sich zimmerartig verengt. Die Groszschen Zeichnungen sind zunächst hinter Gittern halb verborgen. Werden die Gitter weggezogen, sieht man in greller Farbe, nahegerückt, auf der linken Seite Europas Kultur in seinem imperialistischen Vertreter als Gefängniswärter. Das Bild zwar nicht in direkter Beziehung zu Verlaine, wohl aber zu Rimbaud als dem Hauptmotiv des Abends und hier notwendigerweise in der Karikatur, als eine Darstellung seiner Abkehr von dieser Kultur. Im letzten Bild (Rimbauds Tod) sind die Leinwandteile wieder Zimmerwände. Die Projektionsbilder stellen die Träume Rimbauds dar, seinen Ekel vor dem verkommenen, imperialistischen, eingeengten

Europa und die Traumbilder seiner eigenen Welt, der Welt Afrikas, der Wälder und der Sonne als konstante Begleitgedanken seines weiten Lebens.

In anderen Zeichnungen wurde versucht, den Begriff Raum, Geschichte, Bewegung zu versinnbildlichen. Die Gedankenwelt des Helden – zum Teil notwendigerweise in der Karikatur – einzubeziehen, so wie in der Inszenierung von »Sturmflut« die reale Umwelt, den Hintergrund der Geschehnisse mit darzustellen.

Auf den Sturmflutbildern ist die durch den Film ermöglichte Gleichzeitigkeit zweier Ereignisse (der Schwur Granka Umnitschs vor seiner Umgebung und die ihm vertrauenden Massen, oder: Verhandlungen zu Lande, während die feindliche Flotte die Stadt blockiert) wiedergegeben.

Film und Projektion, organisch eingefügt, ermöglichen, Ungesagtes einzubeziehen und Gedanken- und Körperwelt zu erweitern.

Anhang

Zu den Texten

Unser Abdruck des Essays »Jean Arthur Rimbaud. Ein Querschnitt durch sein Leben und Werk« folgt der Ausgabe »Das gesammelte Werk des Jean-Arthur Rimbaud. In freier deutscher Nachdichtung von Paul Zech«, Wolkenwanderer-Verlag, Leipzig 1927, S. 7–135. Paul Zechs Übertragung des Gedichts »Das trunkene Schiff« bringen wir nach derselben Ausgabe, S. 167–171, doch wurden einige Änderungen berücksichtigt, die Zech in den Jahren des Exils daran vorgenommen hat. Die szenische Ballade »Das trunkene Schiff« erschien als Buch im Schauspiel-Verlag, Leipzig o. J. (1924); diese Fassung haben wir als Satzvorlage verwendet. Zechs Aufsatz »Prinzipielle Bemerkungen zu der szenischen Ballade ›Das trunkene Schiff‹« entnahmen wir der Zeitschrift »Die Scene. Blätter für Bühnenkunst«, XVI. Jahrgang, Oesterheld & Co. Verlag, Berlin 1926, S. 175–177. Erwin Piscators Artikel »Zu meiner Inszenierung von Zech ›Das trunkene Schiff‹ in der Berliner Volksbühne« wurde zuerst in »Das Kunstblatt«, Akademische Verlagsgesellschaft Athenaion M. B. H., Wildpark-Potsdam 10 (1926) 7, S. 273–276, veröffentlicht. Wir drucken ihn nach Erwin Piscator »Aufsätze Reden Gespräche«, Henschelverlag Kunst und Gesellschaft, Berlin 1968, S. 20–22.

Der Abdruck erfolgt wortgetreu, die Orthographie wurde behutsam den heute geltenden Regeln angeglichen.

HERMANN HAARMANN / KLAUS SIEBENHAAR

»Ich bin der Stern, den die
Magier in furchtbaren
Wachträumen erst ahnen!«

Anmerkungen
zu Arthur Rimbaud
und Paul Zech

Vorbemerkung

Jede Generation und Kulturepoche hat ihre Vorbilder oder Kult-
figuren, selbst wenn sie unter den Vorzeichen absoluter Tradi-
tionslosigkeit beziehungsweise radikaler ästhetischer Innova-
tion angetreten ist. Die Literaturrevolution des deutschen
Expressionismus zwischen 1910 und 1920 bildete in dieser Richtung keine Ausnahme. Es war mehr als bloße Idolatrie, wenn
sich das menschheitsverbrüdernde Aufbruchspathos über tragisch gescheiterte Empörer des sonst so verhaßten 19. Jahrhunderts selbst vergewisserte. So stiegen Grabbe, Shelley, Büchner
oder Rimbaud zu Kronzeugen einer ungebrochenen Tradi-
tionslinie der jugendlichen Dichterrevolutionäre und zugleich
zu Opfern einer überlebten, inhumanen bürgerlichen Epoche
auf. Von Kasimir Edschmid bis Stefan Zweig, von Alfred Wolfenstein bis zu Walter Hasenclever und Paul Zech reichte die
Gruppe derer, die jenseits weltanschaulicher Schattierungen und
künstlerischer Unterscheidungen ihr Gesinnungsethos vom
»neuen Menschen« in den Außenseiterexistenzen, Unverstan-
denen oder Frühvollendeten des vergangenen Jahrhunderts,
dem »Bruder« und »Kameraden« (Kasimir Edschmid), fanden.
Das neue Künstlertum im Gleichklang von Werk und Lebens-
schicksal steigerte sich im literarischen Expressionismus zur all-
umfassenden Revolte gegen die bürgerliche Gesellschaft und
ihre politische Praxis im Kaiserreich und setzte der sinnentleer-
ten Fassadenkultur des Wilhelminismus den ekstatischen Le-
benshunger, den Aufschrei einer angeekelten und gelangweil-
ten Jugend entgegen; ganz wie es Paul Zech am Ende seines
Rimbaud-Essays zum Ausdruck bringt: »Es kann nicht mehr
als etwas Absonderliches gedeutet werden, daß die dichtende
Jugend der Jahre nach dem Weltkrieg sich zu Rimbaud hingezogen fühlte wie zu einem Kopf ihresgleichen. Er hat den Sinn
dieser Zeit, ihre Dynamik und ihren Ausdruck, ein Menschenalter zu früh erfahren. Er unterwarf sie sich in der Vision der

Ekstase. Er setzte sie in Seelenbewegung um. Diesen Prozeß erstreitet auch die gegenwärtige Jugend. Sie zerstört und erlöst. Sie organisiert und verdichtet die schicksalhafte Erregung des Erlebnisses zu einer kultischen Hingegebenheit an das Leben. «

Wer nach den ästhetischen und literarpolitischen Verbindungssträngen zwischen dem französischen Symbolisten Jean-Arthur Rimbaud (1854–1891) und den deutschen Expressionisten fahndet, zu deren wichtigsten Vertretern als Lyriker und Dramatiker Paul Zech (1881–1946) gehörte, wird neben den großen politischen Koordinaten das geistig-kulturelle Klima Europas zwischen 1870 und 1918 zu berücksichtigen haben, das in Epochenschlagworten wie Gründerzeit, Belle Époque oder einfach nur die »Moderne« höchstens oberflächlich sich vermitteln läßt. Deshalb erscheint es notwendig, Rimbauds Wirken und Wirkung aus seiner Zeit mit dem Rimbaud-Bild des Expressionismus in Zusammenhang zu bringen, um neben den literaturgeschichtlichen Verknüpfungen die Anatomie des literarisch-»lebensweltlichen« Vorbilds zu umreißen. So sind Paul Zechs biographischer Essay und seine szenische Ballade sowie Erwin Piscators Bühnenadaption von 1926 mehr als literarische Dokumente einer Auseinandersetzung mit dem Schriftstellergenie Rimbaud und seinem wechselvollen Leben. Sie dringen auf Bezüge zu ihrer eigenen Gegenwart der frühen zwanziger Jahre und verstehen sich als weltanschauliche und poetische Standortbestimmung, was selbst von den Zeitgenossen zum Teil einfach »übersehen« wurde.

Subjektives Krisenbewußtsein
und ästhetische Revolte:
Rimbaud und die literarische »Modernität«

Als Arthur Rimbaud 1874, mit kaum zwanzig Jahren, sich aller
weiteren literarischen Produktion versagte, hinterließ er ein
Werk, das die alte Ordnung seiner Empfindungswelt bis an die
Wurzel zerstörte: »Er durchbricht diese angebliche Natur, die
ihm seine bürgerliche Herkunft mitgab und die nichts anderes
als die Gewohnheit ist. Er spielt keine Komödie, er bemüht
sich ernsthaft, außerordentliche Gedanken und Gefühle hervor-
zubringen« (Jean-Paul Sartre). Die explosive und provozie-
rende Kraft des schmalen Œuvres spiegelt den Lebensdruck
und die Erlebnisintensität der Person Rimbauds wider, denn
die »tragische Rebellion des Menschen der großen Anlage gegen die Unvollkommenheit der Welt« (Alfred Wolfenstein)
trägt mindestens ebenso zu seiner dauerhaften Strahlkraft bei
wie die gebrochenen Lineaturen und fiebrigen Bilderwelten
seiner Dichtung. Gerade ein Jahrzehnt nach Rimbauds Flucht
aus der Literatur, der bald der programmatische Abschied von
Europa folgen sollte, veröffentlichte sein Freund und Weg-
gefährte die berühmten Dichterportraits der »Poètes maudits«
(»Die verfemten Dichter«), ein Titel, der zum Schlagwort für
die ganze Generation werden sollte, welche unter dem Einfluß
Charles Baudelaires ihr Programm der literarischen »Modernität« einzulösen gedachte. Es ist hier nicht der Ort, erschöpfend
die vielschichtige (literar-)historische Dimension dieser avant-
gardistischen Aufbruchssignale auszuloten, deren Auswirkungen besonders auf die Lyrik und Prosa des 20. Jahrhunderts gar
nicht bedeutend genug veranschlagt werden können. Baudelaires Postulat der Modernität richtete sich zuvörderst gegen
jenes spätklassizistische und vulgärromantische Epigonentum,
das sich in seinen unterschiedlichen ästhetischen Kostümierun-
gen nach den gescheiterten Achtundvierziger Revolutionen her-

ausbildete. Diesen aus den zerstobenen politischen Hoffnungen des Bürgertums erwachsenden Schatten einer erstarrten eklektizistischen Salon- und Repräsentationskultur kontrastierte Baudelaire mit dem Lichtpunkt einer »tatsächlichen Phantastik des Lebens«, die einer ungekünstelten, naiv-kindlichen und »tätigen Imagination« zu entspringen hatte. Jenseits von verlogener Sentimentalität und hohlem Pathos sollte »ein ernsthafter Denker, der kraftvoll konzipiert und seine Konzeption mit kühnen und lange ziselierten Bildern umgibt«, sich bewähren, der nicht nur träumt, sondern »zu träumen versteht«. Schöpferische Quellen dieses neuen, nachrevolutionären Künstlertypus sind neben der individuellen Einbildungskraft subjektive Eingebung, welche die vorgegebenen Wirklichkeiten zu »illuminieren« vermag, sowie distanziert, sensibel und wach reagierende Sinnesorgane, welche die Flucht in die bloße Transzendenz verhindern. »Der Wille, eine starke, das heißt eine überwiegend aus Träumen, Phantasien und einer bedeutungsschweren Sprache zusammengeballte Poesie herbeizuzwingen, verschwand seit Baudelaire, seit den sechziger Jahren (Mallarmé, Verlaine, Lautréamont, Rimbaud) nicht mehr aus der Literatur. Man wollte von nun an die Inspiration bewußt evozieren, in einer Art magischer, jedoch mit äußerst kritischem Verstand, mit Technik und Methode gehandhabter Kunst« (Manfred Starke). So tritt neben den dominierenden Richtungen eines breit gefächerten bürgerlichen Realismus und Naturalismus als dritte Kraft die »Moderne« (oder auch Symbolismus, wobei eindeutige terminologische Festlegungen immer unzureichend bleiben) ins ästhetische Wirkungsfeld der zweiten Hälfte des 19. Jahrhunderts. Weiten sich Realismus und Naturalismus in ihren Gestaltungsprinzipien zu Gesellschaftspanoramen bzw. detailgenauen Abbildungen sozialer Mikrokosmen (was nicht zwangsläufig politische Parteinahme ihrer Autoren bedeuten mußte), so verweist das kreative Verfahren der französischen Avantgardisten von Baudelaire bis Mallarmé unmittelbar auf die subjektive Betroffenheit des Künstlers, der sich nun aus geschichtlicher und persönlicher Erfahrung einer mimetischen Wirklichkeitsaneignung versperrt. Diese Entwicklung als dekadentes Randphänomen oder formalistisch als »leere Tendenz« (Hugo Friedrich) zu werten, hieße die gesellschaftlichen Krisensymptome Europas gegen Ende des 19. Jahrhunderts – denn deren adäquater dichterischer Ausdruck ist diese »Moderne« auch – in ihren unterschwelligen und offenkundigen Erscheinungsformen einzuebnen. Denn das Unbehagen an der Kultur und die vielbeschworene Krise des bürgerlichen Subjekts, womit wesentliche Problembereiche der Literatur und Künste bis weit in die zwanziger Jahre hinein vorgegeben waren, erwachsen nicht allein aus dem ökonomischen Strukturwandel kapitalistischer Gesellschaftsformationen moderner Prägung und den sie begleitenden politischen Herrschaftsformen, sondern deuten gleichzeitig tiefgreifende, durch den rapiden technisch-wissenschaftlichen Wandel hervorgerufene Veränderungen des menschlichen Wahrnehmungsapparates, seiner Selbstempfindung an. Wenn Rainer Maria Rilke um 1910 seinen Malte Laurids Brigge feststellen läßt: »Ich lerne sehen. Ich weiß nicht, woran es liegt, es geht alles tiefer in mich ein und bleibt nicht an einer Stelle stehen, wo es sonst immer zu Ende war. Ich habe ein Inneres, von dem ich nicht wußte. Alles geht jetzt dorthin. Ich weiß nicht, was dort geschieht«, so artikuliert sich darin ein instabiles, zwischen gewalttätigen Außeneindrücken und »dunklem« innerem Fluchtpunkt oszillierendes Ichgefühl, dessen geschichtlicher Ort auf das späte 18. Jahrhundert und die Romantik zurückweist. Neu, und damit das sich verschärfende bürgerliche Krisenbewußtsein zum Ausdruck bringend, erscheint jetzt die systematische Zerstörung des traditionellen Subjektbegriffs: »Ich ist ein anderer«, konstatiert Rimbaud lapidar. Jenes aus gesicherter Erkenntnisgrundlage geborene Ich der Aufklärung, von Hegel und Goethe als eine mit sich identische und harmonische Totalität gedacht und verewigt, erfährt seine ersten Irritationen in der Romantik mit ihrer Spaltung von Innen- und Außenwelt, empirischer Wirklichkeit und magischen Seelenlandschaften, deren sinnfälliger künstlerischer Ausdruck das Doppelgängermotiv wird. Der gescheiterte Rettungsversuch in die Kunstautonomie leitet den »Untergang der romantischen Sonne«, ein, an dessen Ende die »künstlichen Paradiese« (Opium und Haschisch) Baudelaires warten, bis hin zur selbstparodistischen Artistik des Dadaismus, welche die endgültige Destruktion des Ichs feiert. Zwischen diesen beiden Polen signalisiert (besonders stark im Symbolismus und Expressionismus) eine explosive Mischung aus Untergangsstimmung und vage-naivem Zukunftstraum Skepsis, Ekel und unbedingten Aufbruchswillen. Das obsolet gewordene empirische Ich abzuschaffen und durch ein »langes, grenzenloses, vernunftgelenktes Verwirren aller Sinne« zu ersetzen, kristallisierte sich als weltanschaulich-ästhetischer Fixpunkt der Rimbaudschen Dichtungstheorie heraus. Der gerade Siebzehnjährige sicherte sein Künstlercredo in den berühmten »Briefen des Sehenden« vom Mai 1871 gegen alle religiösen Deutungsmöglichkeiten ab und erlöst die Befreiung unbewußter Seelenmächte mit Hilfe einer vom Intellekt gesteuerten Phantasie vom Druck, alles verstehen zu müssen: »Der Dichter definiert das Maß an Unbekanntem, das sich in der Allseele seiner Zeit regt (...), und selbst wenn er seine eigenen Visionen schließlich nicht mehr begriffe, so hat er sie doch geschaut.« Das Programm vom Dichter als »Seher« des »Unbekannten«, »Ungehörten«, »Unsichtbaren« knüpft an die Romantik an und weitet sich zu einem Individualitätskult, der sich mit fast kindlicher Besessenheit allen Auflösungstendenzen des Ichs entgegenstemmt. Mit ungeheurer Intensität erfährt Rimbaud die »Mechanisierung des Lebens«, der der einzelne in den starren Konventionen und immer gleichen Ritualen des bürgerlichen Alltags ausgesetzt ist, und gegen diese Tretmühlenexistenz und einen als suspekt empfundenen wissenschaftlich-technischen Fortschritt bäumt sich der »universale Geist« des Empörers und vagabundierenden Kosmopoliten auf. Diese Revolte gegen Bürgertum und merkantilen Zeitgeist begreift sich als Expedition zum wahren Ich. Nicht um narzißtisch-verspielte Bespiegelung geht es Rimbaud, Sinn und Selbstsuche jenseits der sozialen und ökonomischen »Krankheiten« des Jahrhunderts steigern sich zur letzten möglichen und qualvollen Heimkehr. Der arge Weg der Selbsterkenntnis zum unverfälschten Schöpfertum läßt eine banale, von »Schulweisheiten« deformierte Realität zurück und führt ins Reich der Sinne, in die »Fülle« eines »großen Traumes«: »Zuerst trachte ein Mensch, der Poet sein will, nach völliger Selbsterkenntnis. Er suche seine Seele, durchforsche sie, versuche sie, begreife sie. Und wenn er sie kennt, dann soll er sie formen! (...) er schöpfe alle Gifte seines

Wesens aus und bewahre nur ihre Quintessenz für sich. Unsag-
bare Folter, für die er seinen ganzen Glauben braucht, seine
ganze, unmenschliche Kraft, und durch die er unter allen Wesen
der große Kranke, der große Verbrecher, der große Verdammte
– und der Allwissende wird!«

So beweist sich der neue Dichtergenius in der entschiedenen
Grenzüberschreitung überkommener Erfahrung, seine Fahrt in
die schrankenlose Selbsterkundung schließt bewußt die eigene
Zerstörung ein, vollzieht sich dies doch im Bewußtsein eines
gemeinschaftlichen Aktivismus: »Mag er in seinem Sprung zu
den unerhörten und unnennbaren Dingen auch umkommen: es
wird neue schreckliche Arbeiter geben. Sie werden an jenen Horizonten beginnen, wo er hinsank!«

Rimbaud gründet seine »Offenbarung des Übernatürlichen«
(Paul Claudel) auf einen inneren, durchlebten Freiheitsdrang.
Dies impliziert den geschärften Blick für soziales Elend und die
Solidarität mit den Deklassierten und Außenseitern der Gesellschaft; niemals verkümmert er zum Esoteriker oder erschöpft er
sich in kontemplativer Sozialromantik: »Dieses in Leben und
Dichtung gleich impulsive Sich-los-gelöst-Haben von allen
hemmenden Begriffen ist die innerste Bedingung seiner Größe.
Dazu tritt nun eine einzigartige Befähigung, die halluzinative
Kraft seiner Anschauung, oder besser: seiner Einfühlung. Denn
er umfaßt die Außendinge nicht nur gewissermaßen dimensio-
nal, sondern läßt sie in sich mit all ihren Qualitäten einquellen; er
sieht sie nicht nur, er hört sie, schmeckt sie, riecht sie, befühlt
und durchdringt sie« (Stefan Zweig). Dergestalt legitimiert und
freigesetzt, durchmessen Rimbauds Poetik des Deliriums, seine
Halluzinationen der Worte ungekannte Wunsch- und Traum-
landschaften, deren visionär-magische und rauschhaft-dunkle
Grundstimmung über ihre eher »profanen« Ausgangspunkte
hinwegtäuschen. Rimbaud blieb stets auch dem spröden bäuer-
lichen Lebensbereich seiner nordfranzösischen Heimat um
Charleville, den »Landstraßen bei jedem Wetter, übernatürlich
nüchtern«, wie er es in seiner schonungslos autobiographischen
Schrift »Eine Zeit in der Hölle« 1873 nannte, verhaftet. Die tiefe
Verachtung der »Biedermänner« hinderte ihn nicht, die Zauber-
reiche des »kleinen Mannes«, die Welt der Kolportage, als Quel-

len der Inspiration zu nutzen: »Ich liebte alberne Zeitungen, Supraporten und farbige Dekors, Plakate vom Zirkus, Ladenschilder, bunte volkstümliche Bilderbogen, die veraltete Literatur, Kirchenlatein, Erotika ohne Orthographie, die Romane unserer Großmütter, alte Opern, Märchen, Kinderbücher und Gassenhauer, einfach Rhythmen.«

Das entfesselte Naturtalent Rimbauds vereint wahrgenommene Wirklichkeit und Trivialmythen mit originärer Erfindungsgabe. Aus der beklemmenden Provinzialität flieht er in ein anfangs nur imaginiertes Paris. Der Aufstand der Kommunarden 1871 und das vagabundierende, von Exzessen getrübte Leben – die »komische Ehe« – mit Paul Verlaine sind gleichermaßen notwendige poetische Impulsgeber, denn Rimbaud braucht fortwährend Reize im dauernden Kampf gegen Öde, Trägheit und Langeweile. Die fast zwangsläufige Legendenbildung um Rimbaud verbirgt ein grundsätzliches Lebensproblem dieser und der folgenden Generation bis hin zum Expressionismus: Ekel und Ennui. Was sich in Tschechows Dramen beispielsweise als melancholisch getränkte Abschiedsstimmung der untergehenden zaristischen Gesellschaft geriert, für die sich oppositionell gebärdende bürgerliche Jugend des Vorkriegseuropa – von Rimbaud bis Georg Heym – wird es zur ewig wiederkehrenden Aufgabe: das »eigentliche«, abenteuerliche, reizüberflutete Leben als Programm. »Ich langweile mich sehr, ich habe noch nie jemand gekannt, der sich so langweilte wie ich«, schreibt Rimbaud im August 1888 aus Afrika an seine Familie. Das Trauma der Leere verläßt Rimbaud sein ganzes Leben nicht – die Flucht aus Europa in exotisch geträumte und reale Orte verklärt sich zu einer »Pflicht zu suchen und die rauhe Wirklichkeit zu umarmen!«

»Weg von Europa«:
Imagination, erfüllte Träume und Exotismus

Reise und Ferne mit immer neuen, unbekannten Zielen sind individuelle Triebfeder und zentrale Metapher zugleich bei Rimbaud. Stillstand und Erstarrung als gesellschaftliche Krisensymptome gilt es im unmittelbaren Rausch des Erlebens zu überwinden. Die moribunde abendländische Zivilisation vertauscht er anfangs mit den wilden Zaubergärten der Phantasie, bevor er sich dann wirklich auf die Spur der »Reinheit der alten Geschlechter« begibt: »Ich mußte reisen, um all die Wahnbilder zu verjagen, die um meinen Schädel geisterten. Über See, die ich liebte, als wasche sie allen Schmutz von mir ab, sah ich das Kreuz des Trostes aufsteigen, mein Gewissen mein bohrender Wurm: stets wär mein Leben zu groß, um einzig hingegeben zu sein an Schönheit und Kraft.« Rimbauds Gesichte vom Garten Eden, utopischer Fluchtpunkt seiner Erneuerungssehnsüchte, sollen für ihn im Orient und in Afrika Gestalt annehmen. Vorher vermochte weder das wirkliche Paris seinen Imaginationen von der Metropole des 19. Jahrhunderts standzuhalten, noch konnte das ruhelose Umhertreiben in halb Europa seiner Nomadenexistenz letzte Befriedigung verschaffen. Die quälenden Widersprüche in Rimbauds Wesen werden besonders in seiner zwiespältigen Haltung zu Paris offenbar. Tröstet einerseits ein fast mythisch überhöhtes, literarisiertes »Paris« den aufbegehrenden Jugendlichen über die dumpfe, repressive Enge seines Elternhauses und seiner Heimatstadt hinweg, so reicht ihm andererseits bald das erfahrene Paris als Lebens- und Arbeitsort nicht mehr aus. Imaginiert er zuvor noch entzückt die »glänzende« Weite, wo man die »ungeheuer blühende Stadt atmen fühlt«, verdunkelt sich sein Paris-Bild nach der historischen Erfahrung der Kommune zur leidenden »cité douloureuse«, der Stadt der Schmerzen. Auch Paris und endlich Europa tragen das Stigma des Untergangs, der Verwesung – das von Zerrüttung und Entfremdung bedrohte

Ich kann sich nur im Morgenland retten und regenerieren: »Jetzt doch ist Zeit zu wachen. Empfangen wir alle Impulse der Lebenskraft und der echten Zärtlichkeit. Und zur Morgenröte, gewappnet mit einer glühenden Geduld, werden wir einziehen in die herrlichen Städte.« Lange bevor er sein »Adieu« in die Tat umsetzt, hatte sich auch hier der »Meister der Phantasmagorie« diese andere Welt mit seiner »Alchimie der Worte« visionär gestaltet. In reißenden Bildkatarakten, die in die strenge Form vierzeiliger Alexandrinerstrophen gepreßt werden, visualisiert sich der typische Doppelton von Eroberungsgefühl und Trauer, Hybris und Resignation: »Das trunkene Schiff« (1871) wird zum Lebenssymbol Rimbauds und zum Ausdruck seiner gewalttätigen Phantasie. Was der strenge formale Aufbau kompositorisch scheinbar zusammenhält, sprengen inhaltliche Dynamik und entfesselte Metaphorik. Steuer- und mannschaftslos getrieben, trunken von widersprüchlichen, unglaublichen Sinneseindrükken, bewegt sich das lyrische Ich zwischen den »Sternenwelten« der Erfüllung und dem Abgrund der Vernichtung. Exotik, Abenteuer, Delirium erzeugen schaudernde Fremdheit und nehmen das sich willenlos-passiv hingebende Subjekt gefangen. In der Entgrenzung im Sinnlichen bündeln sich Kindheitsträume, Fieberwahn, naiver Exotismus und Schreckensvisionen. Um Aufbruch, Grenzüberschreitung ins Kosmologische, zu den »Meeren der Sehnsucht«, und schließlich die Ankunft am »Wasser Europas«, dem »schwarzen Tümpel«, kreist das äußere Bewegungsgefüge des Geschicks, immer wieder durchbrochen von Bildern intensiver Häßlichkeit und brutal-greller Farbigkeit. Wie Ruhepole setzt Rimbaud kontrapunktisch zu »elektrischen Monden« und »Himmeln wie kohlende Glut« Idyllen kindlicher Glückseligkeit und Geborgenheit. In diese allein poetisch gestalteten Wirklichkeiten ragen wie Assoziationsfetzen Versatzstücke des Realen hinein, Projektionen eigener Hoffnungen und Ängste. Ungewollt nähert sich Rimbaud damit zeitgenössischen Klischees des Exotischen, denn der Orient war für Europa immer eine Region voller Faszination. Seine Weite und Fremde schufen Raum für Vorstellungen von Grausamkeit und Bedrohung, aber auch von Phantastik, Traum und Erfüllung. Fremdheit gehörte zum unerläßlichen Ingredienz des Bildes, das sich der Europäer vom Orient machte. »Im Falle der Kultur-aneignung des Ostens durch den Westen ist es ein egozentrischer, ein eurozentrischer Prozeß. Was so entsteht, ist nicht zuletzt ein Abbild des Abbildenden: sein alter ego nämlich, das andere, ver-gessene, zurückgedrängte oder unterdrückte Ich« (Kyra Strom-berg). Obwohl Kolonialismus und imperialistische Inter-essenpolitik die soziale und kulturelle Ursprünglichkeit Asiens und Afrikas bereits weitestgehend zerstört hatten und sich der Orientalismus durch »klägliche moderne Erzeugnisse der ver-wahrlosten mohammedanischen Kunstindustrie« (so Ernst Kühnel 1910 angesichts der modischen Orientbazare) präsen-tierte, so läutete trotzdem Rimbauds »Weg von Europa!« unter Malern und Literaten von Gauguin bis Nolde oder Macke, Klee und Moilliet einen wahren Exodus nach Afrika, dem Morgenland und der Südsee ein. Auch der Primitivismuskult, welcher die bildende Kunst der aufbrechenden Avantgarde von Picasso bis Braque nachhaltig prägte, fügt sich in diesen Kon-text. Je stärker die Erlebnisse einer fortschreitenden Zivilisation als schal oder bedrohlich empfunden wurden, um so eindring-licher sollte die verwandelnde Kraft der exotischen Fremde er-fahren und genutzt werden. Wie wenig hatte dann allerdings Rimbauds praktisches Leben in Aden und Äthiopien mit der imaginierten Welt »ungeheuerer Amouren und phantastischer Kosmen« gemein. Das neue Leben unterscheidet sich anfangs wenig vom Stil anderer europäischer Kolonialisten: profitable Geschäfte, Aufseherdienste. Ob Asien oder Afrika – der »My-thos Rimbaud« überdeckt nur zu gern, daß finanzielles Unab-hängigkeitsstreben und fortwährende Flucht aus der Lange-weile die konstante Antriebsquelle darstellten. Erfolgreicher, profitorientierter Kaufmann und hochverehrter Waffenhändler und Sympathisant äthiopischer Freiheitsbewegungen – beides gehört zum »Heroismus der Entdeckung« Rimbauds in Afrika. Fast buchhalterisch nüchtern bilanziert er in Briefen an die Schwester und Mutter in Frankreich: »Die Leute hier sind nicht dümmer, noch größere Schufte als die weißen Neger der soge-nannten zivilisierten Länder; es ist eine andere Rasse, das ist al-les. Sie sind nicht einmal so unverschämt und können in einzel-nen Fällen sogar Treue und Dankbarkeit an den Tag legen. Man muß sie nur gerecht und menschlich behandeln« (Februar 1890). Diese humane und politisch engagierte Haltung bringt ihm die größte Achtung der unter dem Negus Menelik II. gegen die italienischen Protektoren kämpfenden Äthiopier, deren Sieg 1896 Rimbaud nicht mehr erlebt. Gleichzeitig verleugnet er die großen utopischen Entwürfe einer neuen Zeit aus seiner Jugend, wenn er den Rückzug in das bürgerliche Privatleben, mit Familie und Beschaulichkeit, ernsthaft plant und dafür unter großen Strapazen Geld und Gold zusammenrafft. Wieder waren ihm poetische Gestaltungskraft und visionärer Wunschtraum uneinholbar enteilt: »Wann werden wir, über die Gestade und Berge hinweg, die Geburt der neuen Arbeit begrüßen, die neue Weisheit, die Flucht der Tyrannen und Dämonen, das Ende des Aberglaubens, und anbeten – als die Ersten! – Weihnacht auf Erden!« Dieses »Morgen« aus »Eine Zeit in der Hölle« versinkt für Rimbaud endgültig 1891 im Hospital von Marseille. Nur im Sinnbild des »trunkenen Schiffs« erfüllt sich für sein Leben die negative Seite seiner polaren Existenz: Heimatlosigkeit und tiefe Zerrissenheit.

Mythos Rimbaud

In dem für das stürmische, antibürgerliche Kunstprogramm des Expressionismus Exemplarischen im Leben und Werk Rimbauds wurde eine Ahnenschaft, mehr noch eine Seelenverwandtschaft erblickt, die die manchmal kraftmeierischen Höhenflüge der Erben des 20. Jahrhunderts begünstigen. Als Zech im Jahr 1927 nach längeren Vorstudien den biographischen Essay »Jean-Arthur Rimbaud. Ein Querschnitt durch sein Leben und Werk« vorlegte, geriet ihm die Würdigung zugleich zu einem Manifest. In der Kultfigur Rimbaud, in der Zusammenballung aller rebellierenden Kräfte und Triebe durch diese Persönlichkeit erfüllte sich für ihn das Phänomen Kunst. »Kunst ist kein Spiel. Kunst ist Umsetzung des inneren Gesichtes in ein sichtbares Geschehnis. (...) Ein Künstler bleibt Künstler, solange er den Aufruhr der inneren Gesichte fühlt und sich von dem Druck nur dadurch befreien kann, daß er ihn bändigt, zur Form zwingt und nach außen stößt, ohne Rücksicht darauf, ob die Form in die Welt hineinpaßt oder sie zersprengt.« Der Rückhaltlosigkeit, mit der sich hier dem subjektiven Erlebnis als Quelle jeder literarischen Gestaltung hingegeben wird, entspricht die Absolutheit, Radikalität im künstlerischen Zugriff auf die vorgefundenen gesellschaftlichen Verhältnisse. Deren Enge – Provinz ist dafür das überaus gebräuchliche Synonym – wird gleichsam konterkariert mit einer alles Bürgerliche niederreißenden Literatur. Der Amoklauf gegen den geordneten Gang der Dinge hat die Erstellung eines Gegenbildes zum Ziel, eines von Traum, Vision und Hoffnung durchtränkten Weltreiches reinen Menschentums. »Wir wollen, bei lebendigem Leibe, ins Paradies. Das ist utopisch, doch nicht phantastisch« (Kurt Hiller). Die Verkünder dieses Paradieses sind – und das hat Tradition – Außenseiter. Sie müssen es sein, denn jede Verbindung mit der so verhaßten bürgerlichen Gesellschaft hätte sie zu Komplizen oder, weit schlimmer, zu Agenten des Systems degradiert. Das historische Beispiel Rimbaud, dessen Vitalität und Konsequenz beim Durchleben der außenseiterischen Subjektivität einzigartig sind, nahm für die selbsternannten Nachfahren gigantische Züge an. Das allerdings gelang nur durch die Stilisierung der realen zur mythischen Figur. So strotzt Zechs biographischer Essay über Leben und Werk Rimbauds vor Hypertrophie, was die Nachzeichnung der Dichtergestalt betrifft. Das ist sicher nicht zufällig, dokumentieren sich darin doch, durchaus zeitbedingt, Vorstellungen eines Gigantentums, das im Rückgriff auf Hölderlin und Nietzsche formuliert wird. Die Steigerung, die Überhöhung zum Heros der gegenwärtigen Moderne kam dem eigenen Bedürfnis nach Besonderheit entgegen. Die Unbändigkeit, mit der die junge Garde der Literaten gegen den Mief, gegen die Uniformität und Langeweile anrannte, brach sich Bahn in einer ekstatischen Anhäufung von Superlativen. Das Extrem wurde Synonym für die Freiheit. Darin lag zugleich der Anspruch des Ichs begründet, allein den inneren Anlagen und Interessen zu leben. Die Ausschließlichkeit, mit der dieses Ich nach außen verlagert wurde, korrespondierte mit der gestalteten Wucht, die sich »alle Geschehnisse mit brutaler Offenheit« vornahm.

Und noch der über zwanzig Jahre jüngere Klaus Mann bekannte für seine Generation: »Unser ›Unbehagen in der Kultur‹ verlangte nach Verzauberung, wollte Aufbruch und Flucht, sehnte sich nach den glühenden Horizonten, den metallischen Regenbögen, den schwülen Nächten und fiebrigen Morgenröten, nach all den unerhörten Schönheiten und Schrecken, die Rimbaud uns mit betörend wilder Geste vorgaukelte, verhieß, enthüllte.« Was Rimbaud in der Kürze seines wilden zügellosen Daseins vorgelebt hatte, wurde im nachhinein uminterpretiert zu dem Titel eines willentlich, in prophetischer Auflehnung geführten Titanismus. Vorbildhaftigkeit und Außenseitertum fallen hier in eins; das eine ist ohne das andere nicht zu denken. Die Einheit dieser Gegensätzlichkeit im Individuum wurde jetzt derart aktualisiert, daß genuines Künstlertum als höchste Stufe der Gefährdung begriffen werden konnte.

»Jedes Jahrhundert und jeder Zivilisationsabschnitt hat seine Außenseiter gehabt.« Die Außenseiter der Moderne sind Stigmatisierte, die ihr Ausgestoßensein absichtsvoll inszenierten. Sie waren literarische Nomaden und unter ihnen Rimbaud ein Leitstern. Dessen Rastlosigkeit, das Tempo und die Besessenheit bei der Suche nach dem Unbewußten konnten nur Ausdruck gewaltiger Energien sein, eines Giftes, das in ihm kochte. Dieser Knabe aus dem »kotzlangweiligen Charleville« sah in sich einen neuen Kontinent heraufdämmern, und er gab ihm besonders als Lyriker Gestalt.

»Die lyrische Kunst rechnet von hier ab einen neuen Weltanfang. Sie war mit einem Schlage um das Ergebnis von mehreren Jahrhunderten bereichert und lebte den alltäglichen Geschehnissen der Zeit weit voraus. Rimbaud hatte in diesem Dreh seines Ichs die steilste Kurve durchfahren.« Diese Fahrt hatte nichts gemein mit der Maxime uninteressierten Wohlgefallens, der in sich ruhenden Beschau, Kontemplation eines lyrischen Ichs. Ins Zentrum der phantasmagorischen Bilder rückte die Ferne als das ungewisse, risikohafte Abenteuer. Wieder ist nicht eigentlich das real Entfernte gemeint, es bedeutet immer auch Grenzüberschreitung auf dem Wege zur absoluten Entfesselung. Rimbaud konnte deshalb »Afrika entdecken oder eine Brücke zum Mond schlagen«. Obwohl dieser Riese halluzinativer Kraft Europa wirklich den Rücken kehrte, fuhr er im Bewußtsein seiner Jünger als Meteor über die Welt, damit dieser Stern der Nachwelt um so strahlender leuchtete. So blieb er »ein Heros innerer Freiheit in unseren Tagen« (Stefan Zweig).

Trotzdem oder gerade deshalb ist dieser Gigant der Einsame schlechthin – sein gesamtes Werk bezeugt in der schonungslosen Freilegung des künstlerischen, gleich existentiellen Ichs eine Grundbefindlichkeit von Heimatlosigkeit, die in Einsamkeit sich äußert –, und als solcher reklamiert er diesseitiges, allgemeines Glück im Namen aller Menschen. »Nur der versteht, was ein Gedicht sagt, wer in dessen Einsamkeit der Menschheit Stimme vernimmt« (Theodor W. Adorno). Die Rimbaudsche Wurzellosigkeit in der Welt der bürgerlichen Konventionen trug Früchte für seine Dichtung: »Er schreibt, als sei er der erste, als sei die durch Tausende vorgebildete Ästhetik zerfallen wie ein

Kartenhaus« (Stefan Zweig). Obwohl Rimbaud, wie die erhaltenen Briefe belegen, die zeitgenössische französische Literatur und in billigen Volksausgaben Beispiele der Weltliteratur kannte, setzte er sich über Vorgefundenes hinweg und schöpfte – aus sich selbst. Rimbaud litt deshalb allerdings nicht an Idiosynkrasie; kindliche Naivität, gepaart mit dem unbezwingbaren Verlangen nach Freiheit, nährte sich aus einem »vulkanischen Ich«, das sich in Leben und Werk Bahn schlug. »Die Unruhe des von Gesichten durchschauerten inneren Menschen legte sich als ein magischer Kraftgürtel um den weit über sein Alter hinaus gespannten Knaben und krönte ihn zur Persönlichkeit.« Der Wahrhaftigkeit seiner Kunst entspricht die Kühnheit, mit der Rimbaud jede Möglichkeit für die Karriere als bürgerlicher Dichterfürst ausschlug. Was Wunder, daß er im nachhinein »als Dichter und Anti-Poet Vorläufer einer unmittelbaren und hintergründigen Kraft« (Alfred Wolfenstein) wurde. Dieser eigentümliche Zwiespalt, nämlich Dichter und Anti-Poet zu sein, war Ergebnis eines selbst gewählten und bewußt gelebten Außenseitertums – »ich bin grenzenlos verlassen, elend, wütend, dumm, von allem und überall vor den Kopf gestoßen«, so zitierte Zech aus dem berühmten Brief Rimbauds an Georg Izambard vom 25. August 1870. Gerade diese grenzenlose Fremdheit in der Gemeinschaft hätte eher lähmend denn »vorwärtsbrausend« wirken müssen. Woher kam jene magische Kraft? »J'ai de mes ancêtres gaulois [...] l'idolâtrie et l'amour du sacrilège; – oh! tous les vices, colère, luxure, – magnifique, la luxure; – surtout mensonge et paresse.«* Daß Zechs biographischer Essay mit diesen Worten Rimbauds anhebt, kann nicht zufällig sein. Sie finden sich in »Eine Zeit in der Hölle« unter der bezeichnenden Überschrift »Schlechtes Blut«. Durchaus vitalistisch interpretiert Zech den roten Lebenssaft zur Urquelle der Rimbaudschen Impulsivität; dort »unten im Blut« liege das Geheimnis seines Ichs. Recht expressionistisch durchzieht gleichsam eine Blutspur – von der Geburt (»Er hatte von Geburt an

---

* *Übers.: Ich habe von meinen gallischen Vorfahren [...] die Neigung, Götzen anzubeten, und die Lust zur Tempelschändung – alle Laster, Jähzorn und Geilheit – großartig, die Geilheit! – und besonders die Lüge und die Faulheit.*

schon dicke Zornadern auf der Stirn«) bis zum Tode (»Das Blut war aber noch zu zähe für solch ruhmlosen Abgang«) – die gesamte Darstellung. Dem Blut werden Ingredienzien beigegeben, die die Einzigartigkeit dieses Rimbaud erklären helfen sollen: »Er sammelte alle Geschehnisse mit brutaler Offenheit, entkleidete sie und zwang sie, so zu erscheinen, wie sie mit ihrer Ursprungsfarbe gekommen waren. Und also gingen sie als reines Element in sein Blut ein.« Was bei Rimbaud Provokation, Rebellion des Niederen, Schlechten gegen das Alltägliche war, wurde bei Zech zum Protest des Übermenschen, der mit seinem Leben und Werk und schließlich dem bewußten Verstummen Anklage führte gegen das Provinzielle, das heißt das Bürgerliche schlechthin. Die Glorifizierung Rimbauds zum Schamanen entsprach allerdings einem aktuellen Bedürfnis nicht nur Zechs, sondern einer ganzen Literatengeneration. Die Radikalität, mit der Rimbaud seinem eigenen Ideal lebte, prädestinierte ihn für die Rolle des absoluten Vorbildes: der Dichter – Prometheus und Atlas in einem.

»Das Erlebnis zum Werk«
Der Dramatiker Paul Zech und
seine szenische Ballade »Das trunkene Schiff«

Auf eine Umfrage der »Vossischen Zeitung« vom April 1926 –
»Stirbt das Drama?« – antwortete der Schriftsteller Klabund:
»Eine kleine Schar Intellektueller sucht durch Dorngestrüpp
den Weg des neuen Dramas.« Zu ihnen gehörte seit dem Ende
des Ersten Weltkrieges, ohne sichtlichen Erfolg, der als expres-
sionistischer Lyriker allseits geschätzte Paul Zech. Else Lasker-
Schüler verehrte ihn als einen »düsteren Beter«, dessen
»Kristallaugen« aber »unzählige Male den Morgen der Welt«
blicken. Gedichtsammlungen wie »Das schwarze Revier«
(1913) begründeten seinen Ruhm als expressiver Dichter, bei
dem sich harte Arbeitsrealität (Kohlengruben, Hafen) mit utopischen Naturapotheosen und kosmischem Menschheitspathos zu
herb-vitalistischen Versen verdichteten, die wie mit »der Axt«
(Else Lasker-Schüler) geschrieben erscheinen. Zech durchsetzt
die bekannten Bilderwelten und Stoffkreise des Expressionismus (Großstadt, Industrie, Natur und Kosmos) mit dem eigenen »körperlichen Erlebnis« und verleiht ihnen dadurch eine
Spur von Authentizität. Besonders der thematisch an die Lyrik
anknüpfende Novellenband »Der schwarze Baal« (1917), my-
thisierende Umsetzung seiner Erfahrungen als Kohlenhauer und
Kesselheizer, stellt ein wichtiges Verbindungsglied zu den
frühen Dramen Zechs dar. Die »Flammenzeichen einer neuen
Religion«, die er 1913 entfachen wollte, loderten nun in einer
anderen Gattung auf. Schwerpunktmäßig läßt sich der Entste-
hungszeitraum der wichtigsten Dramen Paul Zechs auf die Jahre
1916 bis 1921 eingrenzen, obwohl die Stücke weitestgehend sehr
viel später in der Weimarer Republik publiziert wurden. Zu den
im engeren Sinne expressionistischen Stücken gehören »Der
Turm«, »Das Rad«, »Verbrüderung« (als einziges dramatisches
Werk vor dem »Trunkenen Schiff« 1921 in der Volksbühne Ber-

lin aufgeführt), »Steine«, 1924 nachträglich zusammengefaßt zum »heroischen Quartett« »Sebastian oder Die vier Weltkreise eines Geschlagenen«, sowie das Antikriegsdrama »Gelandet« (1918 gedruckt, 1916/17 geschrieben). Bei aller Distanz Zechs gegenüber dem sehr schnell modisch verbogenen Begriff »expressionistisch« ergeben sich in diesen inhaltlich-thematisch weitgefächerten Dramen starke Berührungslinien zum aktivistischen Verkündigungsdrama eines Ernst Toller, Ludwig Rubiner oder Friedrich Wolf. Ähnlich wie in seiner Lyrik erfahren die naturalistisch getönten Bilder aus der Arbeitswelt der Kohlenreviere eine mythische Überhöhung, die in einem messianischen Erlösungs- und Verbrüderungspathos mündet. Soziale Anklage (Ausbeutung, Entfremdung, Haß) wird mit einer traumhaft-irrealen Grundstimmung verwoben. Farb- und Naturmetaphern verleihen der Sprache einen vitalistischen Duktus, der zu einer Aura des Tragischen und des sozialen Märtyrertums überleitet. Die Grundkonstellation dieses Typus des expressionistischen Dramas – die Konfrontation von tat- und opferungsbeseeltem Helden mit einer noch unerlösten Masse – behält Zech bei, was die utopisch-sozialistische Perspektivgestaltung noch unterstreicht. Formal-strukturell schlägt sich dies in der Stationentechnik nieder, die Zech auch für seine 1920/21 entstandene Ballade »Das trunkene Schiff« wählt. Die für Zech ungewöhnliche gattungspoetische Zuordnung deutet den lyrisch-epischen Ton des Stückes an, der zugleich die Überwindung traditioneller Gattungsschranken beinhaltet. Trotz dieser neuen Tendenzen weist das Rimbaud-Stück eine formale, sprachliche und stoffliche Nähe zum Expressionismus auf. Neben der typischen Einteilung in insgesamt achtzehn Stationen (einschließlich Prolog und Epilog) stellen vor allem die ins Symbolhafte gesteigerten Bühnenräume bzw. die durch Licht- und Farbmetaphorik angereicherten szenischen Anweisungen diese Affinitäten her. Wendungen wie »Viele Türme schneiden den Himmel« (1. Station) oder »Der Himmel brennt scharlachrot und gelb« offenbaren den expressionistischen Lyriker, der nicht nur inhaltlich, sondern auch bis in formale Details hinein dem Vorbild Rimbaud seine Reverenz erweist. Wird einerseits der »Weg« des Protagonisten – sinnbildhaft gewendet zur Schiffsreise – zum strukturbildenden Prinzip des Stücks, übernimmt Zech andererseits gleichzeitig die drei Handlungsebenen, den dreigeteilten Rhythmus, der originalen Rimbaud-Ballade. So geht der Stücktitel über ein bloßes Zitat hinaus und begnügt sich nicht mit einer leitmotivischen Verwendung, denn mit dem Prolog »Ausfahrt« und dem Epilog »Hafen« (die einzigen mit einer Überschrift versehenen Stationen) transponiert Zech die zentralen Bewegungsrichtungen der Rimbaud-Ballade auf die Dramenfabel: »Abstoßung und Revolte, Ausbruch ins Überdimensionale, Absinken in die Ruhe der Vernichtung« (Hugo Friedrich). Dieser deutlich akzentuierte formale Anspruch macht Zechs Zorn auf »die literatur-kritischen Registerrichter« verständlich, den er sich in den »Prinzipiellen Bemerkungen zu der szenischen Ballade ›Das trunkene Schiff‹« (1926) von der Seele schreibt. In seiner Polemik beklagt er aber nicht allein die unzeitgemäße Ignoranz der herrschenden Literaturkritik gegenüber allem literarischen Gattungswandel, sondern sie wendet sich auch gegen eine systemkonforme »schulmäßige Ästhetik«, welche ihre Wertmaßstäbe und Formgesetze aus einem historisch erstarrten, epigonalen Klassizismus bezieht. Dagegen setzt Zech dichterische Impulsivität, die poetische Sprengkraft der »Gesichte« und die zeitadäquaten »Erregungsgrade der schöpferischen Spannung«. Die Absage an eine »ewige Werte« fordernde, dogmatisch verengte bürgerliche Ästhetik konturiert sich zum Programm: politische und kulturelle Freiheit für die »Menschen künftiger Zeit« durch neue, dem »stahlzeitlichen Fortschritt« (in Zechs Diktion dem »wissenschaftlichen Zeitalter« Brechts durchaus verwandt) angemessene literarische Ausdrucksmöglichkeiten zu schaffen. Bei allen gesellschaftlichen Bezügen seiner ästhetischen Forderungen fällt auch in diesen Äußerungen aus dem Jahre 1926 der subjektiv-individualistische Ausgangspunkt künstlerischen Schaffens auf, wenn er seine Unabhängigkeit von der auf äußere Zwänge reagierenden »Gewalt des Ichs« ableitet.

Gegenüber den biographisch nachgezeichneten Figuren des Essays erfährt das dramatische Personal eine Akzentuierung ins Exemplarische. Damit einher geht die Potenzierung des Schocks, der durch die schonungslose Darlegung des inneren wie äußeren Konflikts evoziert wird. Das Motto, unter dem der Theater-Rimbaud vor das Publikum tritt, lautet: »Ich bin wild gewachsen und wild geworden.« Die dichterische Gestaltung dieser Wildheit, die die theatralische Umsetzung seelischer Erregungen erst ermöglicht, kann gar nicht provokant, vulgär oder barbarisch genug sein, um die Grenzen üblicher Rezeption im Theater auszuloten. Der Schock ist, so betrachtet, dem Text bewußt eingeschriebenes Stilelement und Kalkül; zugleich soll er aber mehr sein: der Versuch eines öffentlichen Diskurses zwischen Bühne und Publikum über Enge und Engstirnigkeit tradierter gesellschaftlicher Normen, die das Künstlergenie vom Rang eines Rimbaud entweder bezwingen oder aber zum rücksichtslosen Kampf herausfordern. Letzteres wird an Rimbaud, dem als Zentralfigur alle anderen zugeordnet sind, vorgeführt: »RIMBAUD *schlägt mit der Faust auf den Tisch:* Ich bin überall und immer mein eigener Herr! Ich habe mich nicht einmal vor Gott, geschweige vor Menschen zu verantworten. Ich kann jeden meiner Wünsche erfüllen ohne den faden Nachgeschmack von Reue... Ich fahr mit jedem zur Hölle, der mich behindert.« Unter ähnlichen Vorzeichen betrat bereits ein anderer, der an Vitalität und Leidenschaft Vorbild ist, beizeiten das Theater: Goethes »Faust«. Die Parallele zu diesem Tat-Menschen springt sofort ins Auge. Zech paraphrasiert so die berühmte Eingangspassage des »Faust«: »Habe nun, ach! Philosophie, / Juristerei und Medicin, / Und leider! auch Theologie / Durchaus studiert, mit heißem Bemühn« in Anlehnung und sozusagen autorisiert durch den historischen Rimbaud der »Zeit in der Hölle«. (Daß Rimbaud sich mit Goethe beschäftigt hat, kann als gesichert gelten, forderte er doch im Mai 1873 Ernest Delahaye brieflich auf, ihm den »Faust« zuzuschicken.) Im »Trunkenen Schiff« heißt es jetzt: »Diese Wissenschaft! Immer wird das Alte ausgegraben und neu gefirnißt. Für Körper und Seele ist das heilige Abendmahl gut genug. Man hat auch Medizin und Philosophie, Geographie, Kosmographie, Mechanik, Chemie... Brrr... zum Kotzen!« Die drastische Sprache – »Zech hat wenigstens nicht, in der Sprache, den vollkommen blöden Dada-Füllselquatsch« (Alfred Kerr) – entspricht der Deutlichkeit, mit der die »Stationen« im Leben Rimbauds ablaufen. Besonders das homoeroti-

sche Verhältnis zwischen Verlaine und Rimbaud, deren wechsel-
seitige Abhängigkeit, wird so nicht zu einer platonischen, wenn
auch exzessiven Beziehung heruntergespielt. Die Rollenvertei-
lung in dieser ungewöhnlich gewöhnlichen Liaison wird offen-
gelegt. Als der larmoyante Verlaine während des letzten Zusam-
mentreffs bei Stuttgart (9. Station) die Vergeblichkeit seiner
neuerlichen Werbung durch die Stilisierung der vergangenen
gemeinsamen Liebe überdeckt, wird er von Rimbaud zurecht-
gewiesen und zu dem Geständnis gezwungen: »Ich war die Geliebte eines Lumpen, der die wahnsinnigen Jungfrauen bis auf
die Knochen verderbt hat. (...) Ich hatte einen Geliebten. Ein
böser Geist war er.« Das Skandalon, »die seltsame Freundschaft
zwischen dem alternden, berühmten, durch Familienzank und
Alkohol völlig zermürbten Verlaine und Rimbaud, dem Knaben
– eine Freundschaft, erfüllt von phantastischen Zwischenfällen,
blutigen Stockschlägen und Pistolenschüssen« (Rudolf Kayser),
ist Höhepunkt im ersten Teil der szenischen Ballade, die damit in
Personenkonstellation und Thematik Berührungspunkte zu
Brechts »Baal« (1918) aufweist. Was folgt, ist die Flucht aus
Europa. Zechs Rimbaud hat »diesen Fastnachtzauber satt bis an
den Hals«. Die nächsten Episoden bis zum traurigen Ende in
Marseille sind zentriert um den brüderlichen Anführer der Un-
terdrückten Afrikas: »Hier entscheidet sich Sein oder Nichtsein
der Welt.« Rimbaud geriert sich als Verkünder der Revolution.
»Ich habe fünf Millionen Schwarze aufgerufen, die meine Brüder sind. Folgen mir bloß zehntausend, soll ich enttäuscht auskneifen?« Der dramatisierte Rimbaud nachvollzieht das Pathos
der jungen Nachkriegsgeneration. Allerdings scheint es inzwischen derart politisch angereichert, daß die konservative Kritik
beinah allergisch reagierte: »Doch wenn Rimbaud Europa verläßt, verläßt uns der Verfasser. Zech läßt den Dichter a. D. als so
etwas wie einen theoretischen Menschenbeglücker und kom-
munistisch-brüderlichen Aufwiegler der schwarzen Rasse gegen ihre weißen Bedrücker und Ausbeuter auftreten« (Max Os-
born). Diese Lesart wird durch den Text provoziert, und sicher
nicht zufällig hat Zech hier, ganz im Sinne eines engagierten Expressionisten, die Figur entgegen der historischen Wahrheit uminterpretiert. »Aber darauf kommt es hier gar nicht an«, ließe

sich mit Zech sagen. Angelegt sind solche Deutungen im Stück selbst, gleichwohl bleibt das stark Individualistische an Rimbaud davon unberührt. Insofern sind die Stationen seines Lebens Bilder einer Odyssee, an deren Ende ein großer Traum steht: »Es gibt keine Hölle und keinen Himmel mehr... Alle sind wir das große unendliche All...«

Das Dichtergenie auf dem
Politischen Theater des Erwin Piscator

Eine Kultfigur vom Rang eines Rimbaud sollte man auf die Bretter heben, die die Welt bedeuten. Die einzigartige Möglichkeit des Mediums Theater, in dem gemeinsamen Gegenüber von Bühne und Publikum den fiktiven Personen Leben einzuhauchen, ließ gerade jene Literaten nicht los, deren Ziel die Aufklärung der Menschen über Menschen war. Die zahlreichen Versuche, über eine unmittelbare Aktivierung des Zuschauers dessen Politisierung mit Blick auf die Realität jenseits des Theaters zu erreichen, waren Ausdruck einer Aufbruchsstimmung unter Künstlern unterschiedlicher Sparten und Provenienz: Man glaubte an Einflußnahme, man glaubte an den Eingriff ins gesellschaftliche Leben. Eindeutig stand Mitte der zwanziger Jahre Berlin im Zentrum dieser Kunstrevolte, und in ihr und auf der Seite des Theaters Erwin Piscator an vorderster Front. Schon vor Bertolt Brecht hatte er sich einem politisch-aktivierenden Theater verschrieben und damit an einem Modell gearbeitet, das durch seine Vielfalt und auch Widersprüchlichkeit zu einem der interessantesten Phänomene in der Geschichte des Berliner Theaters zwischen den Weltkriegen aufrücken sollte. Piscator war ein vom Publikum jeder Couleur geachteter und von der Theaterkritik stark beachteter Regisseur, von dem die Jugend zuerst auf eine Erneuerung des etablierten Theaters hoffen durfte. Seine programmatischen Anstrengungen zur Errichtung eines politischen Theaters hatten allerdings auch Ablehnung erfahren. Die Fundierung von Kunst auf Politik wurde, an Piscators künstlerischen Ergebnissen gemessen, oft zur bloßen Propaganda herabgewürdigt. Nun hatte Piscator anfänglich das Verhältnis von Kunst und Politik eindeutig zugunsten der Politik verlagert – analog zu seiner Forderung nach strikter »Unterordnung jeder künstlerischen Ansicht dem revolutionären Ziel: bewußte Betonung und Propagierung des Klassencharakters«.

Diese zeittypische Überspitzung wurde im Laufe der theatralischen Experimente zurückgedrängt: Form und Inhalt begannen einander zu entsprechen. Nichtsdestoweniger stand weiterhin die tagespolitisch-aktuelle Stellungnahme im Vordergrund jeder Piscator-Inszenierung. Was keineswegs zur Folge haben mußte, daß der jeweilige Stoff der unmittelbaren Gegenwart zu entnehmen war. Piscator bediente sich mit zunehmender Meisterschaft der Methode der Historisierung. Aktualität erfuhr mithin der auf dem Theater vorgeführte Fall dadurch, daß er als historisch situiert ernstgenommen und entsprechend kommentiert wurde. Um diesen dialektischen Prozeß für den Zuschauer offensichtlich zu machen, baute Piscator neue technische Mittel ein: zuerst Schrifttafeln rechts und links von der Bühne, dann weitergehend Bild- und Filmprojektionen, die in das Szenenbild integriert wurden. Die Individualgeschichte eines Helden konnte so in der Umrahmung oder funktionalen Einbeziehung jener Hilfsmedien als durch das historisch-gesellschaftliche Umfeld determiniert dargestellt und für den je konkreten Epochenabschnitt als exemplarisch interpretiert werden. Die Steigerung des Szenischen ins Historische war das ästhetische Prinzip, unter dem Piscator antrat, als er am 21. Mai 1926 Zechs szenische Ballade »Das trunkene Schiff« an der Volksbühne Berlin zur Uraufführung brachte.

In der umfangreichen Literatur über Theorie und Praxis des politischen Theaters in der Weimarer Republik ist dieser Inszenierung bislang kaum Aufmerksamkeit geschenkt worden. Vielleicht hat der durchgehend negative Tenor der Kritiken auch über die Zeitgenossen hinaus gewirkt. Aber gerade weil diese Aufführung so einhellig verworfen wurde, hätte man genauer nach den Gründen der Abfuhr durch die Kritik fragen sollen. Für Zech selbst war es eine Kabale. Zech, der Lyriker, hatte es gewagt, sich als Dramatiker zu Wort zu melden. In einem Brief an den Freund Stefan Zweig vom 4. Juni 1926 schildert Zech seine Verfassung angesichts der massiven Anwürfe gegen ihn und sein Drama: »Ich selbst habe in den letzten Tagen unter schweren Depressionen gestanden. Ich las die Berichte über mein Stück in der Provinzpresse und muß sagen, daß sie durch die Bank schlechter sind als die Berliner Zeitungen. Namentlich

Heilborn hat in der Frankfurter Zeitung eine skandalöse Ablehnung konstruiert. Er sprach mir jegliches Talent ab. Damit wiederholte er die Fanfare Lissauers, der meine gesamte Lyrik als undiskutabel ablehnte. Überhaupt haben die reinen Liberalen sich furchtbar am trunkenen Schiff gerieben.«

Was war geschehen? Man hatte die Berliner Inszenierung zum Anlaß genommen für eine Generaldebatte über den Dramatiker Paul Zech. Besagter Ernst Heilborn hatte sich in der Monatsschrift für Literatur aus Berlin zu Wort gemeldet: »Ein Menschenleben als Protest gegen das Leben der Menschen: so war wohl Paul Zechs szenische Ballade gedacht. Es war kein glücklicher Griff, daß Zech den Dichter zur Stimme solchen Protestes wählte. Der Dichter wird dadurch zum Deklamator, und das ist, an wahrem Künstlertum bemessen, etwas wenig.« Was immer »wahres Künstlertum« meinen mag, Heilborn versperrt sich jeder unvoreingenommenen Rezeption. Zechs Drama will gerade die Ambivalenz zwischen absoluter Kunst und absolutem Leben als höchste Stufe der Spannung, damit der fragilen Sensibilisierung des Dichters in einer entsensibilisierten, spießigen Welt aufzeigen. Die ständige Entgrenzung des schöpferischen Ichs führt zur Ich-Dissoziation; die darin obwaltende Tragik erhöht die Kunstfigur zum Titan, der jene Polarität in sich bewußt auslebt. Darin liegt »das geniale Phänomen Arthur Rimbaud« (Erwin Piscator), das Zech zur dramatischen Gestaltung und Piscator zur szenischen Realisierung herausforderte. In enger Zusammenarbeit mit dem Regisseur hatte Zech den Text für die Uraufführung bereitet. Aus verschiedenen Hinweisen geht hervor, daß starke Änderungen vorgenommen wurden, was darauf schließen läßt, daß Piscator sich mit seinem Wunsch, »die Bilderfolge dramatisch zu beleben«, durchgesetzt hat. Da bislang das Regiebuch nicht gefunden wurde, ist es schwierig, wenn nicht müßig, den Versuch zur Rekonstruktion der Bühnenfassung zu unternehmen. Soviel allerdings steht fest: Piscators Beschäftigung mit der szenischen Ballade gehört in die Versuchsreihe zur Entwicklung und Erprobung des politischen Theaters. Hier konnte er seine Erfahrung mit der Theaterform der Revue, bisher Paradebeispiel des bürgerlichen Amüsiertheaters, einbringen, deren Prinzip der Montage er anläßlich der »Revue Roter Rummel« (1924) und der Chronik »Trotz alledem« (1925) politisch-pädagogisch gewendet hatte. Hier konnte er seine Erfahrung mit Dia und Film einbringen, die er vorsichtig, weil er Neuland betrat, und erstmals gestalterisch tragend, in Alphons Paquets »Sturmflut« zum Einsatz gebracht hatte. Insofern galt Piscators Interesse, wie er in der Erklärung »Zu meiner Inszenierung von Zech ›Das trunkene Schiff‹ in der Berliner Volksbühne« (1926) ausführt, zuerst dem technischen Apparat, denn »Film und Projektion, organisch eingefügt, ermöglichen Ungesagtes einzubeziehen und Gedanken- und Körperwelt zu erweitern«. Dazu bot die Ballade allerdings reichlich Gelegenheit. Das geschichtliche Panorama (»Krieg 1870, Pariser Kommune, Dritte Französische Republik, die ganze Umbruchsperiode Frankreichs, von der eine Figur wie Rimbaud gar nicht zu trennen war« – so Piscator) wurde in der Abfolge der Stationen dynamisiert, Traum und Vision des Rimbaudschen Werk- und Lebensentwurfes durch die projizierten Zeichnungen von George Grosz visualisiert. Nicht allein Illustrierung der personae dramatis war beabsichtigt, sondern die tiefe Durchdringung des sozialen Kontextes, den sie repräsentieren.

Die Kritik nahm diese Konzeption zwar zur Kenntnis, das Neue an ihr wurde allerdings nur selten gewürdigt. »Der Regisseur mußte die szenische Form von sich aus finden. (...) Er ließ einen dreiteiligen Lichtschirm in den freien Bühnenraum stellen, auf den die Zeichnungen projiziert wurden. So konnte er gleichzeitig den Schauplatz und den Gedanken der Szene andeuten. Er illustrierte den Inhalt und die Realität, die Idee und den Raum. Er gab den Zeithintergrund auf die Gegenwart bezogen« (Herbert Ihering). Unverkennbar bleibt es in dieser Inszenierung trotzdem bei Vorläufigkeiten; Piscator war sich darüber nur zu sehr im klaren: »Alles Maschinelle sollte selbsttätig vor dem Zuschauer erstehen. Diese Konstruktion, die für eine große Reihe moderner Stücke, besonders für Brecht, Paquet, Kaiser, Toller anzuwenden ist, konnte aus technischen Gründen noch nicht zur Durchführung gelangen.« Auch die Verwendung des Films war wesentlich extensiver geplant, sie mußte auf ein Bild (15. Station) beschränkt werden. »Auf der mittleren Projektionsleinwand sieht man das Meer vom ruhigen Dahinfließen bis zum

stürmischsten Wellengang«; Piscator glaubte dadurch, Innen-
und Außenstruktur des Geschehens in seinem Höhepunkt dia-
lektisch verknüpfen zu können: »Die Phantastik des Meeres und
die Fieberphantasien Rimbauds auf dem Schiff greifen ineinander über und werden eins, in Tempo, Ausmaß und Bewegung.«
Die auf der Bühne aufgestellte Projektionsfläche fungierte, über
ihren eigentlichen Zweck hinaus, als Raumteiler. Durch Ver-
schieben der Seitenwände entstanden Zimmer, Gefängniszelle
oder Marktplatz, afrikanische Wüste und Krankenhaus. »Für die
Schaulust war ausgiebig gesorgt, und die Schauspieler fanden
sich, gut gelenkt, in den Wechsel der Abenteuer« (Alfred Klaar).
Wurden die technischen Neuerungen durchaus kritisch goutiert,
so erhob sich, besonders von konservativer Seite, reger Einspruch, was die ideologisch-politische Stoßrichtung der Aufführung betraf. »Die Intendanten und Direktoren unserer Berliner Bühnen scheinen nur noch künstlerisches Verständnis für
›revolutionäre‹ Dramatik zu haben«, präludiert Richard Elsner
seinen Bericht »Von den deutschen Bühnen« und fährt mit Blick
auf Zech fort: »Jungenhafte Verneinung aller menschlichen Bin-
dungen und Hemmungen werden als höchste Erkenntnis für die
Zukunft der menschlichen Entwicklung heraustrompetet. Nir-
gends ein Anklingen wirklich menschlicher Regung – tierischer
Trieb, erniedrigt durch kalte Vernunft, herrscht überall.« Be-
sonderes Mißbehagen erweckte in den Augen des Rezensenten
ganz offensichtlich die homoerotische Beziehung zwischen
Rimbaud und Verlaine. Die Selbstverständlichkeit und doch
auch Brutalität, mit der hier diese Bohemiens über die bürgerlichen Konventionen sich hinwegsetzten, wobei deren Rigoris-
mus zudem von Zech zum Symbol unabdingbarer Wahrhaftigkeit, zum politischen Manifest absoluter Freiheit stilisiert wird,
schien ihn in seiner Würde zu verletzen, so daß er sich nicht
scheute, offene Drohungen gegen den Regisseur und das Haus
auszustoßen: »Die Leiter der Volksbühne sollten es sich gesagt
sein lassen, daß man auf künstlerischem Gebiete nicht ungestraft
politischen Tendenzen huldigt.« Tatsächlich hatte Piscator versucht, das Individuelle ins sozial und politisch Allgemeine zu
transponieren. Ansätze dazu fand er im Drama, und doch be-
klagte Piscator in seinem Buch »Das Politische Theater«, daß

Zech leider »nicht über Individualpsychologisches hinweg (kommt), wobei er, sehr zum Schaden des Stückes, nicht einmal genügend das Individual-Anarchistische sieht, wieder ist es die Übertragung lyrischer Gefühle, die er hier in den Dichterkollegen Rimbaud übersetzt«. Damit stimmt Piscator in den Chor derer ein, die dem Lyriker Zech die angebliche Schwäche des Theaterstückes anlasteten. Zech protestierte in seinen »Prinzipiellen Bemerkungen« auch im Namen gleichfalls Betroffener: »Weil sie Spannungen innerer Gesichte mit den formalen Mitteln des Dramas zu bannen wagten anstatt Lyrik (in diesem Fall!) zu lügen, wie es von den Großsiegelbewahrern gefordert wurde, gesellte man sie den Nichtkönnern zu.« Zechs Gegenargument: »Es gibt keinen ›ewigen Lyriker‹, es gibt keinen ›ewigen Dramatiker‹. Wer der einen Kunstform, ohne daß er von der Gewalt des Ichs dazu gezwungen wird, sklavisch dient, degradiert sich zum Götzendiener des Handgelenks. Aus der virtuosen Geschmeidigkeit des Handgelenks entwickelt sich spezialisierte Industrie. Kunst-Industrie und Kunstrichter = Dogma; hier schließt sich der Ring. Seine pressende Gewalt bewirkt den Zerfall der Kunst.« Hier formuliert Zech in der Verteidigung seines Werkes und seiner Person erste Ansätze zu einer Kritik der Kulturindustrie.

Wechselbeziehungen

Pierre Mertens

Der Geblendete
Der Gottfried-Benn-Roman
Aus dem Französischen von Uli Aumüller
416 Seiten, Leinen, DM 38.–

Claire Goll

Der Gläserne Garten
Prosa von 1910 bis 1939
Herausgegeben und kommentiert
von Barbara Glauert-Hesse
352 Seiten, DM 38.–

Claire Goll

Ein Mensch ertrinkt
Roman, 240 Seiten, DM 32.–

Claire Goll

Der Neger Jupiter raubt Europa
Roman, 152 Seiten, DM 28.–

Yvan Goll

Malaiische Liebeslieder
Jean sans terre
Lyrik von 1930 bis 1944
Herausgegeben von Barbara Glauert-Hesse
ca. 380 Seiten, DM 38.–

Yvan Goll

Der Mitropäer
Roman, 168 Seiten, DM 28.–

Yvan Goll

Die Eurokokke
Roman, 128 Seiten, DM 26.–

Argon